Petit Précis pour cuisiner sans produits d'origine animale

Ce livre est dédié à tous ceux qui œuvrent, à grande ou petite échelle, pour que notre planète devienne un lieu plus accueillant et plus respectueux du monde animal.

Publié pour la première fois aux États-Unis en 2011 sous le titre
The complete guide to vegan food substitutions par Fair Winds Press
Fair Winds Press est un département du groupe Quayside Publishing.

Conception graphique des pages intérieures : Carol Holtz
Conception graphique de la couverture : Nancy Ide Bradham
Traduction : Emmanuelle Casse-Castric
Édition française : Anne Guerquin
Mise en page : Nicolas Beaujouan
Relecture : Sabrina Bendersky

Edité par Hachette Livre, 43, quai de Grenelle, 75905 Paris Cedex 15
Achevé d'imprimer en janvier 2013 par Industria Grafica Cayfosa, Espagne.

ISBN : 978-2-501-08149-8
41.1958.2
Dépôt légal : mars 2013

Petit précis pour cuisiner sans produits d'origine animale

Tous les substituts aux produits d'origine animale

Des méthodes infaillibles pour transformer n'importe quel plat en délicieuse recette végétalienne !

Celine Steen et Joni Marie Newman

Photographies de Celine Steen

MARABOUT

Table des matières

Introduction

Vous avez entre les mains le *Petit Précis pour cuisiner sans produits d'origine animale.* Quelles que soient les raisons qui motivent votre soif de changement, l'essentiel est que vous avez décidé d'agir pour votre bien, mais aussi pour le bien des animaux et celui de la planète.

Il était grand temps de concevoir un guide pour recenser les substituts aux produits d'origine animale, étant donné le nombre de personnes qui choisissent de changer leur mode de vie pour des questions éthiques ou environnementales. Et n'oublions pas tous ceux qui sont obligés de révolutionner leurs habitudes alimentaires à cause de problèmes de santé.

Avec tous les moyens qui existent aujourd'hui pour remplacer les ingrédients traditionnels par des produits végétaux et sans allergènes, vous réaliserez qu'il est vraiment simple de se passer complètement des aliments issus de l'exploitation animale.

Nous avons écrit ce livre pour démystifier l'alimentation végétalienne et permettre à chacun de cuisiner au quotidien des plats à la fois sains et savoureux, sans produit laitier, sans œuf, sans viande ni ingrédient issu de produits animaux.

Peut-être conservez-vous au fond d'un vieux tiroir des recettes de famille transmises de génération en génération que vous aimeriez rendre plus diététiques et plus conformes aux préoccupations écologiques d'aujourd'hui. Bien sûr, vous pouvez chercher un plat similaire dans un livre de cuisine végétalienne… Mais avouez-le, ce n'est pas aussi satisfaisant que d'adapter vous-même une recette en plat végétalien, de vos propres mains, avec vos propres talents culinaires. C'est précisément l'objet de ce livre : vous fournir le savoir-faire et la confiance nécessaires pour transformer n'importe quelle recette traditionnelle en un délicieux plat végétalien, parfaitement équilibré et éthique.

Dans ces pages, nous vous apprendrons comment fabriquer - sinon où acheter - les ingrédients de base qui vous permettront de « végétaliser » vos recettes. Parfois, nous vous conseillerons certains produits qui ont fait leurs preuves dans nos cuisines. Au début de chaque chapitre, nous illustrerons nos propos d'un exemple de transformation d'une recette traditionnelle, en précisant les aliments qu'il convient de remplacer. En un tour de main, vous serez capable de faire la même gymnastique ! Vous saurez lire une recette en traduisant instantanément les ingrédients en substituts végétaliens.

Lorsqu'il s'agit de cuisine, nous avons à cœur de tout faire de A à Z. C'est souvent plus économique et surtout cela permet de savoir exactement ce que nous mangeons. En prime, nous pouvons clamer haut et fort « C'est moi qui l'ai fait ! ». Cela dit, il est parfois difficile d'égaler chez soi la qualité de certaines préparations du commerce. C'est le cas, par exemple, des fromages fondus que nous préférons acheter tout faits. D'autres produits, comme le tofu ou le tempeh, sont tout simplement trop longs ou trop difficiles à réaliser soi-même.

Enfin, assez de parlottes, embarquons pour ce voyage au pays enchanté des saveurs végétaliennes !

Un mot sur les allergies alimentaires

On ne saurait trop insister sur l'importance vitale d'étudier de près la composition des ingrédients utilisés dans la préparation d'une recette dite « sans gluten », « sans soja », etc.

Nous avons fait de notre mieux pour classer nos recettes, mais les allergènes se cachent souvent dans des produits où on les attend le moins. C'est pourquoi vous restez votre plus sûr allié dans ce domaine. Par souci pour votre santé, nous vous invitons donc à la plus grande prudence.

Tout au long du livre, des pictogrammes vous aideront à repérer les recettes selon les critères suivants:

Allégé en matière grasse : Ces recettes contiennent au maximum 3 grammes de gras par portion (l'équivalent de 27 calories).

Crudivore : Ces recettes ne contiennent que des ingrédients crus ou des aliments chauffés à moins de 50 °C.

Pour les cuisiniers les plus expérimentés : Il s'agit de recettes un peu longues à réaliser, à privilégier lorsque vous avez un peu de temps devant vous, ou bien des plats qui peuvent se préparer en plusieurs étapes.

Rapide et facile : Ces recettes peuvent être exécutées en moins de 30 minutes et ne nécessitent qu'un minimum de connaissances en cuisine.

Sans blé : Ces recettes ne contiennent pas de blé. Mais vérifiez bien la liste des ingrédients.

Sans fruits à coque : Ces recettes ne contiennent pas de noix, de noisettes, ni d'autres fruits à coque. Toutefois, vérifiez attentivement les étiquettes.

Sans gluten : Des recettes contenant du vinaigre, de l'éthanol et des arômes (comme l'extrait de vanille) peuvent être classées « sans gluten ». Utilisez votre bon sens avec ce genre de produits et vérifiez soigneusement que les ingrédients contenus sont certifiés sans gluten si vous cuisinez pour des personnes souffrant d'une intolérance. Pour plus d'informations sur les aliments sans gluten, consultez *La petite bible de la cuisine sans gluten* de Louise Blair aux Éditions Marabout.

Sans maïs : Ces recettes ne contiennent pas de maïs ni de produits à base de maïs.

Sans soja : Ces recettes ne contiennent pas de soja. Toutefois, vérifiez bien la liste des ingrédients.

Au fil des pages, vous trouverez aussi les symboles suivants, qui indiquent le principal substitut dans chaque recette. En lien avec le thème du chapitre, ils vous permettront de repérer rapidement quel aliment est adapté à quelle utilisation :

- Substitut de fromage
- Substitut de gluten
- Substitut de matière grasse
- Substitut d'œuf
- Substitut de poisson
- Substitut de produit laitier
- Substitut de soja
- Substitut de substance animale
- Substitut de sucre
- Substitut de viande

Les ingrédients végétaliens

En feuilletant ce livre, vous trouverez des ingrédients qui vous sont peut-être inconnus. C'est normal, cela fait partie de l'apprentissage. La plupart d'entre eux peuvent être trouvés au supermarché : les produits spécifiques à l'alimentation végétalienne sont souvent exposés dans un rayon dédié. Pour certains ingrédients, il vous faudra peut-être aller dans un magasin de produits diététiques ou dans une coopérative biologique. Si le produit reste introuvable près de chez vous, une petite recherche sur internet devrait vous apporter plusieurs solutions. Vous pouvez également consulter la liste de « Nos bonnes adresses » à la fin de ce livre.

Vous trouverez ci-dessous quelques informations supplémentaires sur certains aliments et leur utilisation dans ce livre. En complément, chaque chapitre propose des explications plus détaillées.

Les algues (hijiki, kombu, dulse, nori, etc.) : Ces algues alimentaires apportent une touche iodée aux plats, en remplacement du poisson.

Les beurres végétaux : Nous en raffolons, du moment qu'ils sont uniquement constitués d'oléagineux ou, à la limite, avec un peu de sel ajouté. Le chapitre 1 vous donnera davantage d'informations (page 17).

Les boissons céréalières, dites « laits » végétaux : Soja, amande, riz, avoine… Nous les choisissons sans sucre ajouté pour qu'elles se prêtent à toutes les utilisations. Chaque variété a son goût propre : testez vous-même et comparez les marques pour connaître vos préférences. Notez que le lait de soja est celui qui se prête le mieux à la fabrication d'un équivalent du lait ribot (babeurre) pour la pâtisserie, en ajoutant du vinaigre ou du citron. Pour des instructions plus détaillées sur les laits végétaux, rendez-vous au chapitre 1 (page 16).

La crème de tartre : Additif alimentaire issu de la vinification, il entre parfois dans la composition des levures. On en trouve dans certains supermarchés, en pharmacie ou chez le boulanger.

Les édulcorants : Dans ce livre, nous utilisons un large éventail de produits sucrants pour mieux vous présenter leurs différents usages et propriétés. Le rapadura, le sucre complet ou le muscovado sont les plus utilisés. Pour les édulcorants liquides, le sirop d'agave, le sirop d'érable et le sirop de riz complet sont parfaitement adaptés. Nous nous sommes aussi essayées aux édulcorants naturels basses calories, tels que la stevia et le xylitol. Vous trouverez plus de précisions au chapitre 8 (page 226) sur les agents sucrants les plus courants.

Les farines : Nous nous servons d'une cuillère pour transférer la farine dans le verre mesureur, afin de ne pas trop la tasser. Pensez-y, cela peut jouer sur le résultat final de la recette !

Nous utilisons généralement de la farine complète dans nos préparations cuites au four pour optimiser les apports nutritionnels de ce que nous mangeons, qu'il s'agisse d'une recette équilibrée ou d'un petit plaisir. Bien sûr, vous pouvez aussi utiliser uniquement de la farine ordinaire (blanche, type T55) si vous voulez obtenir un résultat plus proche de la recette traditionnelle. À vous de voir quel type de farine vous convient le mieux.

La fumée liquide : Il s'agit d'un arôme obtenu par la condensation de la fumée sous forme liquide. Il vous faudra l'acheter en magasin spécialisé (importation depuis les États-Unis) ou le commander sur internet. Il suffit de quelques gouttes pour donner un goût fumé à vos aliments. Vous pouvez la remplacer par de la sauce barbecue végétalienne ou du sel fumé, à doser selon votre goût.

Le gluten de blé : C'est une merveilleuse source de protéines qui sert à fabriquer le seitan (cette fameuse viande végétale) ou à donner de la texture aux pains. Le gluten est obtenu par extraction des protéines naturelles du blé complet. On en trouve dans les magasins diététiques ou dans des boutiques en ligne. Il faut savoir que le gluten de blé en poudre est totalement différent de la farine riche en gluten. Ces deux produits ne sont pas interchangeables.

La gomme xanthane : Ne fuyez pas devant ce nom intimidant ! Ce glucide naturel, extrait du maïs ou du chou, fait des miracles en cuisine sans gluten, car il ajoute du volume aux préparations. On en trouve dans les magasins diététiques ou sur internet. Notez qu'un sachet dure longtemps. Consultez le chapitre 6 (page 173) pour davantage de précisions.

Les graines de chia : Ces petites graines mal connues au goût peu prononcé, de couleur gris foncé à noir, deviennent gélatineuses une fois trempées dans un liquide, ce qui en fait un excellent épaississant pour les entremets, les sauces, ou encore pour les biscuits salés.

Les haricots : Par commodité, nous préférons utiliser des haricots en conserve, en prenant soin de les rincer et de les égoutter pour éliminer le surplus de sel. Si vous préférez les cuire vous-même, bravo ! Considérez qu'une conserve de 400 g équivaut à environ 300 g de haricots cuits ou 120 g de haricots secs.

Les huiles : Pour la pâtisserie, nous utilisons généralement des huiles au goût neutre (arachide, tournesol...), sauf indication contraire. Nous conseillons l'utilisation d'huiles en spray pour en limiter votre consommation.

L'huile de colza, même si elle est moins chère, s'est taillé une mauvaise réputation à cause des OGM, mais c'est à vous de voir, selon vos moyens et votre conscience. Pour l'assaisonnement, nous préférons l'huile d'olive vierge extra. Pour les plats qui nécessitent un temps de friture important, il convient de privilégier l'huile d'arachide raffinée ou l'huile d'olive vierge, car leur point de fumée est élevé.

L'huile de coco (ou coprah) divise l'opinion : certains pensent qu'elle est terriblement mauvaise pour la santé, tandis que d'autres ne jurent que par elle et lui prêtent la vertu de soigner tous les maux (elle sauverait même votre mariage !). De notre côté, nous sommes plus modérés et, à vrai dire, c'est un produit que nous apprécions et que nous utilisons dans plusieurs recettes de ce livre. Encore une fois, agissez selon vos convictions et n'hésitez pas à la remplacer. Après tout, le but de ce livre est de vous montrer que les recettes ne doivent pas être rigides et que vous pouvez établir vos propres listes d'ingrédients selon ce qui vous paraît juste et délicieux.

La levure de bière maltée : À ne pas confondre avec la levure chimique ou la levure de boulanger, la levure de bière maltée est un condiment et n'a pas vocation à faire gonfler. La plupart des végétaliens l'adorent : sa saveur, entre la noisette et le fromage, peut paraître surprenante, mais laissez-vous le temps de l'apprécier et bientôt vous ne pourrez plus vous en passer. Sachez que certaines marques proposent une version enrichie en vitamine B12, spécialement conçue pour les végétaliens.

La pâte de tamarin : Nous adorons utiliser ce condiment acidulé que vous trouverez dans les épiceries exotiques ou dans les rayons « produits du monde ». Attention, toutes les marques ne proposent pas du tamarin pur, et dans ce cas son goût est moins marqué. Ajustez les quantités à votre convenance et suivant le produit dont vous disposez.

Les piments : De nombreuses recettes de ce livre célèbrent l'héritage sud-américain à travers un recours fréquent aux piments, de diverses sortes, que vous pourrez trouver en grande surface ou dans les épiceries exotiques. Si vous n'êtes pas adeptes des plats épicés, n'hésitez pas à leur substituer des équivalents moins forts ou auxquels vous êtes habitués.

Le pimenton : Il s'agit d'une spécialité espagnole, du paprika doux fumé et réduit en poudre. Vous le trouverez en épicerie fine. À défaut, remplacez-le par du paprika doux.

La poudre de maca : C'est une racine péruvienne séchée, un « superaliment » vendu comme complément alimentaire, bourré de vitamines du groupe B et de minéraux, notamment du calcium. Cette plante a la réputation d'atténuer la fatigue, de donner de l'énergie… et de stimuler la libido ! Elle coûte relativement cher mais se conserve longtemps car on l'utilise en petites quantités.

La sauce de soja : Il en existe différentes sortes, notamment le tamari. Si vous faites attention à votre consommation de sel, optez pour une préparation allégée en sodium.

Le sel et le poivre : Nous respectons vos habitudes et les mesures sont ici citées à titre indicatif. Nous précisons d'ailleurs généralement « selon convenance ».

Nous préférons le sel de mer, car il contient un peu de sels minéraux. Dans les recettes qui imitent les œufs, nous aimons ajouter une pincée de sel noir pour donner une délicate saveur soufrée.

La sriracha : C'est une irrésistible sauce piquante thaïlandaise à base de piment, d'ail, de vinaigre et de sel, qui se présente sous forme de pâte onctueuse. Vérifiez bien la composition car certaines marques ajoutent de la sauce de poisson.

Le tofu et le tempeh : Soyeux, mou, ferme… le tofu se présente sous différentes formes pour s'adapter à vos besoins. Ainsi, nous utilisons le tofu soyeux pour les desserts et les sauces, et réservons le tofu ferme aux plats salés, aux fritures, etc. Souvenez-vous de bien égoutter votre tofu avant de le faire cuire afin d'obtenir une consistance plus proche de la viande. Pour ce faire, retirez tout le liquide, placez le bloc de tofu en sandwich entre deux torchons propres ou deux essuie-tout pliés, puis posez un objet lourd par-dessus (une poêle, par exemple). Laissez égoutter pendant environ 1 heure. Pour en savoir plus, rendez-vous au chapitre 4 (page 109) qui vous révélera tous les secrets du tofu et du tempeh.

PARTIE I

LAISSEZ LES VACHES RENTRER CHEZ ELLES !

SUBSTITUTS INFAILLIBLES AUX PRODUITS LAITIERS

Chapitre 1

Des délices glacés aux sauces crémeuses, COMMENT REMPLACER LES PRODUITS LAITIERS ?

SAVIEZ-VOUS que l'homme est la seule espèce sur Terre à se nourrir du lait d'un autre mammifère ? Flippant, non ?

Les faits

Le lait a pour fonction première de fournir un aliment très riche (en graisses, en protéines, en glucides et en calcium) à un nouveau-né, par le biais de l'allaitement, avant que le bébé soit en mesure de consommer d'autres types de nourriture.

Dans la nature, le lait sert uniquement aux petits de la femelle qui le produit. C'est un liquide qui contient un taux élevé de caséine, une protéine dont les effets sont reconnus comme comparables à ceux des opiacés. Ceci afin de provoquer une réaction de dépendance de la part du nouveau-né, qui se nourrira ainsi avidement du lait maternel et pourra bien se développer.

Le lactose est le sucre naturellement présent dans le lait. Chez les bébés, les villosités intestinales secrètent de la lactase, une enzyme qui intervient dans la décomposition du lait permettant sa digestion. Au fil de la croissance, la quantité de lactase produite décroît naturellement et rend la digestion du lait de plus en plus difficile. Comment s'étonner alors qu'il y ait tant d'intolérances au lactose ? Il n'est tout simplement ni naturel ni sain de boire le lait d'un autre mammifère.

Conseils pour remplacer les produits laitiers

Contrairement à d'autres aliments, les produits lactés ne sont pas difficiles à remplacer. La plupart du temps, si la recette requiert du lait, substituez-y simplement la même quantité de boisson végétale, comme du lait de soja ou d'amande. La même règle s'applique aux yaourts, à la crème épaisse et au beurre. Il suffit de les remplacer par la même quantité de substitut végétal.

SI LA RECETTE ORIGINALE INDIQUE…	REMPLACER PAR…
200 ml de lait ribot (ou babeurre)	• 200 ml de lait de soja non sucré + 1 cuillerée à soupe de jus de citron frais ou de vinaigre (de cidre ou balsamique blanc)
200 ml de lait de vache ou de chèvre	• Au choix, 200 ml de lait… • … de soja • … d'amande • … de chanvre • … de riz • … de coco à boire
200 g de beurre	• 200 g de beurre végétal non hydrogéné • 200 g d'huile de coco • 150 g de margarine végétale
200 g de crème fraîche	• 200 g de succédané de crème de soja • 200 g de lait de coco non dégraissé non sucré, ou de crème de coco
2 boules de glace	• Au choix, 2 boules de… • … glace au soja • … glace au riz • … glace à la noix de coco • … glace café-vanille (recette page 38) • … sorbet crémeux érable-orange (recette page 38) • … glace au potiron (recette page 40)
200 g de crème épaisse	• 200 g de crème épaisse sans lait, par exemple Tofutti® • 200 g de base de crème épaisse au tofu (recette page 21)
1 yaourt	• 1 yaourt à base de lait de noix de coco • 1 yaourt à base de lait de riz • 1 yaourt à base de lait de soja • 1 base de yaourt maison (recette page 20)

EXEMPLE DE RECETTE VÉGÉTALISÉE

La recette ci-dessous vous montre comment remplacer les produits laitiers et autres ingrédients qui ne conviennent pas aux végétaliens.

BROWNIES FAÇON PUDDING

POUR 6 À 8 PERSONNES

- **Huile en spray**
- **125 g de farine**
- **145 g de ~~sucre semoule~~** — Utiliser 145 g de sucre rapadura, plus sain que le sucre blanc, dont les procédés de fabrication ne sont pas compatibles avec une alimentation végétalienne.
- **30 g de cacao en poudre non sucré**
- **2 c. à c. de levure chimique**
- **1 pincée de sel**
- **120 ml de ~~lait~~** — Remplacer par du lait de soja, qui réagit de manière similaire au lait de vache dans les gâteaux. En cas d'allergie au soja, un autre lait végétal fera l'affaire.
- **2 c. à s. d'huile**
- **1 c. à c. de ~~vanille~~** — S'assurer qu'il s'agit bien d'extrait de vanille pur et non d'arômes artificiels.
- **60 g de noix concassées**
- **165 g de ~~sucre roux~~** — Le sucre roux est souvent du sucre blanc recoloré. Nous lui préférons un sucre de canne au goût riche, comme le muscovado.
- **450 ml d'eau bouillante**
- **De la ~~glace à la vanille~~** — Remplacer par son équivalent végétal, ou à faire soi-même !

PRÉCHAUFFER LE FOUR À 180 °C.

Graisser légèrement un plat rectangulaire allant au four avec un peu d'huile en spray.

Dans un saladier de taille moyenne, combiner la farine, le sucre rapadura, 2 cuillerées à soupe de cacao, la levure chimique et le sel.

Mélanger le lait végétal, l'huile et la vanille dans un bol. Faire un puits dans le premier mélange et y verser la préparation liquide. Incorporer sans trop remuer. Ajouter les noix.

Répartir la pâte dans le plat de façon homogène.

Dans un bol, bien mélanger le sucre muscovado et le reste du cacao. Diluer dans l'eau bouillante, puis verser délicatement dans le moule.

Enfourner pendant 40 minutes. Puis, laisser refroidir sur une grille 30 minutes.

Servir encore tiède et garnir de boules de glace à la vanille sans lait.

Trouver des substituts de produits laitiers en magasin

Trouver des aliments végétaliens peut s'avérer quelque peu difficile. Cependant, le végétalisme gagne en popularité et les allergies au lait sont de plus en plus nombreuses, ce qui pousse la grande distribution à diversifier son offre en la matière.

De nombreux substituts sont déjà disponibles dans les supermarchés et les magasins de consommation courante. Il est désormais courant de trouver du lait de soja, d'amande et de riz, souvent conditionnés en briques longue conservation. La plupart se conservent entre 7 et 10 jours après ouverture, à condition de les garder au réfrigérateur. Mais n'oubliez pas de les secouer avant ouverture afin d'enlever le dépôt qui a tendance à se former à l'intérieur !

Dans le même esprit, à côté des glaces classiques, on trouve généralement des glaces à base de soja, de riz ou de noix de coco. Et depuis longtemps, il y a tout un choix de margarines végétales à côté du beurre laitier.

Enfin, si toutefois votre magasin habituel ne propose pas ces articles, n'hésitez pas à demander. Les commerçants peuvent passer des commandes spéciales pour leurs clients, et si ces nouveaux produits se vendent bien, ils profiteront de l'opportunité et en commanderont davantage !

Les beurres d'oléagineux : Cacahuète, noix de cajou, amande, noisette, pistache… Il y a tant de possibilités et si peu de temps pour les goûter toutes ! Achetez-les « bio » si vous pouvez, spécialement le beurre de cacahuète, car ce petit fruit à coque contient souvent beaucoup de pesticides.

Préparez vous-même vos propres beurres d'oléagineux à l'aide d'un robot de cuisine. À défaut, faites légèrement griller le fruit à coque de votre choix et utilisez un moulin à café. Les résultats sont impressionnants, même si la corvée de nettoyage l'est tout autant !

Le beurre végétal : Il y a beaucoup de marques sur le marché, mais beaucoup de produits contiennent malgré tout du lait ou des graisses hydrogénées. Soyez vigilant en faisant vos courses et apprenez à repérer les ingrédients indésirables comme le lactosérum et la caséine.

La crème épaisse : Plusieurs marques sont disponibles et leur goût ressemble tellement à l'originale que vous n'en reviendrez pas. Privilégiez les marques qui n'utilisent pas de graisses hydrogénées (comme Tofutti®).

Le lait d'amande : Goûteux et crémeux, riche en protéines, c'est le favori dans nos cuisines et nous en faisons grand usage en pâtisserie. Nous l'apprécions nature, mais il existe des versions sucrées ou aromatisées.

Le lait de chanvre : Moins courant, son goût n'est pas toujours un coup de foudre immédiat, mais il gagne à être connu. En boisson, il se marie bien au chocolat. Son taux de protéines se situe entre celui du lait de soja et celui du lait de riz. On peut l'utiliser en cuisine et il permet de faire de délicieux cafés au lait.

Le lait de coco : Qu'on l'utilise non dégraissé ou allégé, le lait de coco apporte une dimension crémeuse et savoureuse aux desserts comme aux plats salés. Par ailleurs, il existe une version « prête à boire », que l'on peut simplement déguster au verre ou verser sur ses céréales au petit déjeuner.

Le lait de riz : Ce lait a un taux de protéines plutôt bas mais il a l'avantage d'être dépourvu de la plupart des allergènes. En cuisine, moins épais que les autres lait végétaux, il ne se comporte pas comme du lait de vache. Pour un résultat riche et crémeux, préférez-lui le lait de coco ou de soja. En revanche, la saveur sucrée du lait de riz se prête bien à certaines pâtisseries, ainsi qu'à la consommation directe, nature ou dans un bol de céréales.

Le lait de soja : C'est la boisson végétale la plus répandue dans la grande distribution. Cependant, examinez attentivement la liste des ingrédients, car les laits de soja ne sont pas tous équivalents (certains contiennent des additifs à éviter). Les versions enrichies en calcium sont un bon moyen de supplémenter son alimentation. Si vous voulez un lait enrichi en vitamine D, assurez-vous qu'il s'agit de D2 et non de D3, laquelle est issue du mouton.

Le lait en poudre : Les variétés végétales sont généralement proposées aussi sous forme déshydratée, ce qui est appréciable si vous n'utilisez pas souvent du lait. Mais soyez prudent, certains mélanges contiennent de la caséine comme additif.

La margarine végétale : C'est un bon substitut du beurre dans les gâteaux ou les plats au four. En règle générale, on remplace 200 g de beurre par 150 g de margarine. Cherchez une marque qui utilise de l'huile non hydrogénée et aucun produit animal, bien sûr.

Les yaourts : On trouve actuellement des yaourts faits à base de lait de riz, de soja et même de noix de coco. Différents parfums sont proposés pour la dégustation ou la cuisine. Pour optimiser leurs bienfaits, choisissez des marques qui contiennent des ferments actifs.

Fabriquer des substituts de produits laitiers chez soi

Acheter des laits végétaux peut s'avérer coûteux, alors si vous avez le temps, pourquoi ne pas les faire vous-même ? Ainsi, vous saurez exactement ce qu'il y a dedans et d'où sont issus les ingrédients, sans risque de contamination par des allergènes.

Vous trouverez vite l'inspiration pour utiliser vos graines et fruits à coques de prédilection dans les recettes de laits végétaux que nous vous proposons. La texture dépendra de la quantité d'eau que vous choisirez d'ajouter.

Il n'est même pas nécessaire de disposer d'un équipement coûteux : votre blender ou votre centrifugeuse fera l'affaire. Tout ce qu'il vous faudra en plus, c'est une passoire à mailles fines et une étamine.

Si vous le pouvez, procurez-vous les matières premières (soja, fruits à coque, riz et autres graines) en vrac ou en gros, c'est plus économique et cela réduit le gaspillage d'emballages. Et si vous pouvez vous offrir des produits bio, c'est encore mieux.

LA CRÈME POUR LE CAFÉ

Pour donner à votre café un regain d'onctuosité, mélangez 185 g de lait de soja ou de riz en poudre avec 1 cuillère à soupe de poudre de vanille et 30 g de sucre glace.

LE LAIT CONCENTRÉ VÉGÉTAL

En incorporant 120 g de lait de riz ou de soja en poudre dans 180 ml d'eau, vous obtiendrez 235 ml de lait condensé. Utilisez les mêmes quantités qu'indiquées dans les recettes.

LE LAIT DE COCO

Mélangez à parts égales de la noix de coco séchée non sucrée et de l'eau dans une casserole de taille moyenne. Portez à ébullition puis retirez du feu, laissez reposer pendant 1 heure. Filtrez dans une passoire tapissée d'une étamine, ou passez au blender à vitesse maximale avant de filtrer.

LE LAIT DE SOJA CONCENTRÉ SUCRÉ

Faites chauffer à feu doux 700 ml de lait de soja et 190 g de sucre complet jusqu'à ce que le mélange frémisse. Laissez réduire de plus de la moitié (235 ml). Retirez les éventuels grumeaux.

LE LAIT RIBOT (OU BABEURRE) SANS LAIT

Mélangez 1 cuillère à soupe de jus de citron frais ou de vinaigre (de cidre ou balsamique blanc) avec 235 ml de boisson végétale non sucrée (le lait de soja s'y prête le mieux). Laissez le lait cailler quelques minutes.

POUR UN LAIT PLUS ÉPAIS

Mélangez 120 ml de lait de coco non dégraissé et 120 ml de la boisson végétale de votre choix. Vous obtiendrez 240 ml de préparation.

Des recettes de préparations lactées… sans lait !

Pour commencer, nous attaquons par des basiques, des recettes authentiques, testées et approuvées, de substituts de produits laitiers à préparer chez vous. Puis nous passerons à des plats succulents un peu plus élaborés comprenant ces ingrédients de base, faits maison ou achetés dans le commerce.

BEURRE D'HUILE D'OLIVE

Sans blé Sans gluten Rapide et facile

C'est une tartinade qu'on réalise facilement en un rien de temps, comme un substitut de beurre maison. Pour la cuisine, ce produit ne réagit pas comme un équivalent du commerce, mais sur une tranche de pain ou une biscotte, c'est tout simplement délicieux. On peut aussi l'incorporer à un pain à l'ail, en faire fondre sur du pain de maïs tout chaud, sur des muffins…

POUR 200 G

- **120 ml d'huile d'olive**
- **170 g de tofu soyeux**
- **1 c. à c. de poudre de maca**
- **½ c. à c. de sel de mer**
- **½ c. à c. de gomme xanthane**

À L'AIDE D'UN BLENDER, réduire tous les ingrédients en une purée onctueuse et consistante.

Se conserve 2 semaines au réfrigérateur dans une boîte hermétique.

Variantes : Utilisez une autre huile végétale au goût peu prononcé (ex. : huile de colza) et ajoutez 3 cuillères à soupe de sirop d'agave pour obtenir une pâte à tartiner rappelant le miel. C'est délicieux avec du pain de maïs. Autre option avec 1 cuillerée à soupe d'ail émincé, 1 cuillerée à café de basilic séché et ¼ de cuillerée à café de paprika, vous aurez un pâté végétal qui sera l'allié parfait du pain à l'ail.

BASE DE YAOURT MAISON

Sans blé — Sans gluten

Allégé en matière grasse — Rapide et facile

Même s'il ne s'agit pas du genre de yaourt dont vous avez l'habitude, plein de bioferments et autres bonnes choses, nous trouvons cette recette bien pratique car elle remplit à merveille le rôle des yaourts du commerce dans les préparations culinaires, tout en étant moins chère et facile à réaliser.

La quantité de fécule de maïs à utiliser dépendra du lait choisi et de sa consistance : 1 cuillère à soupe suffit pour le lait de soja, 2 sont nécessaires pour le lait de coco.

Pour une version sans cuisson, remplacez la fécule de maïs par ½ cuillerée à café de gomme xanthane ou de guar, et mélangez jusqu'à épaississement.

POUR 375 G

- **35 ml de lait de soja ou de coco non dégraissé**
- **1 à 2 c. à s. de jus de citron frais (1 c. à s. suffit à faire cailler le lait,**
- **2 c. à s. apportent le petit goût typique des yaourts)**
- **2 c. à s. d'édulcorant (sucre complet, sirop d'agave…)**
- **1 à 2 c. à s. de fécule de maïs, suivant l'épaisseur du lait**
- **1 pincée de sel de mer**
- **1 c. à c. d'extrait de vanille pur (facultatif)**
- **1 zeste de citron (facultatif)**
- **1 fruit frais (facultatif)**

MÉLANGER la boisson végétale et le jus de citron dans un bol, et laisser cailler pendant 2 minutes.

Ajouter l'édulcorant, la fécule et le sel.

À l'aide d'un mixeur plongeant, mixer les ingrédients pendant 1 minute.

Chauffer au four à micro-ondes : 1 minute pour le lait de soja, 2 minutes pour le lait de coco. Pendant la cuisson, surveiller de près pour s'assurer que le mélange ne bout pas. Mixer de nouveau.

Recommencer l'opération. Cette fois-ci, une fourchette suffit pour mélanger.

Chauffer encore 1 minute : le dessus de la préparation doit ressembler à un flan. À cette étape, il est possible d'ajouter un parfum (vanille ou citron) ou un fruit.

Mettre au réfrigérateur et laisser prendre. Mélanger encore une fois avant d'utiliser le yaourt. À consommer dans les 4 jours suivant la préparation.

BASE DE CRÈME ÉPAISSE AU TOFU

Sans blé   Sans maïs   Rapide et facile

Même si on trouve de la crème végétale toute faite, il est parfois plus simple de la préparer soi-même !

POUR 350 ML

- **200 g de tofu très ferme, égoutté et pressé**
- **30 g de noix de cajou, finement moulues**
- **1 c. à s. de vinaigre de riz blanc**
- **1 c. à s. de jus de citron, jaune ou vert**
- **1 c. à s. de miso blanc**
- **1 c. à s. d'huile végétale au goût peu prononcé**

METTRE TOUS LES INGRÉDIENTS dans un blender ou un robot mixeur, et mélanger jusqu'à obtenir une préparation bien lisse et crémeuse. Garder au réfrigérateur dans une boîte hermétique jusqu'à utilisation. Se conserve 1 semaine.

LAIT D'ARACHIDE

Sans blé   Sans gluten   Sans maïs   Sans soja

Nous adorons les cacahuètes et cette préparation leur donne encore une autre dimension : le lait obtenu ici se prête parfaitement à toutes sortes de préparations culinaires et produit aussi une pulpe qui peut parfaitement remplacer le tofu dans les gâteaux. Ajustez la quantité d'eau et d'édulcorant nécessaire pour obtenir la texture et le goût souhaités. Dégustez ensuite avec notre recette de Muffins Pulpe Fiction (page 75).

POUR 470 ML

- **300 g de cacahuètes, finement concassées**
- **¼ de c. à c. de sel de mer fin**
- **2 c. à s. de sucre de canne complet**
- **¼ de c. à c. de cannelle en poudre (facultatif)**
- **700 ml d'eau filtrée**

METTRE LES CACAHUÈTES, le sel et le sucre dans une grande poêle. À feu moyen, faire griller légèrement le mélange en remuant constamment, jusqu'à ce que les arômes se dégagent et que les cacahuètes colorent légèrement. Compter environ 2 minutes.

Ajouter la cannelle (facultatif) et l'eau.

Transférer le mélange dans un blender et mixer jusqu'à obtenir une texture homogène.

Filtrer à l'aide d'une passoire fine tapissée d'une étamine. Ne surtout pas jeter le résidu, c'est la pulpe de cacahuète !

Se conserve 3 à 5 jours au réfrigérateur. Avant utilisation, secouer ou mélanger.

LAIT VANILLE CAJOU

Sans blé Sans gluten Sans maïs Sans soja

Contrairement à beaucoup d'autres laits végétaux, celui-ci n'a pas besoin d'être filtré. De plus, vous pouvez le préparer sans trempage préalable si vous êtes pressé (le temps de mixage sera juste un peu plus long). Le lait de noix de cajou est l'un des laits végétaux les plus épais, c'est pourquoi il se prête bien aux utilisations sucrées et agrémente délicieusement le café. N'hésitez pas à tester une version sans vanille et sans agave pour l'utiliser dans un plat salé. Pensez aux currys !

POUR 590 ML

- **140 g de noix de cajou**
- **2 c. à s. de sirop d'agave**
- **1 c. à s. d'extrait de vanille pur**
- **470 ml d'eau filtrée**

FAIRE TREMPER LES NOIX DE CAJOU dans l'eau pendant toute une nuit au réfrigérateur. Rincer à l'eau claire et égoutter.

Mettre les noix de cajou, le sirop d'agave et la vanille dans un blender, puis ajouter progressivement l'eau filtrée en mixant à grande vitesse pour obtenir un lait. Compter environ 3 minutes, jusqu'à ce qu'il n'y ait plus de petits morceaux.

Se conserve 3 à 5 jours au réfrigérateur. Avant utilisation, secouer ou mélanger.

Variante : Pour un lait plus liquide, ajoutez davantage d'eau, jusqu'à obtenir la consistance désirée. Pour une crème, à l'inverse, réduisez la quantité d'eau utilisée pour parvenir à une texture plus onctueuse.

TABLETTE DE CHOCOLAT BLANC OU AU « LAIT »

Substitut de produits laitiers : lait de riz ou de soja en poudre pour un lait végétal sans gras

Vous pourrez utiliser ce chocolat fait maison dans les cookies (coupez-le en petits morceaux pour remplacer les pépites) ou inventer vos propres recettes de chocolats de dégustation ! Vous pouvez ajouter des extraits de parfum, des feuilles de thé, des fleurs de lavande ou du zeste de citron… pour des sucreries inédites, à déguster ou à offrir.
Les granulés de lécithine de soja, facultatifs, se trouvent dans le rayon compléments alimentaires des magasins diététiques ou en ligne sur internet : ils servent à lier entre eux les différents ingrédients. Si vous ne pouvez pas vous en procurer facilement, vous pouvez faire sans, mais assurez-vous de bien dissoudre et mélanger tous les éléments.

POUR UNE TABLETTE DE CHOCOLAT BLANC DE 110 G

- **85 g de beurre de cacao brut alimentaire (à ne pas confondre avec celui pour le corps !)**
- **60 g de sucre glace**
- **1 c. à s. de lait de riz ou de soja en poudre**
- **1 c. à c. de vanille en poudre**
- **¼ de c. à c. de granulés de lécithine de soja (facultatif)**

POUR UNE TABLETTE DE CHOCOLAT AU « LAIT » DE 110 G

- **55 g de beurre de cacao brut alimentaire**
- **2 c. à s. de lait de riz ou de soja en poudre**
- **2 c. à s. de poudre de cacao non sucrée**
- **30 g de sucre glace**
- **1 c. à c. de vanille en poudre**
- **1 c. à s. de granulés de lécithine de soja (facultatif)**

DANS UNE PETITE CASSEROLE, faire fondre le beurre de cacao à très basse température. Une fois qu'il est liquide, ajouter les autres ingrédients sans cesser de remuer, jusqu'à dissolution complète.

Verser la préparation dans un moule à tablette de chocolat en polycarbonate (ou, à défaut, un moule à cake) et mettre au réfrigérateur pendant 1 heure pour que la tablette durcisse.
Se conserve jusqu'à 2 semaines dans un endroit frais et sec, ou 12 mois dans le congélateur.

BIRCHER MUESLI SUISSE

Substituts de produits laitiers : yaourt sans lait et lait végétal

Sans blé **Sans maïs**

Pour commencer la journée du bon pied, essayez cette version du célèbre petit déjeuner suisse. Préparez-le la veille et régalez-vous dès le matin !

POUR 4 BOLS

- **100 g de châtaignes ou de marrons grillés**
- **180 ml de cidre**
- **120 g de yaourt sans lait**
- **160 g de purée de baies sans sucre**
- **180 ml de lait végétal, ou plus selon convenance**
- **2 c. à s. de sirop d'agave**
- **1 c. à c. d'extrait de vanille**
- **1 pincée de cannelle en poudre**
- **1 pincée de sel de mer**
- **40 g de baies séchées**
- **80 g de flocons d'avoine non précuits**
- **110 g de baies fraîches (mûres, framboises...)**
- **1 poignée d'amandes effilées**

METTRE LES CHÂTAIGNES dans une casserole avec 120 ml de cidre. Porter à ébullition, puis baisser le feu et laisser frémir pendant 6 minutes, jusqu'à ce que les fruits soient assez mous pour être écrasés et que le liquide ait presque entièrement réduit. Laisser refroidir.

À l'aide d'un blender, mélanger le yaourt, la purée de baies, 120 ml de lait, le reste du cidre, le sirop d'agave, la vanille, la cannelle et le sel.

En remuant, introduire les châtaignes refroidies, les baies séchées et les flocons d'avoine. L'avoine va absorber une partie du liquide et la préparation épaissir. Si finalement la bouillie semble trop épaisse, rajouter du cidre ou du lait.

Couvrir et laisser au réfrigérateur pendant la nuit, pour permettre à l'avoine de « cuire ». Noter que la bouillie se conserve jusqu'à 4 jours.

Avant de servir, ajouter le reste de lait si la mixture est trop épaisse. Rajouter du sirop d'agave si besoin. Servir avec des baies fraîches et décorer chaque bol avec quelques amandes.

CRÈME D'ÉRABLE

Sans blé · Sans gluten · Sans maïs

Vous cherchez un accompagnement délicieusement sucré et crémeux pour vos gaufres ou vos crêpes ? Cette crème fait un malheur avec les gaufres façon carrot cake (page 80) !

POUR 590 ML

- **120 g de cerneaux de noix ou 100 g de noix de pécan**
- **180 ml de sirop d'érable pur**
- **1 pincée de sel de mer fin**
- **30 g de beurre végétal**
- **2 c. à c. d'extrait d'érable**
- **95 g de sucre de canne complet**
- **340 g de tofu soyeux ferme**
- **2 c. à c. d'extrait de vanille pur**
- **1 c. à c. de cannelle en poudre (facultatif)**

Astuce : Il vous reste de la crème d'érable ? Testez la recette suivante...

MÉLANGER LES NOIX, 60 ml de sirop d'érable, le sel et le beurre dans une petite casserole. Couvrir et faire cuire à température modérée pendant quelques minutes, jusqu'à ce que les noix dégagent une bonne odeur et que le mélange épaississe un peu.

À l'aide d'un mixeur plongeant ou d'un robot de cuisine, mixer la préparation avec le reste des ingrédients jusqu'à obtenir une consistance homogène.

Réserver au réfrigérateur pendant au moins 4 heures pour laisser la crème épaissir. Servir sur les gaufres ou comme nappage de gâteau, de cupcakes… Cette crème se conserve au réfrigérateur pendant 1 semaine.

ENTREMETS CHOCOLAT-ÉRABLE

Substitut de produits laitiers : naturellement sans lait !

POUR 6 À 8 PERSONNES

- **235 ml de crème d'érable (recette précédente)**
- **255 g de pépites de chocolat**
- **340 g de tofu soyeux**
- **2 c. à s. de sirop d'érable pur**

MÉLANGER LA CRÈME D'ÉRABLE et les pépites dans un saladier. Faire chauffer au four à micro-ondes pendant 1 minute environ, jusqu'à ce que les pépites fondent lorsqu'on remue.

Introduire le tofu et le sirop d'érable. À l'aide d'un blender, mixer jusqu'à obtenir une crème parfaitement lisse.

Servir dans des coupelles, frappé ou glacé. Laisser reposer quelques minutes à température ambiante avant de déguster.

MUFFINS SALÉS AU CHUTNEY

Substitut de produits laitiers : boisson végétale (lait d'amande)

Sans soja

Le tahin et l'huile de sésame se marient agréablement dans ces muffins savoureux et riches qui accompagneront avec bonheur des plats d'inspiration indienne.

Comme la texture du tahin et du chutney peut varier, il vous faudra ajouter un peu plus de lait ou d'eau si la pâte est trop épaisse.

POUR 6 MAXI MUFFINS

- **Huile en spray**
- **145 g de chutney de mangue épicé**
- **65 g de tahin (purée de sésame)**
- **1 c. à s. d'huile de sésame (non grillé)**
- **2 c. à c. de coriandre en poudre**
- **½ c. à c. de piment rouge en flocons ou en poudre (+ 1 pincée à parsemer sur les muffins)**
- **235 ml de lait d'amande non sucré**
- **210 g de farine T55**
- **2 c. à c. de levure chimique**
- **1 c. à c. de sel de mer fin**
- **1 c. à c. de graines de cumin**

PRÉCHAUFFER LE FOUR À 180 °C. Graisser un moule à gros muffins avec un peu d'huile en spray.

Dans un grand saladier, mélanger le chutney, le tahin et l'huile de sésame. Fouetter jusqu'à obtenir une émulsion. Ajouter la coriandre, le piment et le lait d'amande. Dans le même récipient, tamiser la farine, la levure chimique et le sel au-dessus de la préparation.

Incorporer les ingrédients secs aux ingrédients mouillés en veillant à ne pas trop mélanger. Ajouter un peu plus de lait si besoin. Répartir la pâte dans les moules à muffins sans les remplir à ras bord. Parsemer de graines de cumin et de flocons de piment.

Faire cuire 40 minutes, jusqu'à ce qu'un cure-dent inséré au cœur d'un muffin en ressorte propre. Démouler et laisser refroidir sur une grille.

Astuce : Si vous n'avez pas de moule à gros muffins, utilisez un moule normal (12 muffins) et réduisez le temps de cuisson à 20 minutes.

PAIN RAPIDE MOELLEUX

Substituts de produits laitiers : beurre végétal et lait végétal

Voici un type de pain riche, moelleux et dense qui accompagne admirablement les soupes et les ragoûts. Il contient une bonne quantité de beurre sans lait, donc vous n'aurez même pas besoin de beurrer vos tartines pour l'apprécier dans toute sa splendeur.

POUR UNE MICHE de 20 cm de long

- **Huile en spray**
- **110 g de beurre sans lait**
- **110 g de compote de pomme sans sucre, achetée ou faite maison (voir recette page 231)**
- **235 ml de bière végétalienne (comme Heineken et Hoegaarden) ou de boisson végétale**
- **80 g de flocons d'avoine, précuits ou non, finement moulus**
- **120 g de farine type T55**
- **120 g de farine type T110**
- **1 c. à s. de levure chimique**
- **1 c. à c. de sel de mer fin**
- **1 poignée de graines de tournesol ou d'amandes effilées pour la décoration**

PRÉCHAUFFER LE FOUR À 190 °C. Graisser légèrement un moule à pain de 20 x 10 cm environ avec un peu d'huile en spray.

Mettre le beurre, la compote de pomme et la bière ou le lait dans un bol adapté au four à micro-ondes. Faire chauffer pendant 40 secondes puis mélanger pour bien faire fondre le beurre. Réserver et laisser refroidir.

Dans un grand saladier, bien mélanger l'avoine, les farines, la levure chimique et le sel.

Faire un puits et verser les ingrédients liquides, puis incorporer le tout sans trop mélanger.

Verser la pâte dans le moule. Disposer une généreuse poignée de graines de tournesol ou d'amandes effilées sur le dessus du pain en appuyant délicatement pour les faire adhérer. Faire cuire pendant 55 minutes, jusqu'à ce qu'un cure-dent inséré au centre de la miche ressorte propre.

Si le pain commence à colorer trop rapidement, poser une feuille de papier d'aluminium sur le dessus, sans rabattre les bords.

Sortir du four et laisser refroidir sur une grille.

PAPET VAUDOIS

Substituts de produits laitiers : beurre sans lait et boisson végétale ou crème

Sans blé **Sans fruits à coque**

Le *papet vaudois* est un plat traditionnel du canton de Vaud en Suisse, composé de poireaux et de saucisses. Il contient généralement du lard, des saucisses, de la crème et du beurre. Quel bonheur de découvrir que la version végétalienne est aussi savoureuse (peut-être meilleure même) que l'original !

Servez ce plat accompagné de vos saucisses végétales préférées (aromatisées à l'oignon, à la bière, à la choucroute, etc.).

POUR 4 PERSONNES

- **55 g de beurre végétal)**
- **455 g de pommes de terre rattes, coupées en deux (ou autre variété ferme et petite)**
- **270 g de poireaux, parties blanches et vert clair seulement, bien lavés et coupés en morceaux d'environ 3 cm de long**
- **1 gros oignon, haché grossièrement**
- **½ c. à c. de sel de mer fin**
- **¼ de c. à c. de noix de muscade en poudre**
- **Poivre blanc selon convenance**
- **80 ml de bouillon de légumes**
- **80 ml de vin blanc sec**
- **1 c. à c. de fumée liquide (voir page 10)**
- **80 ml de lait ou de crème végétal(e) non sucré(e)**

DANS UNE GRANDE CASSEROLE ou une sauteuse, faire fondre 40 g de beurre sur feu moyen à vif.

Ajouter les pommes de terre, les poireaux, l'oignon et le sel. Faire revenir pendant 10 minutes, jusqu'à ce que les pommes de terre commencent à colorer.

Ajouter la muscade, le poivre, le bouillon, le vin et la fumée liquide. Porter à ébullition.

Couvrir et laisser cuire à feu moyen pendant 20 minutes, jusqu'à ce que les pommes de terre soient tendres. Retirer le couvercle, ajouter le reste de beurre, ainsi que le lait ou la crème. Poursuivre la cuisson jusqu'à ce que le liquide ait presque totalement réduit.

BISCUITS AU MUESLI

Substituts de produit laitier : lait et beurre végétaux

Délicatement beurrés et floconneux, ces biscuits sont une merveille au petit déjeuner. Impossible de leur préférer un paquet de biscuits industriels !

POUR 6 BISCUITS

- **110 g de muesli**
- **190 g de farine T55 ou T65**
- **2 c. à c. de levure chimique**
- **½ c. à c. de sel de mer fin**
- **½ c. à c. de cannelle en poudre**
- **55 g de beurre végétal, froid, coupé en petits morceaux**
- **2 c. à s. de sirop d'érable pur**
- **60 à 90 ml de lait végétal, froid**

PRÉCHAUFFER LE FOUR À 190 °C. Couvrir une plaque de four de papier sulfurisé ou de tapis de cuisson en silicone.

Mettre le muesli, la farine, la levure chimique, le sel, la cannelle, le beurre et le sirop d'érable dans un robot de cuisine. Mixer par à-coups jusqu'à ce que les ingrédients soient bien mélangés.

Incorporer le lait jusqu'à former une boule de pâte.

Diviser en 6 portions égales d'environ 80 g par biscuit.

Disposer sur la plaque et appuyer sur la pâte pour former des biscuits d'environ 2,5 cm d'épaisseur.

Faire cuire 15 minutes environ, jusqu'à ce que les biscuits soient légèrement dorés sur le dessus et le dessous.

Laisser refroidir sur une grille.

COLESLAW AU POTIRON ET AUX NOIX PIMENTÉES

Substitut de produits laitiers : mayonnaise végétale (pour l'onctuosité)

Sans blé **Sans maïs**

Offrez-vous un plaisir sain en dégustant ce coleslaw crémeux, en entrée ou comme garniture de sandwich. Dans tous les cas, n'oubliez pas de le marier à la préparation aux noix : ces deux-là sont faits pour s'entendre !

POUR 4 PERSONNES

POUR LES NOIX PIMENTÉES :

- **120 g de cerneaux de noix**
- **½ c. à c. de piment chipotle, finement émincé + 1 c. à s. de sa sauce adobo**
- **½ c. à c. de cumin en poudre**
- **½ c. à c. de cacao en poudre non sucré**
- **¼ de c. à c. de sel de mer fin**
- **1 c. à c. de sirop d'agave**

POUR LE COLESLAW :

- **70 g de mayonnaise végétale**
- **120 g de purée de potiron**
- **½ c. à c. de sel de mer fin**
- **1 c. à c. d'oignon en poudre**
- **2 c. à s. de vinaigre de cidre**
- **Poivre selon convenance**
- **1 c. à c. de moutarde de Dijon**
- **285 g de chou blanc coupé en fines lanières**

PRÉPARATION DES NOIX PIMENTÉES : Préchauffer le four à 170 °C. Mélanger tous les ingrédients et les disposer sur une plaque de cuisson tapissée de papier sulfurisé. Faire griller pendant 10 minutes en mélangeant une fois à mi-cuisson.

Laisser refroidir sur la plaque.

PRÉPARATION DU COLESLAW : Mélanger tous les ingrédients, à l'exception du chou, et fouetter jusqu'à obtenir une émulsion. Puis ajouter le chou et mélanger à nouveau. Réserver au réfrigérateur pendant 1 heure pour laisser les saveurs se développer.

Servir avec les noix.

CURRY POIRE ET CHOU-FLEUR

Substituts de produits laitiers : huile de coco et lait de coco

Sans blé · Sans gluten · Sans maïs · Sans soja

Cette recette de curry épicé est si facile qu'elle se prépare presque toute seule : vous ne saurez que faire de tout le temps libre qu'il vous reste ! Nous adorons l'associer aux burgers carottes-gingembre (page 114).

POUR 4 PERSONNES

POUR LES NOIX PIMENTÉES :

- **3 c. à s. d'huile de coco fondue**
- **1 c. à s. de garam masala**
- **1 c. à c. de cumin en poudre**
- **½ c. à c. de gingembre en poudre**
- **½ c. à c. de coriandre en poudre**
- **½ c. à c. de graines de moutarde noire**
- **½ c. à c. de piment rouge, en flocons ou en poudre**
- **1 c. à c. de curcuma**
- **1 c. à c. de gros sel de mer**
- **1 petite tête de chou-fleur, détaillée en fleurettes**
- **2 poires fermes, épépinées et coupées en quartiers**
- **2 gousses d'ail, épluchées et émincées**
- **50 g d'oignon jaune, émincé**
- **60 ml de lait de coco**

POUR LA PRÉSENTATION :

- **45 g de noix de cajou grillées et salées**
- **15 g de coriandre fraîche ou de persil frais, haché(e)**

Astuce : Essayez ce curry sur du quinoa ou du riz, ou encore avec des burgers végétaliens.

PRÉPARATION DU CURRY : Préchauffer le four à 200 °C. Disposer tous les ingrédients dans un plat rectangulaire allant au four (23 x 32 cm environ). Faire griller 30 minutes en mélangeant une fois à mi-cuisson. Éteindre le four et laisser le plat reposer à l'intérieur pendant 15 minutes supplémentaires, jusqu'à ce que le chou-fleur soit *al dente*.

PRÉSENTATION : Juste avant de servir, parsemer de noix de cajou et de coriandre ou de persil.

GRATIN DE PÂTES CRÉMEUX À LA COURGE BUTTERNUT

Substituts de produits laitiers : amandes, boisson végétale, mayonnaise végétalienne (pour l'onctuosité)

Les pâtes sont une source infaillible d'énergie. Assaisonnées d'ingrédients nourrissants et savoureux, remplaçant avantageusement le fromage traditionnel, il n'y a rien de mieux ! Servez ce plat avec des feuilles de moutarde (page 262).

POUR 6 PERSONNES

- **1 kg de courge butternut coupée en cubes**
- **1 c. à s. d'huile d'olive vierge extra**
- **455 g de fusilli, non cuites**
- **160 g d'amandes grillées**
- **1 c. à s. de piments chipotle, émincés + 2 c. à s. de sa sauce adobo**
- **½ c. à c. de sel de mer fin**
- **2 c. à c. de coriandre en poudre**
- **1 c. à c. de cumin en poudre**
- **3 gousses d'ail, épluchées et émincées**
- **40 g d'oignon, haché**
- **2 c. à s. de triple sec ou de jus d'orange**
- **295 ml de lait végétal non sucré**
- **55 g de mayonnaise végétale ou de crème épaisse sans lait**
- **2 c. à s. de jus de citron, fraîchement pressé**

POUR FAIRE GRILLER LA COURGE, préchauffer le four à 200 °C. Enduire les cubes de courge d'huile d'olive et les étaler sur une feuille de cuisson. Faire cuire 45 minutes, jusqu'à ce que la courge soit tendre. Réserver.

Cuire les pâtes selon les indications sur le paquet. Puis égoutter et réserver.

À l'aide d'un robot de cuisine, moudre les amandes en une fine poudre et réserver.

Dans une grande casserole, mettre la courge, la sauce adobo, les piments, le sel, la coriandre, le cumin, l'ail et l'oignon. Faire cuire à feu moyen 5 bonnes minutes, jusqu'à ce que les oignons soient translucides.

Ajouter le triple sec ou le jus d'orange, et faire frémir pendant 2 minutes.

Retirer du feu. Transférer le mélange dans le robot, avec les amandes, le lait, la mayonnaise ou la crème, et le jus de citron. Mixer jusqu'à obtenir un mélange lisse et homogène.

Préchauffer le four à 190 °C. Verser les pâtes et la sauce dans un plat rectangulaire (23 x 33 cm environ). Égaliser la surface à l'aide d'une spatule.

Faire cuire pendant 20 minutes, jusqu'à ce que le dessus soit doré. Laisser reposer 15 minutes avant de servir.

Encore meilleur le lendemain ! Ce plat peut être congelé.

BISQUE AU POTIRON

Substitut de produits laitiers : lait végétal

Rapide et facile

Cette bisque végétalienne est riche en saveurs et ne prend que quelques secondes à préparer. Elle constitue un solide en-cas ou un repas plus consistant si on l'associe à des croûtons.

POUR 4 PERSONNES

- **425 g de purée de potiron**
- **40 g de pâte à tartiner à base de levure (Marmite® ou Vegemite®, en rayon exotique ou magasin d'importations)**
- **50 g de beurre de cacahuète nature**
- **2 gousses d'ail, épluchées et émincées**
- **3 c. à s. (30 g) d'oignon haché finement**
- **2 c. à c. de garam masala**
- **Poivre**
- **½ c. à c. de piment de Cayenne**
- **1 c. à c. de sauce Worcester végétalienne**
- **470 ml de lait végétal non sucré**
- **470 ml d'eau ou de bouillon de légumes**
- **2 c. à c. de sirop d'érable pur**

MÉLANGER TOUS LES INGRÉDIENTS, excepté le sirop d'érable, dans une cocotte ou une casserole à fond épais.

Porter à ébullition à feu doux, et laisser frémir 10 minutes en fouettant de temps en temps.

En fin de cuisson, ajouter le sirop d'érable.

Dans un blender ou avec un mixeur plongeant, mixer les ingrédients jusqu'à obtenir la consistance désirée, puis servir.

TARTARE AUX TROIS OLIVES

Substitut de produits laitiers : tofu soyeux (pour la texture crémeuse)

Sans blé

Sans maïs

Rapide et facile

Délicieux comme garniture de sandwich, ce tartare peut aussi s'utiliser comme du pesto sur les pâtes ou les pommes de terre au four.

POUR 550 G ENVIRON

- **340 g de tofu soyeux, égoutté**
- **70 g d'olives noires dénoyautées**
- **8 olives vertes dénoyautées**
- **1 c. à c. de câpres, sans la saumure**
- **2 c. à s. de vinaigre balsamique blanc**
- **20 g de feuilles de basilic frais**
- **3 c. à s. d'huile d'olive vierge extra**
- **Sel de mer fin selon convenance**
- **Poivre selon convenance**
- **1 pincée de piment rouge, en flocons ou en poudre**
- **Le zeste de la moitié d'un gros citron**
- **1 grosse gousse d'ail, épluchée et émincée**
- **30 g de noix grillées**

METTRE TOUS LES INGRÉDIENTS DANS UN BLENDER et mixer jusqu'à obtenir une préparation onctueuse. Conserver jusqu'à 4 jours au réfrigérateur, dans un récipient fermé.

AÏOLI AUX TOMATES GRILLÉES

Substitut de produits laitiers : mayonnaise végétalienne (pour l'onctuosité)

Sans blé   Sans maïs

Ce mélange crémeux se sert chaud ou froid, pour assaisonner des pâtes, des pommes de terre, ou encore en garniture de sandwich.

POUR 600 G ENVIRON

POUR LES TOMATES GRILLÉES :

- **455 g de tomates en grappes**
- **1 c. à s. d'huile d'olive vierge extra**
- **½ c. à c. de sel fin**
- **40 g d'oignon, émincé**
- **3 gousses d'ail, épluchées et coupées en deux**

POUR L'AÏOLI :

- **110 g de mayonnaise végétalienne**
- **1 c. à s. de piment chipotle dans sa sauce adobo**
- **1 c. à c. de paprika**
- **½ c. à c. de sel de mer fin**
- **2 c. à c. de sirop d'agave**
- **½ c. à c. de cumin en poudre**
- **2 gousses d'ail, épluchées et émincées**
- **Poivre selon convenance**

PRÉPARATION DES TOMATES GRILLÉES : Préchauffer le four à 200 °C. Disposer tous les ingrédients dans un plat carré allant au four.

Faire griller 20 minutes, en mélangeant une fois à mi-cuisson, jusqu'à ce que les tomates ressemblent à des pneus dégonflés !

Sortir du four et réserver.

PRÉPARATION DE L'AÏOLI : Dans un blender, mixer tous les ingrédients avec les tomates grillées jusqu'à obtenir une consistance homogène.

Servir avec des pâtes, des pommes de terre en robe des champs ou dans un sandwich. Pour une texture plus épaisse, laisser reposer au réfrigérateur.

Se conserve 3 à 5 jours au réfrigérateur.

ENTREMETS AU CHOCOLAT

Substitut de produits laitiers :
lait végétal (lait de soja au chocolat)

Sans blé — Sans gluten

Sans fruits à coque

N'hésitez pas à parfumer ce délicieux dessert d'extraits naturels : menthe poivrée, amande amère, orange douce, rhum... pour des créations irrésistibles ! Cette préparation peut être utilisée à la place des yaourts dans certaines recettes, comme les brownies au chocolat et aux noix (page 88).

POUR 6 À 8 PERSONNES,
à préparer la veille

- **630 ml de lait de soja au chocolat**
- **60 g de sucre de canne complet**
- **1 pincée de sel de mer fin**
- **20 g de cacao en poudre non sucré**
- **30 g de fécule de maïs**
- **2 c. à c. d'extrait de vanille pur**

DANS UN BLENDER, mixer tous les ingrédients pour obtenir une texture homogène.

Transférer dans une grande casserole et faire cuire sur feu moyen à vif jusqu'à épaississement (environ 6 minutes).

Verser dans des coupes à dessert et recouvrir de film alimentaire. Laisser reposer au frais toute la nuit avant de servir.

YAOURT GLACÉ AUX BAIES

Substitut de produits laitiers :
yaourt sans lait

Sans blé — Sans gluten

Sans maïs

Allégé en matière grasse

Les yaourts végétaliens n'ont rien à envier à leurs homologues laitiers. La preuve ? Goûtez ces délices glacés !

POUR 8 BELLES PORTIONS

- **490 g de baies, fraîches ou surgelées (dans ce cas, les faire dégeler en partie)**
- **3 yaourts sans lait de 170 g chacun (voir recette page 20)**
- **2 c. à s. de jus de citron, fraîchement pressé**
- **85 g de sirop d'agave**
- **½ c. à c. d'extrait de vanille pur**
- **¼ de c. à c. d'extrait de noix pur (facultatif)**
- **⅛ de c. à c. d'extrait d'amande pur (facultatif)**

DANS UN BLENDER, mixer tous les ingrédients pour obtenir un mélange onctueux.

Filtrer avec une passoire fine pour retirer les grains.

Mettre dans la sorbetière et suivre le mode d'emploi de l'appareil.

Pour une consistance plus ferme, laisser reposer 1 heure au congélateur avant de servir.

GLACE CAFÉ-VANILLE

Substitut de produits laitiers : lait végétal vanille-cajou

Sans gluten **Sans soja**

Cette glace est sublimée lorsqu'on y ajoute de la sauce caramel. C'est aussi une délicieuse façon d'utiliser notre recette de lait vanille-cajou.

POUR 1 KG

- **590 ml de lait végétal ou de lait vanille-cajou (page 22)**
- **470 ml de café**
- **190 g de sucre de canne complet**
- **30 g de fécule de maïs, mélangée à 180 ml d'eau pour faire une bouillie**
- **2 c. à s. d'extrait de vanille pur**

MÉLANGER LE LAIT, le café et le sucre dans une casserole, porter à ébullition et retirer aussitôt du feu. Introduire la bouillie de fécule en remuant. Puis ajouter la vanille.

Placer au réfrigérateur pendant quelques heures. Transvaser la préparation ainsi refroidie dans la sorbetière et suivre le mode d'emploi de l'appareil.

SORBET CRÉMEUX ÉRABLE-ORANGE

Substitut de produits laitiers : tofu soyeux (pour l'onctuosité)

Voici un dessert savoureux et rafraîchissant avec des éclats de spéculoos au goût divin de caramel.

POUR 8 BELLES PORTIONS

- **235 ml de jus d'orange frais**
- **145 g de sucre rapadura**
- **120 g de cerneaux de noix**
- **340 g de tofu soyeux**
- **1 c. à c. d'extrait de vanille pur**
- **1 c. à c. de sirop d'érable pur**
- **1 pincée de sel de mer fin**
- **10 spéculoos végétaliens du commerce (comme les Original Speculoos® de Lotus) ou 6 cookies épicés façon spéculoos (page 97), cassés en petits morceaux.**

DANS UN BLENDER, mettre tous les ingrédients (sauf les biscuits) et mixer jusqu'à obtenir un mélange homogène. Réserver au frais quelques heures.

Préparer la glace dans la sorbetière suivant le mode d'emploi de la machine. Introduire les brisures de biscuits environ 5 minutes avant que la glace soit prête.

Pour une consistance plus ferme, laisser reposer au congélateur un moment. Sinon… déguster sans attendre !

PETITS POTS DE CRÈME GLACÉE

Substitut de produits laitiers : tofu ferme (pour la texture crémeuse)

Sans blé — Sans gluten — Sans maïs

Attention, délicieux dessert doux-amer ! Le tofu lui prête une texture crémeuse tandis que les sirops, le café et le chocolat marient leurs saveurs…

POUR 8 À 10 PERSONNES

- **235 ml de sirop de chocolat au beurre de cacahuète (page 232)**
- **170 g de sirop d'agave**
- **1 pincée de sel de mer fin**
- **180 ml de café brûlant**
- **230 g de chocolat pâtissier noir, coupé en morceaux**
- **1 c. à s. d'extrait de vanille pur**
- **400 g de tofu ferme, égoutté et pressé, puis émietté**

MÉLANGER LE SIROP DE CHOCOLAT, le sirop d'agave, le sel et le café dans un plat allant au four à micro-ondes ou bien dans une casserole à feu moyen. Laisser le temps nécessaire pour que la préparation soit bien chaude.

Ajouter le chocolat en morceaux et mélanger pour le faire fondre complètement.

Dans un blender ou un robot de cuisine, verser la préparation avec la vanille et le tofu, et mixer jusqu'à obtenir un mélange parfaitement lisse (ne pas oublier de racler les parois de temps en temps). Transférer dans 8 ou 10 récipients à dessert adaptés au four à micro-ondes. Réserver au congélateur.

Avant de servir, laisser dégeler 30 minutes ou passer au four à micro-ondes pendant 15 secondes.

Il est aussi possible d'utiliser une sorbetière.

GLACE AU POTIRON

Substitut de produits laitiers : fromage frais ou crème épaisse sans lait (pour la texture et l'onctuosité)

Les crèmes glacées laitières n'ont plus qu'à se rhabiller ! Voici un équivalent riche, épais et crémeux, à savourer sans culpabilité. Pour une recette encore plus festive, ajoutez quelques noix grillées.

POUR 8 BELLES PORTIONS

- **12 + 4 spéculoos végétaliens, achetés (comme les Original Speculoos® de Lotus) ou faits maison (page 97)**
- **145 g de sucre complet**
- **300 g de purée de potiron**
- **230 g de fromage frais ou de crème épaisse sans lait (voir recettes pages 47 et 21)**
- **¼ de c. à c. de zeste de citron**
- **2 c. à c. d'extrait de vanille pur**
- **2 c. à c. de cannelle en poudre**
- **45 g de pépites de chocolat noir**

DANS UN ROBOT DE CUISINE, mixer 12 biscuits jusqu'à ce qu'ils soient finement moulus. Ajouter les autres ingrédients, exceptés les 4 spéculoos supplémentaires. Mixer de nouveau. Réserver au frais pendant quelques heures.

Verser la préparation dans une sorbetière et suivre les instructions de la machine. Environ 5 minutes avant que la glace soit prête, introduire les 4 biscuits cassés en morceaux.

Pour une consistance plus ferme, laisser au congélateur un moment. Sinon… déguster sans attendre !

Variante : Si vous avez envie d'ajouter des noix, enrobez-les de sirop d'érable !

120 g de cerneaux de noix

60 ml de sirop d'érable pur

1 pincée de sel de mer fin

Préchauffer le four à 170 °C. Disposer les ingrédients mélangés sur une petite feuille de cuisson et faire griller pendant 10 minutes en remuant une fois à mi-cuisson.

Sortir du four et laisser refroidir sur la plaque.

TARTE AU CITRON SUR FOND BISCUITÉ

Substituts de produits laitiers : lait de soja et beurre sans lait

Sans fruits à coque **Sans maïs**

Vous pensiez devoir renoncer aux délicieuses tartes au citron bien crémeuses ? Bonne nouvelle, il n'en est rien !

POUR 8 PARTS,
à préparer la veille ou l'avant-veille

POUR LA GARNITURE :

- **470 ml de lait de soja, nature ou à la vanille**
- **2 c. à c. de zeste de citron**
- **80 ml de jus de citron, fraîchement pressé**
- **95 g de sucre de canne**
- **1 c. à c. d'extrait de vanille pur**
- **30 g de farine T55 ou de farine blanche d'épeautre**
- **1 pincée de sel de mer fin**

POUR LE FOND DE TARTE :

- **Huile en spray**
- **110 g de beurre sans lait**
- **50 g de sucre muscovado**
- **140 g de farine complète d'épeautre**
- **40 g de farine complète de riz**
- **½ c. à c. de sel de mer fin**
- **1 c. à c. de cannelle en poudre**

PRÉPARATION DE LA GARNITURE : Dans un récipient allant au four à micro-ondes, mélanger tous les ingrédients avec un mixeur plongeant.

Faire chauffer 2 minutes, puis mixer à nouveau. Chauffer encore 1 minute pour faire épaissir le mélange. Laisser refroidir.

PRÉPARATION DU FOND DE TARTE : Préchauffer le four à 180 °C. Graisser un moule à tarte (23 cm) avec un peu d'huile en spray.

À l'aide d'un batteur à œufs, mélanger le beurre et le sucre pour faire une crème.

Ajouter les farines, le sel et la cannelle. Bien incorporer.

Émietter la pâte ainsi obtenue dans le moule. Presser avec la paume de la main ou avec une spatule en caoutchouc pour tapisser de pâte le fond et les bords. Piquer avec une fourchette pour éviter que la pâte ne gonfle.

Précuire le fond de tarte pendant 15 minutes, en tournant le plat à mi-cuisson et en veillant bien à ce qu'il ne brûle pas. Retirer du four et réserver sur une grille pendant 10 minutes.

Verser la garniture sur le fond de tarte et remettre à cuire pendant 30 minutes. Laisser refroidir complètement avant de mettre au réfrigérateur, et laisser reposer toute la nuit.

Ce dessert se consomme bien frais, 1 ou 2 jours après avoir été préparé.

Chapitre 2

Du cheeseburger fondant au brie coulant,

COMMENT REMPLACER LE FROMAGE ?

LE FROMAGE, c'est le dernier bastion des produits d'origine animale qui retient les végétariens de passer au végétalisme.

Qu'est-ce qui plaît tant dans le fromage ? C'est bon, ça fond, c'est mou, ça ajoute du moelleux à la pizza, de la texture aux salades... Et que deviendrait le croque-monsieur sans fromage fondu ?

Du cheddar affiné au brie coulant, comment ne pas comprendre les gens qui adorent le fromage ? Dans ce chapitre, nous vous proposons plusieurs solutions de remplacement qui vous aideront à vous sevrer de cet aliment bourré de caséine, ennemie de vos artères. Ce manque sera comblé par des noix, des graines, des haricots ou du soja, ainsi que par des substituts de fromage à base de levure.

Les faits

Nous vous avons déjà parlé de l'effet de dépendance induit par les produits laitiers dans le chapitre 1 (page 13). Le fromage est constitué en grande partie de lait, mais nombreux sont ceux qui contiennent également de la présure, qu'on obtient traditionnellement à partir d'estomac de veau séché. Ajoutez à cela que le fromage est plein de graisses saturées et de sodium. Voilà suffisamment de raisons pour arrêter d'en consommer.

Conseils pour remplacer le fromage

En fonction des fromages végétaux tout préparés que vous trouverez ou non près de chez vous, vous pourrez adapter plus ou moins facilement vos recettes traditionnelles en version végétalienne. Ce genre de produits se trouve dans certaines boutiques spécialisées, dans les magasins casher, les épiceries de luxe ou en vente à distance.

Si vous trouvez de bons substituts, vous pouvez les utiliser simplement dans les mêmes quantités qu'indiquées dans votre recette.

Si vous n'êtes pas satisfaits par les produits du commerce, ou que vous n'en trouvez pas, il va falloir faire preuve d'un peu de créativité. Mais c'est possible ! Avec des ingrédients tels que les noix de cajou, la levure de bière maltée, les noix, le tofu, la poudre de maca, l'agar-agar et le miso, non seulement vos préparations fromagères auront une texture irrésistible et un goût délicieux, mais elles seront aussi de puissantes sources d'énergie. Ces ingrédients peuvent vous paraître étranges à première vue, mais très vite ils deviendront indispensables à votre cuisine et à vos papilles, comme l'étaient vos chers parmesan et gruyère.

SI LA RECETTE ORIGINALE INDIQUE…	REMPLACER PAR…
100 g de fromage râpé	• 100 g de fromage végétal râpé
1 tranche de fromage	• 1 tranche de fromage végétal du commerce (divers goûts sont proposés) • 1 tranche de tomme piment-cajou (page 48)
250 g de fromage frais	• 250 g de fromage frais sans lait
230 g de sauce pour nachos au fromage	• 230 g de Nacho Queso (page 52)
150 g de miettes de feta	• 150 g de feta de tofu (page 46)
245 g de ricotta	• 245 g de ricotta de tofu (page 47)

EXEMPLE DE RECETTE VÉGÉTALISÉE

La recette ci-dessous vous montre comment remplacer le fromage et les autres ingrédients qui ne conviennent pas aux végétaliens.

POLENTA AU FROMAGE

POUR 4 PERSONNES

- **470 ml de ~~bouillon de poule~~** — Utiliser du bouillon de légumes ou mélanger 2 cuillerées à soupe de bouillon végétal en poudre à 470 ml d'eau.
- **80 g de polenta instantanée**
- **1 ~~œuf battu~~** — Remplacer par 60 g de crème épaisse sans lait, de fromage frais végétal ou de yaourt végétal nature, pour un rendu plus crémeux.
- **110 g de ~~fromage râpé~~** — Prendre du fromage végétal râpé ou 235 ml de sauce fromagère sans cuisson (page 51).
- **15 g de ~~beurre~~** — Utiliser un beurre végétal.

PRÉCHAUFFER LE FOUR À 170 °C. Préparer une cocotte ou un autre plat allant au four et pouvant contenir au moins 1 litre.

Dans une casserole, porter le bouillon à ébullition. Verser la polenta en pluie fine tout en battant constamment le mélange.

Retirer du feu, incorporer la crème ou son équivalent, ainsi que le fromage râpé ou la sauce, et enfin le beurre végétal. Mélanger jusqu'à ce que tout soit bien fondu.

Verser la préparation dans la cocotte et enfourner pendant 25 à 30 minutes, jusqu'à ce que la lame d'un couteau en ressorte propre.

Laisser reposer 5 minutes avant de servir.

Trouver des substituts fromagers en magasin

Il y a peu de temps encore, il était impossible d'acheter des substituts de fromage qui non seulement avaient bon goût, mais aussi se comportaient comme du vrai fromage dans les recettes. Heureusement, plusieurs marques (Tofutti®, Redwood®, Vegusto®, Pural®...) ont fait leur entrée sur le marché, avec des résultats tout à fait probants.

Certains de ces nouveaux produits sont même sans soja ni gluten. Disponibles sous diverses formes (bloc ferme, fromage à tartiner, râpé...), ils sont également déclinés dans différentes saveurs.

Toutefois, on ne trouve pas ces substituts partout. Si les magasins près de chez vous n'en vendent pas, demandez-leur si vous pouvez en commander par leur intermédiaire, ou bien tournez-vous vers les sites de vente à distance (voir Nos bonnes adresses page 265).

Faire du fromage végétal à la maison

L'idée de se lancer soi-même dans le long processus de fabrication d'un fromage au lait traditionnel ne vient pas spontanément à l'esprit puisqu'on en trouve très facilement à la vente. Mais concernant le fromage végétal, plus rare dans le commerce, vous découvrirez vite l'intérêt et la simplicité de le réaliser vous-même. D'ailleurs, vous ne ferez pas qu'y songer, vous aurez hâte d'essayer !

Comme tous les fromages artisanaux, une meule de noix de macadamia façon brie (page 48) ou une casserole de fondue (page 53) bien chaude vous mettra l'eau à la bouche. Vous n'avez plus qu'à inviter famille et amis pour une soirée dégustation vin et fromage végétal !

Fromages et recettes fromagères... sans fromage !

Si les fromages végétaliens ne sont pas à votre goût (en plus d'être chers et difficiles à trouver), vous allez être ravis d'apprendre comme il est facile de faire vos propres fromages, à déguster tels quels ou à incorporer dans des recettes.

Encore une fois, dans ce chapitre, nous commençons par des fromages faits maison de A à Z, avant de passer à de délicieux plats élaborés pour combler toutes vos envies fromagères. Garantie « zéro frustration » !

FETA DE TOFU

Substitut de fromage : tofu pour la feta

Sans blé | Sans fruits à coque | Sans gluten | Sans maïs

Réalisez cette recette la veille car il est très important que les parfums se diffusent lentement. Vous pourrez ensuite la servir comme de la « vraie » feta.

POUR 590 ML, à faire la veille

- **400 g de tofu ferme, égoutté et pressé**
- **3 c. à s. d'huile d'olive vierge extra**
- **2 c. à s. de jus de citron**
- **1 c. à s. de basilic séché ou 3 c. à s. de basilic frais finement haché**
- **Sel et poivre selon convenance**

ÉMIETTER LE TOFU dans un bol pour obtenir une apparence de feta. Ajouter les autres ingrédients et mélanger à la main.

Placer au réfrigérateur dans un contenant hermétique. Se conserve au moins 1 semaine.

Variante : Ajoutez 20 g de câpres pour une feta plus salée.

RICOTTA DE TOFU

Substituts de fromage : tofu à la place du lait, noix de cajou pour le crémeux et levure pour le goût de fromage

Sans blé — Sans gluten

Sans maïs

Rapide et facile

Vous pouvez l'utiliser comme une ricotta classique pour agrémenter des lasagnes, une pizza, des cannelloni, etc.

POUR 590 ML

- **400 g de tofu ferme, égoutté et pressé**
- **35 g de noix de cajou, finement moulues**
- **30 g de levure de bière maltée**
- **3 c. à s. d'huile d'olive vierge extra**
- **2 c. à s. de basilic, fraîchement haché, ou 1 c. à s. de basilic séché**
- **Sel et poivre selon convenance**

ÉMIETTER LE TOFU dans un bol jusqu'à ce qu'il ressemble à de la ricotta.

Ajouter les autres ingrédients et mélanger à la main.

Mettre au réfrigérateur dans un récipient hermétique. Se conserve au moins 1 semaine.

« TOFURELLA » MARINÉE

Substitut de fromage : tofu soyeux à la place de la mozzarella fraîche

Sans blé

Sans maïs

Rapide et facile

Cette préparation toute simple est délicieuse sur du pain grillé, des crackers, une pizza, en salade, dans des sandwichs, etc.

POUR 425 G, à préparer la veille

- **120 ml d'huile d'olive vierge extra**
- **60 g de tomates séchées conservées dans l'huile, coupées en lanières**
- **2 c. à s. de vinaigre balsamique**
- **1 c. à s. de basilic séché**
- **1 c. à s. d'ail, émincé**
- **1 c. à c. de graines de fenouil**
- **½ c. à c. de sel de mer**
- **¼ de c. à c. de poivre noir, fraîchement moulu**
- **400 g de tofu soyeux, égoutté mais non pressé**

MÉLANGER TOUS LES INGRÉDIENTS, sauf le tofu, dans un saladier.

Couper le bloc de tofu 1 fois dans le sens de la hauteur et 10 fois dans la largeur pour former 20 rectangles.

Faire délicatement glisser le tofu dans la marinade, puis transvaser dans un contenant hermétique, un bocal par exemple.

Laisser mariner toute la nuit.

Conserver 1 semaine au réfrigérateur mais consommer à température ambiante.

NOIX DE MACADAMIA FAÇON BRIE

Substituts de fromage : tofu soyeux à la place du lait, noix de macadamia pour le crémeux

Sans blé   Sans maïs

Cuisson mise à part, cette recette se réalise en un rien de temps.

1 GROSSE MEULE, ou 4 petites

- **400 g de tofu soyeux**
- **85 g de noix de macadamia grillées à sec**
- **2 c. à s. de fécule d'arrow-root**
- **2 c. à s. de sirop d'agave**
- **1 c. à s. de miso blanc ou jaune**
- **1 c. à s. de vinaigre de cidre**
- **1 c. à c. de graines de moutarde moulues**
- **½ c. à c. de sel de mer**
- **Huile en spray**

PRÉCHAUFFER LE FOUR À 180 °C.

Mixer tous les ingrédients jusqu'à obtenir un mélange lisse.

Graisser un moule rond (15 cm de diamètre environ) ou 4 petits ramequins avec un peu d'huile en spray.

Verser le mélange dans le(s) plat(s). Laisser au moins 1,5 cm en haut pour lui permettre de gonfler.

Placer le(s) plat(s) sur une feuille de papier cuisson et enfourner pour 45 minutes, ou 30 minutes pour les ramequins.

Retirer du four lorsque la surface est légèrement ferme et commence à colorer.

Mettre au réfrigérateur et laisser refroidir complètement avant de servir.

Démouler et servir ce « brie » avec des baies fraîches ou une compote.

Se conserve jusqu'à 1 semaine au réfrigérateur.

TOMME PIMENT-CAJOU

Substituts de fromage : noix de cajou pour le crémeux, levure de bière maltée pour le goût de fromage

Sans blé   Sans gluten

Sans maïs   Sans soja

Cette pâte ferme se déguste en tranches, en sandwich, et se prête bien à la réalisation de quesadillas.

POUR 1 BRIQUE

- **Huile en spray**
- **De 8 à 30 g d'agar-agar selon la texture désirée**
- **700 ml d'eau**
- **275 g de noix de cajou, finement moulues**
- **3 c. à s. de jus de citron, fraîchement pressé**
- **2 c. à s. d'huile d'olive**
- **30 g de levure de bière maltée**
- **2 c. à c. de sel de mer fin**
- **½ c. à c. d'oignon en poudre**
- **½ c. à c. d'ail en poudre**
- **25 g de piments jalapeños en conserve, finement coupés**
- **25 g de poivrons rouges grillés, en dés**

PRÉPARER UN MOULE à pain (23 x 13 cm) en le graissant légèrement avec un peu d'huile en spray.

Mettre l'agar-agar dans l'eau et porter à ébullition. Laisser bouillir 5 minutes en fouettant régulièrement.

Mixer les autres ingrédients (sauf piments et poivrons) dans un robot.

Mélanger à l'agar-agar dissous, puis incorporer les poivrons et les piments. Retirer du feu. Verser dans le plat huilé et réserver au réfrigérateur jusqu'à ce que la préparation soit ferme.

Se conserve jusqu'à 1 semaine au réfrigérateur.

« Tofurella » marinée dans son bocal (recette page 47), noix de macadamia façon brie et tomme piment-cajou (recettes ci-contre).

LE BLUES DE LA SAUCE AU BLEU

Substituts de fromage : crème épaisse végétale, mayonnaise végétale, tofu ferme à la place de miettes de bleu

Sans blé

Rapide et facile

Pourquoi le blues ? Parce que personne - même pas nous ! - n'a encore réussi à trouver une recette végétalienne pour remplacer le fromage bleu. Malgré tout, cette sauce a un goût relevé, une texture crémeuse et, grâce aux miettes de tofu, on retrouve la texture d'une sauce au bleu.

POUR 235 ML

- **60 ml de lait de soja non sucré**
- **1 c. à s. de jus de citron**
- **60 g de crème épaisse sans lait, achetée ou faite maison (recette page 21)**
- **2 c. à s. de mayonnaise végétale, achetée ou faite maison (recette pages 66 ou 67)**
- **1 c. à s. de graines de chia**
- **1 c. à s. de vinaigre de vin blanc**
- **1 c. à c. de sirop d'agave**
- **¼ de c. à c. d'ail en poudre**
- **55 g de tofu ferme, émietté**
- **Sel de mer et poivre noir fraîchement moulu, selon convenance**

MÉLANGER LE JUS DE CITRON au lait pour le faire cailler, afin qu'il ressemble à du lait ribot. Ajouter les autres ingrédients en fouettant puis bien garder au frais dans un récipient hermétique jusqu'à utilisation.

Se conserve jusqu'à 1 semaine au réfrigérateur.

MÉLANGE POUR MACARONIS

Substituts de fromage : noix de cajou pour le crémeux, levure de bière maltée pour le goût de fromage

Sans blé Sans gluten

Sans maïs Sans soja

Rapide et facile

Ce mélange est très facile à faire, et si apprécié des enfants... comme des adultes !

950 G, de quoi faire 10 plats de macaronis

- **415 g de noix de cajou en poudre**
- **240 g de levure de bière maltée**
- **65 g de fécule d'arrow-root**
- **3 c. à s. d'ail en poudre**
- **3 c. à s. d'oignon en poudre**
- **1 c. à s. de sel de mer**
- **1 c. à s. de graines de moutarde moulues**
- **2 c. à c. de paprika**
- **1 c. à c. de persil séché**
- **1 c. à c. d'oignon vert séché**
- **½ c. à c. de curcuma**
- **½ c. à c. de poivre noir moulu**
- **¼ de c. à c. de piment de Cayenne (ou de la poudre à chili)**
- **¼ de c. à c. de cumin en poudre**

DANS UN BLENDER ou un moulin à café, moudre les noix de cajou poignée par poignée jusqu'à obtenir une poudre très fine.

Verser la poudre et les autres ingrédients dans une boîte, bien fermer et secouer énergiquement pour bien mélanger.

Ce condiment se conserve 1 mois au réfrigérateur et peut aussi se congeler.

Pour l'utiliser, mélanger dans une casserole environ 95 g de préparation avec 235 ml d'eau (ou de boisson végétale pour un rendu plus crémeux). Chauffer à feu moyen en remuant jusqu'à ce que la préparation épaississe. Enfin, ajouter 455 g de pâtes cuites.

SAUCE FROMAGÈRE SANS CUISSON

Substituts de fromage : boisson végétale pour le crémeux, levure de bière maltée et poudre de maca pour le goût de fromage

Sans blé   Rapide et facile

Cette sauce onctueuse se prépare en un tour de main, grâce à la magie de la gomme xanthane. Vous pouvez en faire de multiples variantes au gré de vos envies : selon l'assaisonnement, elle change du tout au tout !

POUR 265 ML

- **235 ml de lait végétal non sucré**
- **30 g de levure alimentaire**
- **½ c. à c. de sel de mer fin**
- **Poivre blanc moulu selon convenance**
- **1 ½ c. à c. de moutarde à l'ancienne**
- **1 c. à c. d'oignon en flocons**
- **1 grosse gousse d'ail, épluchée et émincée**
- **2 c. à s. d'huile d'olive vierge extra**
- **1 c. à s. de poudre de maca (facultatif, mais fortement recommandé)**
- **½ c. à c. de gomme xanthane**

À L'AIDE D'UN BLENDER, mélanger tous les ingrédients jusqu'à épaississement (compter environ 2 minutes). Pour une sauce encore plus épaisse, mettre au réfrigérateur.

Servir chaud sur les gratins ou comme trempette pour des bâtonnets de légumes crus. Se conserve entre 3 et 5 jours au réfrigérateur.

« PARMESAN » DE NOIX À SAUPOUDRER

Substituts de fromage : noix à la place du parmesan, levure de bière maltée pour le goût, panko pour la texture

Rapide et facile

Conservez ce condiment dans un bocal muni d'un couvercle à trous. Vous pourrez ainsi saupoudrer à loisir vos pizzas, vos salades et toutes les pâtes que vous voulez !

POUR 125 G

- **60 g de noix, concassées**
- **60 g de levure de bière maltée**
- **40 g de chapelure japonaise « panko » ou de chapelure grossière (miettes de pain)**
- **½ c. à c. de basilic séché**
- **Sel selon convenance**

PLACER TOUS LES INGRÉDIENTS dans un blender ou un robot de cuisine, et mixer jusqu'à ce que les noix soient réduites en poudre. Conserver au réfrigérateur dans un récipient hermétique pendant plusieurs semaines.

NACHO QUESO

Substituts de fromage : crème de soja pour la crème épaisse, levure de bière maltée pour le goût de fromage, noix de cajou pour le crémeux, miso pour un goût plus fort

Sans blé

Épicé, crémeux, le parfait mélange pour tremper vos tortillas !

POUR 590 ML ENVIRON

- **470 ml de crème de soja**
- **80 g de levure de bière maltée**
- **70 g de noix de cajou, moulues en fine poudre**
- **1 c. à s. de tahin (purée de sésame)**
- **2 c. à s. de miso blanc doux**
- **2 c. à s. de fécule de maïs**
- **1 c. à s. d'oignon en poudre**
- **1 c. à s. d'ail en poudre**
- **1 c. à s. de graines de moutarde moulues**
- **1 c. à c. de cumin**
- **1 c. à c. de sauce forte, type Tabasco®, ou encore plus épicé selon convenance**
- **8 à 10 morceaux de piments jalapeños en conserve + 1 c. à s. de leur jus**

DANS UN BLENDER, mixer tous les ingrédients pour obtenir un mélange homogène.

Verser dans une casserole et laisser chauffer à feu moyen sans cesser de remuer, jusqu'à ce que le mélange atteigne la consistance désirée.

FUSILLI À LA FETA DE TOFU ET AUX ÉPINARDS

Substitut de fromage : feta de tofu à la place de la feta de brebis

Un plat de pâtes léger et délicieux, que demander de plus ?

POUR 4 À 6 PERSONNES

- **Feta de tofu (recette page 46)**
- **455 g de fusilli, non cuites**
- **1 c. à s. d'ail, émincé**
- **1 échalote, émincée**
- **2 c. à s. d'huile d'olive**
- **60 g de pousses d'épinard**
- **60 g de pignons**
- **80 ml de vinaigre balsamique**
- **Sel et poivre, selon convenance**

PRÉPARER LA FETA de tofu et réserver.

Cuire les pâtes selon les instructions du paquet.

Pendant que les pâtes cuisent, faire revenir l'ail et l'échalote dans l'huile pendant 5 minutes, jusqu'à ce que les arômes se diffusent.

Égoutter les pâtes avant de les remettre dans la casserole. Y ajouter la feta, les épinards et les pignons.

Dans un bol, arroser l'ail et l'échalote sautés avec le vinaigre. Verser cette préparation dans la casserole et bien mélanger tous les ingrédients.

Saler et poivrer.

Servir chaud ou froid.

FONDUE

Substituts de fromage : levure de bière maltée, poudre de maca et miso pour le goût

Sans maïs — Rapide et facile

Avec une coauteur suisse, ce livre de cuisine ne serait pas tout à fait complet sans une bonne recette de fondue ! Cette délicieuse préparation est liquide à froid, mais elle épaissit quand on la réchauffe.

POUR 825 G

- **470 ml de vin blanc sec**
- **455 ml de lait végétal non sucré**
- **60 g de levure de bière maltée**
- **2 c. à s. de poudre de maca (facultatif, mais fortement recommandé)**
- **3 c. à s. de tahin (purée de sésame)**
- **1 c. à s. de miso blanc allégé en sel**
- **40 g de fécule de pomme de terre**
- **2 c. à s. de vinaigre de vin blanc**
- **1 c. à s. d'oignon en flocons**
- **1 gousse d'ail, épluchée et émincée**
- **1 c. à c. de moutarde à l'ancienne**
- **½ c. à c. de poivre blanc moulu**
- **1 pincée de sel**
- **1 ½ à 2 c. à c. de kirsch (facultatif, mais donne un goût plus authentique)**

DANS UNE GRANDE CASSEROLE, porter le vin à ébullition. Baisser le feu pour entretenir un frémissement.

Dans un blender, mélanger les autres ingrédients jusqu'à obtenir une consistance homogène. Verser dans le vin en battant aussitôt au fouet pour éviter la formation de grumeaux. Poursuivre la cuisson jusqu'à ce que la préparation commence à épaissir (compter environ 2 minutes).

Plonger des croûtons de pain ou des légumes dans la fondue. S'il en reste pour plus tard, la réchauffer et y ajouter, si besoin, un peu de lait végétal pour la diluer.

Variante : Faites des croûtes au fromage en préchauffant le four à 190 °C, puis en déposant 2 cuillères à soupe (ou plus) de fondue et une rondelle de tomate sur de grosses tranches de pain grillé. Versez un filet d'huile d'olive ou de truffe par-dessus, et enfournez pendant 15 minutes, jusqu'à ce que la fondue bouillonne.

GRATIN DE POTIRON À L'INDIENNE

Substituts de fromage : lait de coco pour sa texture généreuse, potiron et curcuma pour la couleur

Pourquoi aurait-on besoin de fromage, alors que les épices et la noix de coco apportent des parfums si délectables à nos recettes ? C'est particulièrement le cas dans ce gratin à l'enthousiaste couleur orangée, qui gagne en saveur jour après jour.

POUR 6 PERSONNES

POUR LA GARNITURE :

- **2 pommes de terre de taille moyenne**
- **455 g de macaronis, non cuits**
- **2 c. à c. de graines de cumin**
- **1 c. à c. de graines de moutarde**
- **2 c. à s. d'huile de coco fondue**
- **425 g de pois chiches en boîte, rincés et égouttés**
- **2 gousses d'ail, épluchées et émincées**
- **1 c. à c. de coriandre en poudre**
- **180 g de pousses d'épinard**

POUR LA SAUCE AU POTIRON :

- **235 ml de bouillon de légumes chaud**
- **245 g de purée de potiron**
- **2 c. à s. de sucre intégral**
- **2 c. à s. de pâte de tamarin**
- **½ c. à c. de piment rouge en flocons**
- **Poivre selon convenance**
- **½ c. à c. de sel de mer**
- **1 c. à c. de curcuma**
- **½ c. à c. de cannelle en poudre**
- **½ c. à c. de cardamome en poudre**
- **2 c. à c. d'oignon en flocons**

POUR LA SAUCE À LA NOIX DE COCO :

- **235 ml de lait de coco**
- **½ c. à c. de curry en poudre**
- **¼ de c. à c. de gingembre en poudre**
- **Poivre selon convenance**
- **½ c. à c. de sel de mer**
- **½ c. à c. de piment rouge en flocons**

PRÉPARATION DE LA GARNITURE : Dans une grande casserole, plonger les pommes de terre dans 5 litres d'eau. Porter à ébullition et faire cuire 4 minutes. Ajouter les pâtes et suivre les instructions de cuisson sur le paquet. Égoutter et réserver.

Dans une poêle, faire revenir les graines dans l'huile de coco. Ajouter les pois chiches, l'ail et la coriandre. Laisser colorer 2 minutes à feu moyen. Écraser grossièrement les pois chiches.

Ajouter les épinards et les faire « tomber » (compter environ 2 minutes). Réserver.

PRÉPARATION DE LA SAUCE AU POTIRON : Mettre tous les ingrédients dans le bouillon. Puis ajouter les pâtes, les pommes de terre et les pois chiches.

PRÉPARATION DE LA SAUCE À LA NOIX DE COCO : Dans un saladier, mélanger au fouet tous les ingrédients (sauf les flocons de piment).

Préchauffer le four à 190 °C et préparer un plat carré suffisamment profond. Disposer les pâtes et les pommes de terre au fond du plat en appuyant bien. Verser la sauce à la noix de coco par-dessus. Parsemer de flocons de piment.

Poser le plat sur une plaque à pâtisserie et cuire pendant 20 minutes, jusqu'à ce que le gratin prenne une teinte légèrement dorée. Laisser reposer 15 minutes avant de servir.

TARTE SALÉE À L'ARTICHAUT

Substitut de fromage : levure de bière maltée pour le goût de fromage

En plus d'être facile à réaliser, cette tarte riche en saveurs offre un heureux mélange de fermeté et de fondant, avec sa croûte feuilletée au goût de fromage.

POUR 8 PERSONNES

POUR LE FOND DE TARTE :

- **Huile en spray**
- **190 g de farine ordinaire**
- **30 g de levure alimentaire**
- **1 gousse d'ail, épluchée et émincée**
- **½ c. à c. de poivre noir moulu**
- **1 c. à c. de sel de mer fin**
- **70 g de beurre végétal**
- **60 ml d'eau**

POUR LA GARNITURE :

- **400 g de cœurs d'artichaut en conserve, coupés en morceaux**
- **2 c. à c. d'huile d'arachide**
- **1 pincée de sel de mer**
- **1 pincée de piment rouge en flocons**
- **1 pincée de muscade en poudre**
- **270 g de pâté végétal courge et lentilles (page 256)**

POUR LE DESSUS :

- **425 g de pois chiches en conserve, rincés et égouttés**
- **30 g de levure de bière maltée**
- **1 gousse d'ail, épluchée et émincée**
- **Le zeste d'un citron**
- **110 g de mayonnaise végétale allégée**
- **120 ml de lait végétal non sucré**
- **½ c. à c. de poivre noir moulu**
- **½ c. à c. de sel de mer**

PRÉCHAUFFER LE FOUR À 190 °C. Graisser légèrement un plat à tarte (23 cm de diamètre environ) avec un peu d'huile en spray.

PRÉPARATION DU FOND DE TARTE : Dans un robot de cuisine, mélanger la farine, la levure, l'ail, le poivre et le sel.

Ajouter le beurre et faire tourner le robot jusqu'à obtenir une consistance sableuse. Ajouter l'eau, cuillerée par cuillerée, jusqu'à ce que la pâte garde sa forme lorsqu'on la pince.

Couvrir le plat avec la pâte en appuyant bien au fond et sur les côtés.

Précuire le fond de tarte pendant 18 minutes, jusqu'à ce que les bords soient brun-doré. Réserver.

PRÉPARATION DE LA GARNITURE : Dans une casserole de taille moyenne, mettre les cœurs d'artichaut, l'huile, le sel et les épices. Couvrir et cuire à feu moyen, jusqu'à ce que les artichauts colorent légèrement (compter environ 6 minutes). Ajouter le pâté végétal. Bien mélanger.

Étaler la garniture sur le fond de tarte.

PRÉPARATION DU DESSUS DE TARTE : Mixer tous les ingrédients dans un blender jusqu'à obtenir une purée homogène. Répartir sur la garniture de la tarte.

Enfourner pendant 20 minutes, jusqu'à obtenir une croûte bien dorée.

Laisser reposer 15 minutes avant de servir.

PESTO-PATATES AU FOUR

Substitut de fromage : tofu ferme pour le crémeux

Ce pesto frais et crémeux est assez généreux pour farcir environ 12 pommes de terre cuites au four. Il peut aussi garnir un sandwich, relever un plat de pâtes ou encore servir de sauce pour tremper des crudités.

POUR 800 G de pesto

POUR LE PESTO :

- **540 g de tofu ferme**
- **60 g de feuilles de basilic frais**
- **60 ml de vinaigre de cidre**
- **60 ml d'huile d'olive vierge extra**
- **¾ de c. à c. de sel de mer fin**
- **Poivre blanc selon convenance**
- **½ c. à c. de piment rouge en flocons**
- **2 grosses gousses d'ail, épluchées et émincées**
- **2 c. à c. d'oignon en flocons**
- **1 grosse c. à c. de moutarde de Dijon à l'ancienne**
- **1 ½ c. à c. de sirop d'agave**
- **2 c. à s. de jus de citron, fraîchement pressé**
- **1 c. à c. de thym frais**

POUR LES POMMES DE TERRE AU FOUR :

- **12 grosses pommes de terre à chair ferme, brossées mais non épluchées**
- **1 grosse c.à s. d'huile**

PRÉPARATION DU PESTO : À l'aide d'un mixeur plongeant ou d'un robot de cuisine, mixer tous les ingrédients jusqu'à obtenir une consistance crémeuse. Réserver au réfrigérateur.

PRÉPARATION DES POMMES DE TERRE AU FOUR : Préchauffer le four à 190 °C. Enduire légèrement les pommes de terre avec un peu d'huile et percer des trous à la fourchette (environ 10 coups). Disposer les pommes de terre directement sur la grille, en haut du four, en prenant soin de mettre une plaque en dessous pour rattraper les gouttes. Laisser cuire pendant 1 heure, jusqu'à ce que la chair soit bien tendre.

Sortir les pommes de terre du four et attendre qu'elles refroidissent suffisamment pour pouvoir les toucher. Couper le dessus de la pomme de terre (attention à ne pas casser le chapeau) et creuser délicatement la chair pour ménager un creux. Le farcir de 2 grosses cuillerées à soupe de pesto. Replacer le chapeau et remettre à cuire pendant 10 minutes.

Servir aussitôt.

CHILI SIN CARNE À LA POLENTA

Substitut de fromage : levure de bière maltée pour le goût de fromage

Ce chili est servi avec une sauce à la polenta délicieusement crémeuse, qui volera la vedette à toutes les sauces au fromage que vous avez goûtées jusqu'à présent.

POUR 3 PERSONNES

POUR LE CHILI :

- **170 g de concentré de tomate**
- **40 g d'oignon, émincé**
- **2 gousses d'ail, épluchées et émincées**
- **1 c. à c. de cumin en poudre**
- **1 c. à c. d'origan**
- **1 c. à s. de poudre à chili (doux ou mi-fort)**
- **120 ml de vin blanc sec**
- **1 c. à c. de sauce Worcester végétalienne**
- **425 g de haricots rouges en conserve, rincés et égouttés**
- **425 g de haricots noirs en conserve, rincés et égouttés**
- **De l'eau si nécessaire**

POUR LA POLENTA :

- **470 ml de lait végétal non sucré**
- **30 g de levure de bière maltée**
- **1 c. à c. de sel de mer fin**
- **½ c. à c. de poivre noir**
- **70 g de polenta**
- **1 c. à s. de beurre végétal**
- **Piment de Cayenne selon convenance (facultatif)**

PRÉPARATION DU CHILI : Mélanger les 8 premiers ingrédients dans une petite casserole. Porter à ébullition à feu doux. Baisser le feu et ajouter les haricots. Si besoin, ajouter un peu d'eau pour atteindre la consistance désirée.

Laisser mijoter pendant 10 minutes. Réserver.

PRÉPARATION DE LA POLENTA : Verser le lait et la levure dans une petite casserole. Saler et poivrer puis porter à ébullition à feu doux.

Ajouter lentement la polenta sans cesser de fouetter pour éviter la formation de grumeaux. Laisser cuire 8 minutes en remuant souvent. Ajouter le beurre et le faire fondre en mélangeant. Retirer du feu et réserver.

Préchauffer le four à 190 °C. Verser le chili dans un moule à cake antiadhésif (23 x 13 cm environ). Répartir par-dessus la polenta en une couche homogène puis parsemer de piment de Cayenne (facultatif). Enfourner pendant 30 minutes.

Laisser refroidir 10 minutes avant de servir.

PARTIE II

REDONNEZ LE SOURIRE AUX POULES !

SUBSTITUTS INFAILLIBLES AUX ŒUFS

Chapitre 3

De la mayonnaise crémeuse aux gâteaux moelleux, COMMENT REMPLACER LES ŒUFS ?

L'UNE DES QUESTIONS LES PLUS FRÉQUEMMENT POSÉES aux végétaliens est « Comment faites-vous pour cuisiner sans œufs ? »
En fait, c'est bête comme chou ! Contrairement aux idées reçues, les œufs n'ont pas toujours été aussi répandus et les végétaliens n'ont pas été les premiers à trouver des solutions de remplacement. Certaines recettes devenues des classiques, comme celle du wacky cake (page 248), ont été conçues en temps de guerre dans un contexte de rationnement. Elles se trouvent être végétaliennes par hasard !
La plupart du temps, les œufs sont utilisés pour émulsifier, lier, faire lever ou donner de la consistance à la préparation. Heureusement, il y a pléthore d'ingrédients végétaux qui jouent parfaitement ces rôles.

Les faits

Bien des gens ne voient pas le mal qu'il y a à manger des œufs. Après tout, pas besoin de tuer la poule ! En théorie, c'est vrai, mais les conditions de vie des poulets, même ceux qui sont soi-disant élevés sans cage, sont monstrueuses.

Il y a 30 ans, les poules pondeuses pesaient entre 1 et 1,5 kg, et pondaient 50 à 60 œufs par an. Aujourd'hui, une poule pèse entre 2 et 3 kg, et pond au moins 300 œufs par an. Si ce n'est pas de la modification génétique, ça ! (Pour plus de renseignements, consultez la rubrique « œufs » du site de l'association Éthique et animaux : www.L214.com)

MAUVAIS POUR LES POULES ET MAUVAIS POUR LES HUMAINS AUSSI !

L'industrie aviaire voudrait vous faire croire que consommer des œufs est à la fois inoffensif pour les volailles et bon pour votre santé. En vérité, les œufs sont au bas de l'échelle des nourritures saines. Il a été prouvé qu'ils provoquent des allergies, des problèmes de poids et d'autres désordres métaboliques.

Un gros œuf bien frais (50 g) contient 71 calories, 5 g de gras (dont 2 g de graisse saturée), 70 mg de sodium, 6 g de protéines et 211 mg de cholestérol ! Comme 1 g de graisse correspond à 9 calories, on en déduit que la moitié des calories de l'œuf provient de la graisse : un vrai cauchemar pour les artères !

Conseils pour remplacer les œufs

Maintenant que vous savez que les œufs ne sont pas une panacée, concentrons-nous sur les moyens de les remplacer en cuisine.

Il faut avant tout déterminer la fonction de l'œuf dans la préparation que vous voulez faire :

- Si vous voulez obtenir un gâteau aérien et moelleux, vous avez besoin d'un agent levant. En général, la recette traditionnelle recommande 2 ou 3 œufs pour ce type d'usage.
- Pour des biscuits tendres ou croquants, votre substitut devra agir comme liant ou comme agent humide. Dans ces cas, la recette d'origine indique le plus souvent 1 œuf.
- Dans les plats salés, comme les gnocchis ou le pâté, les œufs servent de liant.
- Pour les œufs brouillés et les quiches, où les œufs sont au cœur même de la recette, le tofu est le meilleur substitut.

Pour plus de précisions, consultez le tableau suivant :

SI LA RECETTE ORIGINALE INDIQUE…	REMPLACER PAR…
1 œuf dans une préparation à cuire, comme liant (biscuits, cakes)	• 1 ½ cuillerée à café de substitut d'œuf en poudre (Valpiform'® par exemple), diluée dans 2 cuillerées à soupe d'eau tiède • 2 cuillerées à soupe de fécule de maïs ou d'arrow-root, ou d'une autre fécule, diluées dans 2 cuillerées à soupe d'eau • 2 ½ cuillerées à soupe de graines de lin moulues, mélangées à 3 cuillerées à soupe d'eau tiède • 60 g de tofu soyeux passé au mixeur • 60 g de compote de pomme sans sucre, achetée ou faite maison (voir recette page 231), de purée de potiron, ou de tout autre fruit ou légume
1 œuf dans une préparation à cuire, pour faire lever (gâteaux moelleux, muffins, pains)	• 1 ½ cuillerée à café de substitut d'œuf en poudre, diluée dans 2 cuillerées à soupe d'eau tiède • 1 cuillerée à soupe de vinaigre doux mélangé à 235 ml de lait végétal (le soja donne les meilleurs résultats) pour le faire cailler. Cette solution est particulièrement adaptée aux recettes utilisant du bicarbonate de soude ou de la levure chimique • 60 g de yaourt végétal

SI LA RECETTE ORIGINALE INDIQUE…	REMPLACER PAR…
1 œuf dans une préparation à cuire, pour humidifier (gâteaux, biscuits)	• 60 ml de lait de coco • 1 cuillerée à café d'huile ou de beurre d'oléagineux, diluée dans environ 60 ml de lait végétal • 60 g de compote de fruits ou de purée de légumes
1 blanc d'œuf	• 1 ½ cuillerée à café de substitut d'œuf en poudre, diluée dans 2 cuillerées à soupe d'eau tiède • 1 cuillerée à soupe d'agar-agar en poudre, dissoute dans 1 cuillerée à soupe d'eau (fouetter, réfrigérer, puis fouetter de nouveau). Nous ne recommandons pas cette solution pour les recettes qui nécessitent plus de 2 blancs d'œuf, car elle ne convient pas aux grandes quantités.
1 œuf dans une préparation salée, comme liant (ragoût, cakes, pâte à friture)	• 1 ½ cuillerée à café de substitut d'œuf en poudre, diluée dans 2 cuillerées à soupe d'eau tiède • 60 g de tofu soyeux passé au mixeur • 2 ½ cuillerées à soupe de graines de lin moulues, mélangées à 3 cuillerées à soupe d'eau tiède • 2 cuillerées à soupe de concentré de tomate, d'une autre purée végétale, ou d'un beurre végétal non sucré (comme dans les boulettes sans viande page 114) • 2 cuillerées à soupe de farine, de fécule ou de miettes de pain, comme liant. Commencer par ajouter les ingrédients liquides à la quiche ou au cake, puis ajouter le liant jusqu'à la consistance désirée (comme dans la quiche aux poivrons et simili-lardons page 70)
1 œuf dans une préparation salée, comme agent levant (soufflés)	• 60 g de tofu soyeux passé au mixeur
Œufs brouillés	• Tofu poêlé, comme dans la poêlée de tofu aux épinards et aux champignons (page 72)
Œufs durs	• Tofu très ferme, comme dans la salade aux « œufs » traditionnelle (page 68)

EXEMPLE DE RECETTE VÉGÉTALISÉE

La recette ci-dessous vous montre comment remplacer les œufs et les autres ingrédients qui ne conviennent pas aux végétaliens.

BISCUITS À LA CANNELLE

POUR 36 BISCUITS

110 g de ~~beurre~~ ramolli — Remplacer par du beurre végétal.

215 g de ~~sucre~~ — Remplacer par du sucre de canne complet.

¼ de c. à c. de bicarbonate de soude

¼ de c. à c. de crème de tartre

1 ~~œuf~~ — L'œuf sert de liant et donne du moelleux (comme souvent dans les recettes de biscuits), aussi nous conseillons de le remplacer par 60 g de tofu soyeux.

½ c. à c. d'extrait de vanille pur

190 g de farine ordinaire

1 c. à c. de cannelle en poudre

PASSER LE BEURRE au mixeur pendant 30 secondes (vitesse moyenne à élevée).

Ajouter 190 g de sucre, le bicarbonate et la crème de tartre. Battre, sans oublier de racler les bords de temps en temps, jusqu'à obtenir un mélange homogène.

Ajouter le tofu et la vanille mélangés, et battre à nouveau. Enfin incorporer la farine à l'aide du mixeur. Couvrir et laisser reposer la pâte pendant 1 heure.

Préchauffer le four à 190 °C.

Couvrir 2 plaques à pâtisserie de papier sulfurisé ou de tapis en silicone.

Dans un plat peu profond, mélanger le reste du sucre avec la cannelle. Réserver.

Former des boules de 2,5 cm de diamètre avec la pâte puis les rouler dans le sucre à la cannelle.

Les disposer sur les plaques, à 5 cm d'écart.

Faire cuire 10 à 12 minutes, jusqu'à ce que les bords commencent à dorer. Dès que les biscuits sont assez fermes, les transférer sur une grille pour les laisser refroidir complètement avant de les ranger.

Trouver des substituts d'œuf en magasin

Il est possible de trouver quelques substituts d'œuf en poudre sur le marché. Ces préparations permettent de transformer en un tour de main n'importe quelle recette aux œufs en succulent plat végétalien !

Nous en trouvons dans certaines grandes surfaces et magasins diététiques, ou encore sur internet. Les gammes destinées aux personnes allergiques, comme Valpiform'®, en proposent notamment.

En général, il convient de diluer 1 ½ cuillerée à café de substitut d'œuf en poudre dans 2 cuillerées à soupe d'eau tiède.

Faire des substituts d'œuf soi-même

Pas convaincus par les substituts d'œuf du commerce ? Voici plusieurs façons de remplacer les œufs avec des ingrédients dont vous disposez probablement déjà dans votre cuisine. Dans les pages suivantes, vous trouverez aussi de nombreuses recettes mettant en œuvre ces techniques bien pratiques.

L'AGAR-AGAR EN POUDRE

Si vous avez seulement besoin de blanc d'œuf dans une recette, faites dissoudre 1 cuillerée à soupe de poudre d'agar-agar dans 1 cuillerée à soupe d'eau. Fouettez, faites refroidir au réfrigérateur, puis redonnez un coup de fouet.

LES BANANES

Écrasez la moitié d'une banane mûre pour obtenir environ 60 g de bouillie qui remplacera 1 œuf. À privilégier pour des recettes de gâteaux, de biscuits, de muffins. Attention car si vous n'appréciez pas la saveur de la banane car son goût aura tendance à prédominer.

LES BEURRES VÉGÉTAUX

Diluez 1 cuillerée à café de beurre végétal (acheté ou fait maison, recette page 251) dans 60 ml de boisson végétale. Idéal pour les biscuits. Faites attention aux beurres végétaux dont le goût est prononcé (cacahuète par exemple), car il peut devenir prédominant.

LA COMPOTE DE POMME

Utilisez simplement 60 g de compote de pomme sans sucre, en pot ou faite maison (page 231), pour chaque œuf indiqué dans la recette. Cette solution est idéale pour les gâteaux, les biscuits moelleux ou les muffins. Le goût de pomme ne sera pas trop présent. Pour une texture plus légère, ajoutez ½ cuillerée à café de levure chimique.

LES FARINES ET LES FÉCULES

Comme avec la poudre de substitut d'œuf, vous pouvez mélanger 2 cuillerées à soupe d'eau avec 2 cuillerées à soupe de farine ou de fécule (pomme de terre, tapioca, arrow-root, maïs) pour remplacer 1 œuf. Cette solution est surtout adaptée aux ragoûts, aux entremets et aux préparations qui contiennent habituellement beaucoup d'œufs (voir, par exemple, les entremets au chocolat page 36 et les amaretti page 189).

LE FLAN VÉGÉTAL

60 g de flan, acheté ou fait maison (voir nos entremets au chocolat page 36), peuvent remplacer 1 œuf. Cette technique fonctionne pour les recettes à cuire. Vous pouvez utiliser du flan aromatisé suivant les besoins de la recette.

LES FRUITS SECS

Dans une casserole, disposez à parts égales des fruits secs et de l'eau. Faites frémir pendant 15 minutes puis passez au mixeur. Utilisez environ 70 g de mélange pour chaque œuf à remplacer dans la recette. Nous adorons les pruneaux ou les dattes pour cette utilisation, mais tous les fruits donnent d'excellents résultats.

LES GRAINES DE LIN

Pour l'équivalent d'1 œuf battu, mélangez énergiquement 2 ½ cuillerées à soupe de graines de lin moulues avec 3 cuillerées à soupe d'eau tiède. Le mélange deviendra gélatineux et donnera un petit goût de noix à votre préparation.

L'HUILE

Mélangez 1 cuillerée à café d'huile au goût peu marqué avec 60 ml de boisson végétale. Ce substitut fonctionne bien pour les biscuits.

LE LAIT DE COCO

Comptez 60 ml de lait de coco pour 1 œuf. Le gras naturellement présent dans le lait de coco remplace bien celui de l'œuf. Mais attention, la saveur de noix de coco sera très présente dans la recette.

LES LIANTS POUR PLATS SALÉS

Dans les recettes salées, comme les burgers végétaliens ou les boulettes sans viande, l'œuf peut être remplacé très facilement par les ingrédients suivants : farine, fécule, avoine, flocons de pomme de terre, miettes de pain et même concentré de tomate et compote de pomme. Prenez 2 cuillerées à soupe de l'un de ces substituts pour remplacer 1 œuf.

LA PULPE DE LAIT VÉGÉTAL

Conservez le résidu laissé par la préparation de vos laits végétaux. Pour remplacer 1 œuf battu, ajoutez 45 g de cette pulpe aux ingrédients liquides de la recette et mélangez au mixeur (comme pour les muffins Pulpe Fiction page 75).

LES PURÉES VÉGÉTALES

Les purées de potiron, de carotte, de courge butternut et de patate douce sont particulièrement adaptées à cette utilisation, à raison de 60 g pour 1 œuf, dans les recettes de gâteaux ou de muffins.

LE TOFU

Pour l'équivalent d'1 œuf battu, mélangez 60 g de tofu soyeux aux ingrédients liquides de la recette. Cette solution convient aux muffins et aux gâteaux auxquels le tofu donne une texture plus moelleuse.

LES YAOURTS, LA CRÈME OU LA MAYONNAISE SANS LAIT

Remplacez 1 œuf à l'aide de 60 g de yaourt sans lait (du commerce ou fait maison, page 20). Cette solution convient aux plats salés comme sucrés. Vous pouvez prendre un yaourt parfumé, selon les besoins de la recette. Vous pouvez aussi utiliser 60 g de crème épaisse sans lait ou de mayonnaise végétale si vous n'avez plus de yaourt. Cela ne modifiera pas le goût de la préparation, mais ce sera plus gras, un peu plus cher et peut-être plus difficile à trouver.

PETITE ASTUCE !

Souvenez-vous que les substituts au goût marqué, comme les bananes ou le beurre de cacahuète, influeront sur le goût du plat. Aussi, évitez d'y avoir recours dans les recettes où ils risquent de ne pas faire un mariage heureux avec les saveurs déjà présentes.

Des recettes à base d'œufs… sans les œufs !

Commencez par les recettes les plus simples, puis passez progressivement à des préparations plus complexes. Mayonnaise, muffins, gâteaux, biscuits, poêlées et quiches… à vous les bons petits plats sans casser des œufs !

BASE DE MAYONNAISE AU TOFU

Sans blé · Sans maïs · Rapide et facile

Cette recette est parfaite pour tartiner un sandwich ou pour entrer dans la composition des sauces à base de mayonnaise présentées dans ce livre. Pour une version sans gluten, utilisez du vinaigre sans gluten.

POUR 200 G

- **200 g de tofu ferme, égoutté et pressé**
- **35 g de noix de cajou, très finement moulues**
- **1 c. à s. de jus de citron**
- **1 c. à s. de sucre intégral ou de sirop d'agave**
- **1 ½ c. à c. de moutarde de Dijon**
- **1 c. à c. de vinaigre de cidre**
- **½ c. à c. de sel de mer**
- **90 ml d'huile de colza ou d'une autre huile au goût neutre**

DANS UN BLENDER OU UN ROBOT DE CUISINE, mixer tous les ingrédients, sauf l'huile, pour obtenir une préparation homogène.

Progressivement, ajouter l'huile en filet jusqu'à la consistance désirée.

Conserver au réfrigérateur dans un récipient hermétique et consommer dans les 2 semaines

BASE DE MAYONNAISE AU LAIT DE SOJA

Sans blé Sans fruits à coque

Vous en avez assez d'acheter la mayonnaise en magasin ? Essayez cette version simple et savoureuse, qui fait aussi son effet sur un gratin. Laissez-vous guider par votre inspiration, et testez d'autres assaisonnements et aromates selon vos goûts et l'utilisation prévue.

POUR 250 G

- **235 ml de lait de soja non sucré**
- **1 à 2 c. à s. de vinaigre de cidre ou de jus de citron frais, ou un mélange des deux**
- **1 ½ c. à c. de moutarde de votre choix**
- **¼ de c. à c. d'ail en poudre**
- **½ c. à c. d'oignon séché (en flocons, en lanières…)**
- **1 grosse pincée d'aneth séché**
- **½ c. à c. de sel de mer fin**
- **¼ de c. à c. de poivre moulu**
- **1 ½ c. à s. de fécule de maïs**
- **60 ml d'huile d'olive vierge extra**

MÉLANGER LE LAIT DE SOJA et le vinaigre (ou le jus de citron) dans un petit saladier et laisser cailler quelques instants.

Ajouter le reste des ingrédients et mélanger 1 minute à l'aide d'un mixeur plongeant.

Chauffer au four à micro-ondes pendant 1 minute, en surveillant pour que le mélange ne bouille pas. Mélanger de nouveau. Répéter l'opération.

Faire chauffer une dernière fois. Laisser refroidir.

Une fois la préparation refroidie, mélanger à la fourchette.

Transvaser dans un récipient hermétique et réserver au réfrigérateur pour que le mélange épaississe. Avant utilisation, mélanger à la fourchette.

Cette mayonnaise doit être consommée dans la semaine suivant sa confection. La conserver au réfrigérateur.

Astuce : Pour une recette sans cuisson, remplacez la fécule par 1 petite cuillerée de gomme xanthane et mélangez bien jusqu'à épaississement. Une fois passée au réfrigérateur, la mayonnaise sera encore plus épaisse. Ce mode de préparation est compatible avec n'importe quel lait végétal.

SALADE AUX « ŒUFS » DURS

Substituts d'œuf : levure de bière maltée et poudre de maca

Sans fruits à coque

Sans maïs

Sans soja — Rapide et facile

Dans notre enfance, nous adorions la salade aux œufs durs. Dans cette recette, nous retrouvons son goût grâce à la combinaison de la levure de bière maltée et de la poudre de maca. En plus, c'est une bonne source de calcium !

POUR 1 PLAT PRINCIPAL
ou 2 accompagnements

- **1 c. à s. d'oignon, émincé**
- **1 c. à s. de levure de bière maltée**
- **1 c. à c. de poudre de maca**
- **1 c. à s. d'huile d'olive vierge extra**
- **1 c. à s. de vinaigre balsamique blanc**
- **1 tomate de taille moyenne, coupée en rondelles**
- **Poivre blanc selon convenance**
- **1 pincée de sel noir ou selon convenance (facultatif)**
- **75 g de pousses d'épinard fraîches**

DANS UN SALADIER, mélanger tous les ingrédients, sauf les épinards.

Ajouter les épinards en dernier et mélanger le tout.

SALADE AUX « ŒUFS » TRADITIONNELLE

Substitut d'œuf : tofu à la place des œufs durs

Sans blé

Sans fruits à coque

Sans maïs — Rapide et facile

Si cette salade est un peu trop liquide, n'utilisez pas toute la sauce.

POUR 800 G ENVIRON,
suivant les ajouts

POUR LA SAUCE :

- **400 g de tofu soyeux, égoutté mais non pressé**
- **120 ml d'huile de colza**
- **2 c. à s. de moutarde jaune (en graines)**
- **1 c. à s. d'ail, émincé**
- **1 c. à s. de miso doux blanc ou jaune**
- **½ c. à c. de sel noir**

POUR LES « ŒUFS » :

- **570 g de tofu ferme, égoutté et pressé**
- **1 c. à c. de curcuma**
- **Sel et poivre selon convenance**

AJOUTS POSSIBLES :

- **Céleri en morceaux, pickles, persil frais haché, cébettes fraîches ciselées**

PRÉPARATION DE LA SAUCE : Réduire tous les ingrédients en une fine purée à l'aide d'un blender.

PRÉPARATION DES « ŒUFS » : Pour les jaunes, écraser la moitié du tofu et le curcuma dans un bol.

Pour les blancs, couper le reste du tofu en petits cubes. Rassembler le tout, puis ajouter à la sauce et aux compléments éventuels.

Saler et poivrer.

« ŒUFS » À LA BÉNÉDICTINE ET JAMBON VÉGÉTAL

Substituts d'œuf : tofu et sel noir pour le goût soufré de l'œuf

Ce grand classique est un succès assuré ! Préparez le jambon à l'avance pour gagner du temps.

POUR 8 PERSONNES

4 muffins anglais, coupés en deux et passés au grille-pain

POUR LE JAMBON :

- **60 g de farine de pois chiches ou de fèves**
- **70 g de gluten de blé**
- **120 ml d'eau ou de bouillon de légumes**
- **60 ml d'huile de cuisson**
- **2 c. à s. de sucre roux**
- **2 c. à s. de levure de bière maltée**
- **1 ½ c. à s. de concentré de tomates**
- **½ à 1 c. à c. de fumée liquide (voir page 10)**
- **½ c. à c. de poivre noir**
- **¼ de c. à c. de sel**
- **Papier d'aluminium**

POUR LES ŒUFS AU PLAT :

- **2 à 4 c. à s. d'huile de friture**
- **¼ de c. à c. de curcuma**
- **¼ de c. à c. de sel noir**
- **1 pincée de poivre noir moulu**
- **455 g de tofu ferme, égoutté et pressé, puis coupé en 8 cubes**

POUR LA SAUCE HOLLANDAISE :

- **55 g de beurre sans lait**
- **2 c. à s. de farine ordinaire**
- **235 ml de crème de soja nature, ou plus si nécessaire**
- **1 c. à s. de jus de citron**
- **1 c. à s. de levure de bière maltée**
- **1 pincée de piment de Cayenne**
- **Sel selon convenance**

PRÉPARATION DU JAMBON : Préchauffer le four à 180 °C.

Mélanger tous les ingrédients jusqu'à obtenir une pâte visqueuse.

Étendre une grande feuille d'aluminium sur le plan de travail et placer la pâte au centre. Envelopper dans le papier d'aluminium à la manière d'une grande papillote.

Placer la papillote sur une plaque de cuisson, avec la jointure du papier dessous, et faire cuire pendant 45 minutes, jusqu'à ce que le jambon soit ferme.

Laisser refroidir avant de déballer.

Conserver dans un récipient hermétique jusqu'à 1 semaine au réfrigérateur, ou congeler.

PRÉPARATION DES ŒUFS AU PLAT : Faire chauffer l'huile dans une petite poêle, sur feu modéré à vif.

Dans un petit récipient, mélanger le curcuma, le sel noir et le poivre.

Arroser les cubes de tofu dans la poêle.

Saupoudrer la moitié des épices sur le tofu. Retourner après 5 minutes de cuisson pour épicer l'autre côté, et laisser cuire encore 5 minutes.

PRÉPARATION DE LA SAUCE HOLLANDAISE : Dans une casserole, faire fondre le beurre à feu vif.

Ajouter la farine et remuer vigoureusement jusqu'à obtenir une consistance lisse. Verser la crème, porter à ébullition puis retirer du feu.

Sans cesser de mélanger, ajouter le jus de citron, la levure, le piment et le sel. Si la sauce est trop épaisse, ajouter un peu de crème.

Présenter le plat en posant sur chaque moitié de muffin une tranche de jambon végétal, un œuf de tofu et une dose généreuse de sauce. Rectifier l'assaisonnement si nécessaire avant de déguster.

QUICHE AUX POIVRONS ET SIMILI-LARDONS

Substitut d'œuf : tofu

Cette quiche sans œufs peut être réalisée sans fond de tarte ou avec la pâte feuilletée de la tarte salée aux artichauts (page 55). Elle est parfaite pour un brunch ou un petit déjeuner salé, ou consommée le lendemain en petits morceaux dans un burrito. Le sel noir trompera les plus difficiles qui n'arriveront pas à croire que ce plat est végétalien !

POUR 8 PERSONNES

- **1 pâte à tarte, consommable par les végétaliens, achetée ou faite maison (voir recette page 55), facultatif**
- **Huile en spray**
- **400 g de tofu soyeux, égoutté mais non pressé**
- **30 g de levure de bière maltée**
- **30 g de farine de pois chiche**
- **35 g de fécule de maïs**
- **60 ml d'huile d'olive**
- **1 c. à c. d'oignon en poudre**
- **1 c. à c. d'ail en poudre**
- **¼ de c. à c. de curcuma**
- **1 c. à s. de moutarde de Dijon douce**
- **¼ de c. à c. de sel noir**
- **½ c. à c. de cumin**
- **¼ de c. à c. de paprika**
- **½ c. à c. de fumée liquide (voir page 10)**
- **160 g d'oignon rouge ou blanc, coupé en dés**
- **1 poivron rouge, épépiné et coupé**
- **1 poivron vert, épépiné et coupé**
- **20 g d'imitation de lardons, achetés ou faits maisons (voir simili-lardons page 143)**
- **110 g de seitan cuisiné, coupé en dés**

PRÉCHAUFFER LE FOUR À 180 °C.

Préparer un moule à tarte de 23 cm de diamètre en le graissant légèrement et en le fonçant avec une pâte à tarte.

Dans un blender, introduire le tofu, la levure, la farine de pois chiche, la fécule, l'huile, les condiments et les épices. Mixer pour obtenir une purée bien lisse.

Verser la préparation dans un saladier et y ajouter l'oignon, les poivrons, les lardons et le seitan.

Répartir cette garniture dans le moule à tarte.

Faire cuire sans couvrir entre 45 minutes et 1 heure, jusqu'à ce que le dessus colore et que le centre soit ferme.

Laisser refroidir 10 minutes avant de couper les parts.

Variante : Si vous préférez une quiche au fromage, ajoutez 110 g de fromage végétal râpé dans le mélange, en même temps que les poivrons.

POÊLÉE DE TOFU AUX ÉPINARDS ET AUX CHAMPIGNONS

Substituts d'œuf : tofu à la place des œufs brouillés, sel noir pour le goût soufré

Sans blé — Sans fruits à coque — Sans maïs — Rapide et facile

La poêlée de tofu est un grand classique du répertoire végétalien. Une fois les bases de la recette acquises, vous pourrez vous lancer dans pléthore de variations autour de ce plat savoureux et riche en protéines.

POUR 4 PERSONNES

- **2 c. à s. d'huile de friture au goût neutre**
- **115 g d'oignon blanc ou jaune, émincé**
- **115 g de petits champignons de Paris, coupés en tranches**
- **1 c. à s. d'ail, émincé**
- **55 g de poivrons en conserve, coupés en dés**
- **280 à 400 g de tofu ferme, égoutté et pressé**
- **30 g de levure de bière maltée**
- **1 c. à c. de curcuma**
- **60 g de pousses d'épinard**
- **1 c. à s. de moutarde de Dijon douce**
- **Sel et poivre selon convenance**
- **1 pincée de sel noir (facultatif)**

FAIRE CHAUFFER L'HUILE dans une petite poêle sur feu moyen à vif.

Y verser les oignons et les champignons, et les faire revenir pendant 5 minutes. Ajouter l'ail et les poivrons, et poursuivre la cuisson pendant 2 minutes. Émietter le tofu sur la préparation et laisser chauffer encore 1 minute. Incorporer ensuite la levure et le curcuma. Bien mélanger pour enrober le tofu. Enfin, ajouter les épinards et les faire « tomber » durant les 2 ou 3 dernières minutes de cuisson.

Retirer du feu et ajouter la moutarde. Bien mélanger. Saler et poivrer puis ajouter éventuellement 1 pincée de sel noir.

SUPER MUFFINS POTIRON-CACAHUÈTE

Substituts d'œuf : purée de fruit (bananes) et purée de légume (potiron), pour le moelleux et le liant, beurre de cacahuète pour humidifier.

Il y a plusieurs substituts d'œuf dans ces délicieux muffins qui vous procureront une énergie surhumaine tout au long de la matinée ! Le beurre de cacahuète et le potiron donnent toute leur saveur à ces douceurs, tandis que la banane se charge du moelleux.

POUR 6 GROS MUFFINS

- **Huile en spray**
- **180 g de farine T55**
- **2 c. à c. de levure chimique**
- **¼ de c. à c. de sel de mer fin**
- **1 c. à c. d'extrait de vanille pur**
- **2 petites bananes mûres (160 g), écrasées**
- **35 g de graines de lin moulues**
- **145 g de sucre de canne**
- **130 g de beurre de cacahuète nature et onctueux**
- **120 ml de lait végétal**
- **185 g de purée de potiron**
- **40 g de garniture, au choix : noix concassées, pépites de chocolat ou raisins secs**

PRÉCHAUFFER LE FOUR À 180 °C. Graisser légèrement un moule à gros muffins avec un peu d'huile en spray.

Mélanger la farine, la levure chimique et le sel dans un saladier.

Dans un autre récipient plus grand, mélanger la vanille, les bananes, les graines de lin, le sucre, le beurre de cacahuète, le lait et la purée de potiron.

Verser la farine au cœur de cette préparation, et l'incorporer sans trop mélanger.

Ajouter la garniture.

Répartir la pâte dans les moules. Faire cuire pendant 40 minutes, jusqu'à ce qu'un cure-dent inséré au cœur d'un muffin en ressorte propre. Retirer le plat du four et laisser refroidir sur une grille.

Astuce : Si vous n'avez pas un moule à gros muffins, utilisez un moule pour 12 muffins et faites-les cuire 25 minutes.

MUFFINS PULPE FICTION

Substitut d'œuf : résidu de lait végétal (cacahuète) pour le liant, huile d'arachide

Vous voulez faire bon usage de votre lait végétal maison et de sa pulpe ? Régalez-vous de ces muffins accompagnés d'une généreuse portion de nappage au chocolat et aux fruits (page 254) ou de mousse au chocolat (page 244).

POUR 12 MUFFINS

- **235 ml de lait d'arachide (page 21) + 255 g de la pulpe issue de sa préparation**
- **60 ml d'huile d'arachide**
- **2 c. à c. d'extrait de vanille pur**
- **130 g de sucre rapadura**
- **½ c. à c. de sel de mer fin**
- **2 c. à c. de cannelle en poudre**
- **80 g de raisins secs ou 90 g de pépites de chocolat noir**
- **180 g de farine T55**
- **1 c. à s. de levure chimique**

PRÉCHAUFFER LE FOUR À 190 °C. Placer des caissettes en papier dans chaque alvéole du moule à muffins.

Dans un blender, mixer la pulpe, le lait, l'huile, la vanille, le sucre, le sel et la cannelle jusqu'à obtenir une préparation homogène.

Dans un grand saladier, mettre les raisins ou les pépites de chocolat, ainsi que la farine et la levure chimique.

Verser la préparation humide sur les ingrédients secs et mélanger délicatement.

Répartir la pâte dans les caissettes à muffins.

Faire cuire 20 minutes, jusqu'à ce qu'un cure-dent inséré au cœur d'un muffin en ressorte propre.

Laisser refroidir le moule sur une grille quelques minutes avant de poser les muffins directement dessus.

PAIN PERDU À LA CANNELLE

Substitut d'œuf : naturellement sans œufs !

Sans fruits à coque — Sans maïs — Rapide et facile

Cette recette est tellement simple que c'en est gênant… Mais avouez que vous aimez ça ! Voici le pain perdu à la cannelle, super simple et sans œuf.

POUR 6 À 8 TRANCHES

- **95 g de farine ordinaire**
- **1 c. à s. de sucre de canne complet**
- **¼ de c. à c. de cannelle moulue**
- **1 pincée de sel**
- **235 ml de lait végétal**
- **6 à 8 grosses tranches de pain rassis**

DANS UNE COUPELLE ou un bol peu profond, mélanger la farine, le sucre, la cannelle et le sel. Ajouter le lait en remuant au fouet jusqu'à obtenir une consistance homogène.

Préchauffer une poêle antiadhésive à feu vif.

Tremper chaque tranche de pain dans la préparation pour la recouvrir d'une fine couche.

Faire revenir le pain dans la poêle, environ 2 minutes de chaque côté, pour obtenir des tranches dorées et croquantes.

Répéter l'opération avec chaque tartine.

Servir chaud, recouvert de beurre végétal et de sirop d'érable.

Astuce : Il est fortement recommandé d'utiliser du pain rassis, sinon les tranches seront molles. Si vous n'en avez pas, préparez votre pain au préalable en passant des tranches au four à très basse température, pendant environ 1 heure.

BISCUITS SALÉS

Substitut d'œuf : purée de légumes (courge et lentilles) pour le liant et le moelleux

Croquant et moelleux à cœur, ces biscuits ont tout pour plaire ! La purée de courge et de lentilles donne du corps à cet en-cas gourmand. Savourez-les à peine sortis du four, avec un bon bol de potage.

POUR 6 BEAUX BISCUITS

- **160 ml de lait de soja non sucré**
- **270 g de pâté végétal courge et lentilles (page 256)**
- **80 ml d'huile d'arachide**
- **1 c. à c. de sel de mer fin**
- **1 c. à c. d'oignon en flocons**
- **1 c. à c. de coriandre en poudre**
- **1 c. à c. de piment en flocons, ou selon convenance**
- **300 g de farine T55**
- **1 c. à s. de levure chimique**

PRÉCHAUFFER LE FOUR À 190 °C. Couvrir la plaque du four de papier cuisson ou d'un tapis en silicone.

Dans un saladier, bien mélanger le lait, le pâté végétal, l'huile, le sel, l'oignon, la coriandre et le piment.

Tamiser la farine et la levure chimique par-dessus. Bien mélanger pour incorporer.

Former les biscuits en déposant sur la plaque environ 135 g de préparation par biscuit.

Faire cuire pendant 30 minutes, jusqu'à ce que les biscuits soient bien dorés.

Laisser refroidir sur une grille. À déguster encore chauds ou à réchauffer légèrement avant de passer à table.

GÂTEAU BANANE-AIRELLES

Substitut d'œuf : purée de fruit (banane) pour le liant

Les bananes apportent une texture moelleuse à ce gâteau délicatement sucré, qui constitue une super alternative anti-routine pour le petit déjeuner.

POUR 6 À 8 PARTS

- **Huile en spray**
- **240 g de farine T55**
- **2 c. à c. de levure chimique**
- **¼ de c. à c. de sel de mer fin**
- **3 petites bananes mûres (240 g environ)**
- **95 g de sucre de canne complet**
- **1 c. à c. d'extrait de vanille pur**
- **180 ml de café, refroidi**
- **3 c. à s. d'huile d'arachide**
- **95 g d'airelles fraîches (ou 5 g séchées)**
- **40 g de noix concassées**
- **70 g de pépites de chocolat blanc végétal (voir recette page 23), de caroube ou de chocolat noir**

PRÉCHAUFFER LE FOUR À 180 °C. Graisser légèrement un plat rond (23 cm de diamètre environ) avec un peu d'huile en spray.

Dans un grand saladier, mélanger la farine, la levure chimique et le sel.

Dans un autre récipient, écraser grossièrement les bananes avec le sucre, la vanille, le café et l'huile d'arachide.

Ajouter les airelles, les noix et les pépites à la farine.

Incorporer les ingrédients humides aux ingrédients secs en prenant soin de ne pas trop mélanger.

Verser la pâte dans le moule et faire cuire 35 minutes, jusqu'à ce qu'un cure-dent inséré au cœur du gâteau en ressorte propre.

Laisser tiédir sur une grille pendant 15 minutes avant de démouler, puis laisser refroidir complètement.

GAUFRES FAÇON CARROT CAKE

Substitut d'œuf : purée de légumes (carottes) pour le liant

Les carottes en purée aident à lier ces gaufres nourrissantes auxquelles vous pourrez ajouter des copeaux de noix de coco, des raisins secs ou de l'ananas frais. Ces gaufres sont merveilleuses servies avec la crème d'érable (page 26).

POUR 8 GROSSES GAUFRES ou 16 petites

- **455 g de carottes, épluchées et coupées en rondelles de 2,5 cm**
- **80 g de flocons d'avoine non précuits**
- **120 g de cerneaux de noix grillés**
- **120 g de farine blanche d'épeautre**
- **1 c. à s. de cannelle en poudre**
- **1 c. à c. de gingembre en poudre**
- **½ c. à c. de noix de muscade râpée**
- **½ c. à c. de sel de mer fin**
- **2 c. à c. de levure chimique**
- **145 g de sucre rapadura**
- **120 ml de jus d'orange frais**
- **355 ml de lait de coco dégraissé**
- **60 ml d'huile de coco fondue**
- **2 c. à c. d'extrait de vanille pur**
- **Huile en spray**

METTRE LES RONDELLES DE CAROTTES dans une casserole de taille moyenne, couvrir d'eau largement. Faire cuire pendant 30 minutes, jusqu'à ce que les carottes soient assez tendres pour être réduites en purée. Laisser refroidir complètement.

Dans un robot de cuisine, mélanger les flocons d'avoine, les noix, la farine, les épices, le sel, la levure chimique et le sucre. Mixer jusqu'à obtenir une fine poudre puis transvaser dans un grand saladier.

Dans le robot nettoyé, mettre les morceaux de carottes refroidis, le jus d'orange, 120 ml de lait de coco, l'huile de coco et la vanille. Mixer pour obtenir une purée.

Ajouter ce mélange aux ingrédients secs. Ajouter tout ou partie du lait de coco restant afin que la pâte puisse être versée facilement, sans pour autant être trop liquide.

Pour faire les gaufres, suivre les instructions de l'appareil en n'oubliant pas de graisser le gaufrier entre chaque fournée.

PAIN AU CHUTNEY DE BANANE

Substitut d'œuf : purée de fruit (chutney de banane) pour le liant

Sans soja

Ce pain, prêt en un instant, révélera tous ses atouts avec une soupe ou une salade. Le chutney remplace les œufs, en apportant saveur et texture à la recette.

POUR 6 À 8 PARTS

- **Huile en spray**
- **240 g de chutney de banane (page 245)**
- **2 c. à c. de garam masala**
- **¼ de c. à c. de piment rouge en flocons**
- **130 g de beurre de cacahuète avec morceaux**
- **2 c. à s. d'huile**
- **470 ml d'eau et jusqu'à 60 ml en plus si nécessaire**
- **190 g de farine T65**
- **180 g de farine blanche**
- **1 c. à s. de levure chimique**
- **1 ½ c. à c. de sel de mer fin**

PRÉCHAUFFER LE FOUR À 180 °C. Graisser légèrement un plat carré (20 cm environ) avec un peu d'huile en spray.

Dans un saladier, mélanger le chutney, le garam masala, le piment, le beurre de cacahuète et l'huile. Bien émulsionner.

Ajouter de l'eau sans cesser de remuer.

Dans un grand saladier, mélanger les farines, la levure chimique et le sel.

Incorporer les ingrédients humides dans les ingrédients secs sans trop mélanger. Ajouter de l'eau cuillerée par cuillerée si la pâte est trop épaisse, car elle peut varier en fonction de la texture du chutney et du beurre de cacahuète utilisés.

Verser la pâte dans le moule et faire cuire pendant 1 heure, jusqu'à ce qu'un cure-dent inséré dans le cœur en ressorte propre.

Laisser refroidir sur une grille au moins 15 minutes avant de démouler.

Attention, si le pain est tranché avant d'être bien refroidi, il donnera l'impression de ne pas être assez cuit.

PAIN D'ÉPEAUTRE AUX GRAINES DE LIN

Substituts d'œuf : mélange de lait de soja, vinaigre et bicarbonate de soude comme agent levant, purée de fruits (pommes) pour le moelleux

Sans maïs

Ce pain assez compact ressemble au pain de maïs, même s'il n'en contient pas, et se prête à diverses utilisations. En tout cas, il est tellement succulent que vous en reprendrez volontiers une autre tranche.

POUR UNE MICHE de 20 cm

- **Huile en spray**
- **1 c. à s. de vinaigre de cidre**
- **235 ml de lait de soja**
- **315 g de farine complète d'épeautre**
- **2 c. à s. de graines de lin moulues**
- **1 c. à c. de sel de mer fin**
- **2 c. à c. de bicarbonate de soude**
- **2 c. à s. d'huile de noix de coco fondue**
- **110 g de compote de pomme sans sucre, achetée ou faite maison (voir recette page 231)**

PRÉCHAUFFER LE FOUR À 180 °C. Graisser légèrement un moule à pain (20 x 10 cm environ) avec un peu d'huile en spray.

Dans un bol, verser le vinaigre sur le lait de soja : en caillant, le mélange se transforme en lait ribot (ou babeurre).

Dans un grand saladier, mélanger la farine, les graines de lin, le sel et le bicarbonate.

Ajouter l'huile de coco et la compote au lait caillé, puis incorporer le mélange aux ingrédients secs.

Verser la pâte dans le moule.

Faire cuire 45 minutes, jusqu'à ce qu'un cure-dent inséré au cœur du pain en ressorte propre.

Mettre à tiédir sur une grille 15 bonnes minutes avant de démouler. Laisser refroidir complètement avant de trancher ou de ranger la miche.

TARTE AU BEURRE DE CACAHUÈTE ET À LA CONFITURE DE FRAISES

Substitut d'œuf : yaourt sans lait pour lier

Voici un dessert simple et délicieux : le traditionnel sandwich au beurre de cacahuète et à la gelée - goûté préféré des petits Américains - transformé en tarte ! L'ajout d'un yaourt sans lait le rend encore plus moelleux.

POUR 8 PERSONNES

- **255 g de beurre de cacahuète avec morceaux**
- **180 g de yaourt sans lait, acheté ou fait maison (voir base de yaourt maison, page 20)**
- **190 g de sucre de canne complet**
- **2 c. à c. d'extrait de vanille pur**
- **120 g de farine blanche ou 140 g de farine complète d'épeautre**
- **1 c. à c. de levure chimique**
- **1 c. à c. de cannelle en poudre**
- **1 fond de tarte précuit pour végétaliens**
- **160 g de confiture de fraises avec fruits entiers**

PRÉCHAUFFER LE FOUR À 180 °C.

À l'aide d'un mixer, battre en crème le beurre de cacahuète, le yaourt, le sucre et la vanille.

Dans un saladier, mélanger la farine, la levure chimique et la cannelle.

Ajouter les ingrédients secs au mélange crémeux et mélanger délicatement. La pâte doit être difficile à travailler.

Diviser la pâte en deux parts égales et mettre la première moitié au milieu du fond de tarte.

À l'aide d'une spatule en caoutchouc ou en silicone, bien répartir la pâte jusqu'aux bords, comme on étale le glaçage d'un cupcake.

Déposer la confiture sur cette première couche.

Puis disposer la seconde part de pâte à la cacahuète sur la confiture. Ce n'est pas grave si la confiture s'échappe sur les côtés : après cuisson, cela formera des cristaux de gelée.

Faire cuire 30 minutes, jusqu'à ce que la tarte prenne une belle couleur brun-doré.

GÂTEAU AU CHOCOLAT PROTÉINÉ

Substitut d'œuf : purée de fruits (pommes) pour le liant

Un bon gros gâteau au chocolat fourré qui rappelle le gâteau au miel, même s'il n'en contient pas. Les protéines sont fournies par le tempeh et la purée d'amande.

POUR 10 À 12 PERSONNES

POUR LES GÂTEAUX :

- **2 c. à s. d'huile d'arachide**
- **230 g de tempeh, émietté**
- **385 g de sucre muscovado**
- **Huile en spray**
- **470 ml de boisson végétale**
- **1 c. à s. d'extrait de vanille pur**
- **65 g de purée d'amande nature**
- **¼ de c. à c. de sel de mer fin**
- **110 g de compote de pomme sans sucre, achetée ou faite maison (voir recette page 231)**
- **155 g de farine T65**
- **120 g de farine T55**
- **55 g de cacao en poudre non sucré**
- **2 ¼ de c. à c. de levure chimique**

POUR LE GLAÇAGE :

- **240 g de confiture de fraises**
- **40 g de cacao en poudre non sucré**

PRÉPARATION DES GÂTEAUX : Verser l'huile dans une petite poêle, y ajouter le tempeh et le cuire à feu moyen pendant environ 6 minutes, jusqu'à ce qu'il prenne une couleur légèrement dorée. Incorporer le sucre jusqu'à dissolution.

Préchauffer le four à 180 °C. Graisser légèrement 2 moules ronds (23 cm) avec un peu d'huile en spray.

Dans un blender, mélanger le tempeh, le lait, la vanille, la purée d'amande, le sel et la compote de pomme. Mixer jusqu'à obtenir une texture parfaitement homogène.

Dans un grand saladier, tamiser les farines, le cacao et la levure chimique.

Incorporer la préparation humide aux ingrédients secs en veillant à ne pas trop mélanger.

Répartir équitablement la pâte ainsi obtenue dans les 2 moules.

Faire cuire un peu plus de 30 minutes, jusqu'à ce qu'un cure-dent inséré au centre du gâteau en ressorte propre.

Puis laisser refroidir complètement.

PRÉPARATION DU GLAÇAGE : Bien mélanger la confiture et le cacao dans un saladier. Répartir la préparation en une couche uniforme sur les 2 gâteaux refroidis.

Superposer les 2 gâteaux.

Déguster à température ambiante.

CUPCAKES ÉPICÉS

Substituts d'œuf : mélange de lait de soja, vinaigre et bicarbonate de soude comme agent levant

Voici un nouvel exemple des pouvoirs magiques de l'association du lait végétal et du vinaigre. Pour un bonheur total, saupoudrez-les de sucre glace juste avant de servir.

POUR 12 GÂTEAUX

- **Huile en spray**
- **110 g de beurre végétal, ramolli**
- **325 ml de lait de soja**
- **1 c. à s. de vinaigre de cidre**
- **145 g de sucre muscovado**
- **1 ½ c. à c. de gingembre en poudre**
- **1 c. à c. de cannelle en poudre**
- **½ c. à c. de noix de muscade en poudre**
- **¼ de c. à c. de sel de mer fin**
- **240 g de farine T55**
- **1 c. à c. de bicarbonate de soude**

PRÉCHAUFFER LE FOUR À 180 °C. Graisser légèrement un moule à muffins avec un peu d'huile en spray.

Dans un blender, mélanger le beurre, le lait de soja, le vinaigre, le sucre muscovado, les épices et le sel jusqu'à obtenir une préparation homogène.

Dans un grand saladier, mélanger la farine et le bicarbonate de soude.

Ajouter délicatement la préparation mouillée à la farine, en prenant soin de ne pas trop mélanger.

Répartir la pâte dans les alvéoles du moule.

Faire cuire 20 minutes, jusqu'à ce qu'un cure-dent inséré au centre du cupcake en ressorte propre.

Déguster tièdes.

BROWNIES AU CHOCOLAT ET AUX NOIX

Substitut d'œuf : entremets pour le liant

Les noix donnent de l'intensité et du corps à ces douceurs, tandis que l'entremets au chocolat apporte du moelleux et de la saveur. Des brownies comme on les aime !

POUR 12 PERSONNES

- **Huile de cuisson ou spray antiadhésif**
- **120 g de noix**
- **95 g de sucre muscovado**
- **95 g de sucre de canne complet**
- **60 ml d'huile d'arachide**
- **2 c. à c. d'extrait de vanille pur**
- **250 g d'entremets au chocolat (page 36)**
- **125 g de farine**
- **40 g de cacao en poudre non sucré**
- **¼ de c. à c. de levure chimique**
- **¼ de c. à c. de sel de mer fin**
- **90 g de pépites de chocolat noir**

PRÉCHAUFFER LE FOUR À 180 °C. Graisser légèrement un moule carré d'environ 20 cm avec un peu d'huile en spray.

Mettre les noix et les sucres dans un robot de cuisine. Mixer pour obtenir une fine poudre.

Dans un saladier, mélanger les noix moulues, l'huile, la vanille et l'entremets.

Dans un autre récipient, tamiser la farine, le cacao, la levure chimique et le sel.

Incorporer la préparation humide aux ingrédients secs sans trop mélanger. Ajouter les pépites.

Faire cuire pendant 32 minutes, jusqu'à ce que les brownies soient fermes et que les bords se détachent légèrement du moule.

BROWNIES EXTRAVAGANTS

Substitut d'œuf : purée végétale (pois chiche) pour le liant

Riche à souhait, carrément décadent, ces brownies sont une vraie bombe… d'énergie ! Les pois chiches sont l'arme secrète de ce dessert, source insoupçonnée de protéines et de fibres.

POUR 8 À 10 PERSONNES

- **Huile en spray**
- **240 g de pépites de chocolat noir**
- **3 c. à s. d'huile de noix de coco solide**
- **65 g de sucre intégral**
- **65 g de sucre rapadura**
- **1 pincée de sel de mer fin**
- **2 c. à c. d'extrait de vanille pur**
- **100 g de noix de pécan**
- **125 g de farine**
- **½ c. à c. de levure chimique**
- **425 g de pois chiches en conserve, rincés et égouttés**

PRÉCHAUFFER LE FOUR À 180 °C. Graisser légèrement un moule carré (20 cm) avec un peu d'huile en spray.

Dans un petit saladier, mettre les pépites et l'huile de coco. Passer 1 minute au four à micro-ondes.

Mélanger. Répéter l'opération si nécessaire jusqu'à ce que les pépites soient fondues.

Incorporer les sucres, le sel et la vanille. Laisser refroidir.

Dans un robot de cuisine, moudre 65 g de noix de pécan. Ajouter la farine et la levure chimique et mixer jusqu'à obtenir une poudre homogène.

Ajouter les pois chiches et réduire en purée en raclant les parois une fois en cours de préparation à l'arrêt du robot.

Verser le mélange au chocolat dans le robot et mixer à nouveau pour unir les ingrédients. Arrêter le robot. Racler les bords et mixer à nouveau.

Ajouter le reste de noix de pécan et donner encore quelques tours pour mélanger. La pâte doit être difficile à travailler.

Disposer la pâte dans le moule et faire cuire pendant 25 minutes, jusqu'à ce que les brownies soient pris et que les bords se détachent du moule.

Laisser tiédir sur une grille avant de démouler. Attendre que le gâteau soit complètement refroidi avant de déguster, sinon il risque de s'émietter.

Variante : Préparez un gâteau sans gluten en utilisant 160 g de farine de riz à la place de la farine de blé, et en augmentant la quantité de levure chimique (1 cuillère à café).

OREILLERS GARNIS DE PÂTE D'AMANDE

Substitut d'œuf : mélange de fécule et d'eau pour le liant

Généralement, on fait la pâte d'amande avec du blanc d'œuf, mais la fécule de pomme de terre fait ici des merveilles. Il vous restera de la pâte d'amande pour d'autres recettes... ou pour le grignotage.

POUR 8 GROS GÂTEAUX et 120 g de pâte d'amande supplémentaire

POUR LA PÂTE D'AMANDE :

- **95 g d'amandes en poudre**
- **1 ½ c. à c. de fécule de pomme de terre**
- **120 g de sucre intégral**
- **½ c. à c. d'extrait d'amande pur**
- **1 ½ c. à s. d'eau**

POUR LES OREILLERS :

- **240 g de chocolat pâtissier coupé en petits morceaux**
- **120 g de farine T55**
- **½ c. à c. de levure chimique**
- **1 pincée de sel de mer fin**
- **60 g de sucre roux biologique**
- **60 ml d'huile d'arachide**
- **2 c. à c. d'extrait de vanille pur**
- **2 c. à s. d'eau, et plus si nécessaire**

FABRICATION DE LA PÂTE D'AMANDE : Bien mélanger la poudre d'amande, la fécule et le sucre dans un robot de cuisine. Ajouter l'extrait d'amande et l'eau jusqu'à obtenir une pâte.

Conserver au réfrigérateur, emballé dans du film plastique.

PRÉPARATION DES OREILLERS : Préchauffer le four à 180 °C. Recouvrir 2 plaques à biscuits de papier cuisson ou de tapis en silicone.

Dans un robot de cuisine, mélanger le chocolat, la farine, la levure chimique, le sel et le sucre jusqu'à obtenir une fine poudre.

Ajouter l'huile et la vanille, bien mélanger. Ajouter de l'eau jusqu'à ce que la pâte reste en forme lorsqu'on la pince.

Diviser la pâte en 16 portions égales à l'aide d'une cuillère à soupe. Former des disques.

Diviser la pâte d'amande en 8 portions avec une cuillère à soupe.

Placer la pâte d'amande au centre des 8 premiers disques de pâte. Puis couvrir chacun avec les 8 disques restants pour former les oreillers. Presser les bords pour fermer. Si la pâte commence à sécher à force d'être manipulée, s'humidifier les mains. Attention à ne pas trop affiner les bords, sinon ils risquent de brûler.

Faire cuire 12 minutes. Laisser reposer sur la plaque pendant 10 minutes, puis faire refroidir complètement sur une grille.

BISCUITS AUX NOIX

Substitut d'œuf : purée de coco pour le liant

Sans soja

Un jour, en nettoyant le moulin à café après avoir travaillé sur une autre recette, nous avons remarqué que la noix de coco moulue formait avec l'eau une purée intéressante, que nous utilisons ici comme substitut aux œufs.

POUR 12 BEAUX BISCUITS

- **95 g de noix de coco râpée, réduite en fine poudre**
- **100 ml d'eau chaude**
- **120 g de noix : 60 g concassés + 60 g moulus mais sans aller jusqu'à la consistance d'un beurre (voir instructions page 251 sur les beurres d'oléagineux)**
- **190 g de sucre de canne complet**
- **60 ml d'huile d'arachide**
- **1 c. à c. de gingembre en poudre**
- **1 c. à c. de cannelle en poudre**
- **½ c. à c. de cardamome en poudre**
- **½ c. à c. de quatre-épices en poudre**
- **2 c. à c. d'extrait de vanille pur**
- **½ c. à c. de sel de mer fin**
- **180 g de farine T55**
- **½ c. à c. de levure chimique**

PRÉCHAUFFER LE FOUR À 180 °C. Couvrir 2 grandes plaques à biscuits de papier cuisson ou de tapis en silicone.

Bien mélanger la noix de coco et l'eau dans un grand saladier. La poudre de noix de coco va se dissoudre et former une pâte.

Ajouter les noix moulues et les noix concassées, le sucre, l'huile, les épices, la vanille et le sel. Bien mélanger. Tamiser la farine et la levure chimique par-dessus et les incorporer au mélange.

FORMER LES BISCUITS : Compter 2 grosses cuillerées à soupe par biscuit. Aplatir la pâte sur la plaque. Les biscuits ne vont pas gagner beaucoup de volume à la cuisson.

Faire cuire 15 minutes, jusqu'à ce que les bords des biscuits colorent.

Laisser tiédir sur les plaques quelques minutes, et lorsqu'ils sont assez fermes pour être manipulés, les transférer sur une grille puis laisser refroidir complètement.

COOKIES AUX BISCUITS FOURRÉS

Substitut d'œuf : substitut d'œuf en poudre pour le liant et comme agent levant

Des éclats de biscuits dans la pâte d'un autre biscuit, c'est de la gourmandise puissance 2 !

POUR 12 GÉNÉREUX COOKIES

- **110 g de beurre végétal**
- **190 g de sucre complet très fin**
- **1 c. à s. de substitut d'œuf en poudre**
- **60 ml d'eau tiède**
- **½ c. à c. de sel de mer fin**
- **2 c. à c. d'extrait de vanille pur**
- **300 g de farine T55**
- **65 g de pépites de chocolat noir**
- **½ c. à c. de levure chimique**
- **Lait végétal, si besoin**
- **10 biscuits végétaliens fourrés à la crème, coupés en quatre**

PRÉCHAUFFER LE FOUR À 180 °C. Couvrir 2 grandes plaques à pâtisserie de papier sulfurisé ou de tapis en silicone.

À l'aide d'un batteur électrique, travailler le beurre et le sucre jusqu'à ce que le mélange blanchisse.

Dans un petit saladier, fouetter le substitut d'œuf et l'eau. Le mélange doit être mousseux.

Incorporer la préparation aux œufs dans le mélange beurre-sucre, puis ajouter le sel et la vanille. Continuer à battre pendant 1 minute.

Dans un autre récipient, mêler la farine, les pépites et la levure chimique. Puis incorporer ce mélange à la préparation. Si la pâte est trop sèche, ajouter du lait. Enfin, ajouter délicatement les morceaux de biscuits.

Former 12 gros cookies et les disposer sur les plaques en les applatissant selon convenance. Ils ne prendront pas plus de place en cuisant.

Faire cuire 16 à 18 minutes, jusqu'à ce qu'ils soient légèrement dorés sur le pourtour. Retirer du four et laisser refroidir, jusqu'à ce que les cookies soient assez fermes pour être placés sur une grille.

BARRES À LA PATATE DOUCE

Substitut d'œuf : purée de légumes (patate douce) pour le moelleux et le liant

Sans blé

Si vous rêviez de manger une bouillie d'avoine chocolatée sous forme de barre, voici votre vœu exaucé ! L'association de la patate douce et de la fécule de maïs sert de liant pour cet en-cas irrésistible à emporter partout avec vous.

POUR 10 À 12 BARRES

- **Huile en spray**
- **110 g de noix de coco râpée**
- **160 g de flocons d'avoine non précuits**
- **190 g de sucre intégral**
- **90 g de pépites de chocolat noir**
- **30 g de fécule de maïs**
- **325 g de purée de patates douces**
- **55 g d'huile de coco fondue**
- **2 c. à c. d'extrait de vanille pur**
- **2 c. à c. de cannelle en poudre**
- **½ c. à c. de sel de mer fin**
- **2 c. à c. de levure chimique**
- **Lait végétal, si besoin**

PRÉCHAUFFER LE FOUR À 180 °C. Graisser légèrement un moule carré de 20 cm environ avec un peu d'huile en spray.

Dans un robot, mixer la noix de coco, les flocons d'avoine, le sucre et les pépites de chocolat, jusqu'à obtenir une poudre fine.

Dans un grand saladier, mélanger la fécule, la purée de patates, l'huile de coco, la vanille et la cannelle. Ajouter le mélange à l'avoine, le sel et la levure.

Mélanger jusqu'à ce que la préparation soit homogène, ajouter un peu de lait si la pâte est trop dure à travailler.

Verser la pâte dans le plat. Faire cuire 30 minutes, jusqu'à ce que la préparation soit dorée. Laisser refroidir sur une grille avant de découper.

COOKIES CANNELLE-AVOINE

Substitut d'œuf : lait végétal (lait de coco non dégraissé) pour le moelleux

Le lait de coco tient le rôle des œufs dans cette recette de biscuits à la cannelle, riches à souhait.

POUR 12 BEAUX BISCUITS

- **150 g de beurre sans lait**
- **290 g de sucre complet**
- **120 ml de lait de coco non dégraissé**
- **2 c. à s. de cannelle en poudre**
- **½ c. à c. de sel de mer fin**
- **2 c. à c. d'extrait de vanille pur**
- **200 g de flocons d'avoine non précuits**
- **300 g de farine T55**
- **2 c. à c. de levure chimique**
- **110 g de raisins secs ou 120 g de pépites de chocolat**

PRÉCHAUFFER LE FOUR À 180 °C. Couvrir 2 grandes plaques à pâtisserie de papier cuisson ou de tapis en silicone.

À l'aide d'un batteur électrique, monter en crème le beurre et le sucre. Ajouter le lait de coco, la cannelle, le sel et la vanille. Battre encore 1 minute.

Dans un autre récipient, mélanger l'avoine, la farine et la levure chimique.

Ajouter ces ingrédients secs au mélange humide, en trois temps. Enfin, incorporer les raisins secs ou les pépites. Bien mélanger.

Confectionner les biscuits en utilisant environ 100 g de pâte pour chacun.

Les aplatir légèrement sur la plaque, ils ne s'étaleront pas beaucoup à la cuisson.

Faire cuire 16 minutes, jusqu'à ce que les cookies soient bien dorés sur le pourtour.

Laisser reposer sur la plaque au moins 10 minutes avant de les transférer sur une grille pour les faire refroidir.

COOKIES ÉPICÉS FAÇON SPÉCULOOS

Substitut d'œuf : naturellement sans œuf !

Ces cookies épicés évoquent les caramels mous et n'ont besoin d'aucun liant. Ils sont aussi utilisés comme fond de tarte pour la tarte choco-pruneaux (page 236).

POUR 16 BISCUITS

- **80 g d'amandes grillés non salées**
- **190 g de sucre rapadura**
- **40 g de farine complète de riz**
- **140 g de farine complète d'épeautre**
- **½ c. à c. de sel de mer fin**
- **1 pincée de poivre blanc en poudre**
- **1 c. à s. + 1 c. à c. de cannelle en poudre**
- **1 c. à c. de noix de muscade en poudre**
- **1 c. à c. de gingembre en poudre**
- **½ c. à c. de levure chimique**
- **110 g de beurre végétal**
- **2 c. à s. de sirop d'érable pur**

DANS UN ROBOT DE CUISINE, mixer finement les amandes, le sucre, les farines, le sel, les épices et la levure chimique.

Ajouter le beurre et faire tourner jusqu'à ce qu'il soit bien incorporé.

Verser le sirop d'érable et mélanger à nouveau. Ajouter quelques cuillerées d'eau si la pâte est trop sèche et pas suffisamment élastique.

Réserver la pâte au réfrigérateur pendant au moins 1 heure. Préchauffer le four à 180 °C. Couvrir les plaques du four de papier cuisson ou de tapis en silicone.

Confectionner chaque cookie à l'aide de 2 grosses cuillerées de pâte. Laisser 2,5 cm entre les biscuits car la pâte va s'étaler en cuisant.

Faire cuire pendant 12 minutes, jusqu'à ce que les cookies soient légèrement colorés sur le pourtour.

Laisser tiédir sur la plaque puis transférer sur une grille pour qu'ils refroidissent complètement.

BISCUITS BANANE-TAMARIN

Substituts d'œuf : lait végétal (soja) et huile pour le moelleux

Sans maïs

Ces biscuits ont une consistance délicieusement tendre lorsqu'ils sortent du réfrigérateur, avec une petite note salée qui fait tout leur charme.

POUR 12 BEAUX BISCUITS

- **110 g de beurre végétal**
- **190 g de sucre complet**
- **30 g de pâte de tamarin**
- **½ c. à c. de zeste de citron**
- **½ c. à c. de gingembre frais, râpé**
- **60 ml de lait de soja**
- **1 c. à c. d'huile au goût neutre**
- **40 g de bananes séchées molles, coupées aux ciseaux ou débitées en cubes**
- **½ c. à c. de sel de mer fin**
- **240 g de farine T55**
- **1 c. à c. de bicarbonate de soude**

PRÉCHAUFFER LE FOUR À 180 °C. Couvrir 2 plaques à pâtisserie avec du papier cuisson ou de tapis en silicone.

À l'aide d'un batteur électrique, mélanger le beurre et le sucre jusqu'à obtenir la consistance d'une crème. Ajouter le tamarin, le zeste et le gingembre.

Incorporer le lait, l'huile, les bananes et le sel. Ajouter enfin la farine et le bicarbonate.

Confectionner les biscuits en utilisant 2 cuillerées de pâte pour chacun. Il n'est pas nécessaire de les aplatir, car ils s'étaleront à la cuisson.

Faire cuire pendant 12 minutes, jusqu'à ce que les biscuits soient légèrement dorés sur le pourtour.

Laisser refroidir sur les plaques jusqu'à ce qu'ils soient assez fermes pour être transférés sur une grille. À déguster froid, tout juste sortis du réfrigérateur.

GÂTEAU AU GINGEMBRE ET À LA CANNELLE

Substitut d'œuf : purée de fruits (pomme) pour le liant

Aérien, moelleux et riche de la saveur des pécans, ce gâteau à la saveur automnale vous ravira les papilles. La recette semble un peu laborieuse, mais vous serez largement récompensé de vos efforts.

POUR 8 À 10 PERSONNES

POUR LE SIROP DE GINGEMBRE :

- **145 g de sucre complet**
- **180 ml de cidre (ou jus de pomme, selon les goûts)**
- **70 g de gingembre frais, épluché et coupé en grosses tranches**

POUR LE STREUSEL :

- **50 g de noix de pécan, concassées**
- **50 g de sucre rapadura**
- **1 c. à c. de cannelle en poudre**
- **2 c. à c. d'huile**

POUR LE GÂTEAU :

- **Huile en spray**
- **110 g de compote de pomme sans sucre, achetée ou faite maison (voir recette page 231)**
- **60 ml d'huile d'arachide**
- **105 g de farine complète d'épeautre**
- **125 g de farine ordinaire**
- **2 c. à c. de levure chimique**
- **2 c. à c. de cannelle en poudre**
- **½ c. à c. de sel de mer fin**
- **135 g de pommes poêlées, voir la 1ère étape de la recette page 231**
- **45 g de gingembre confit, finement coupé**

PRÉPARATION DU SIROP DE GINGEMBRE : Mélanger tous les ingrédients dans une casserole et porter à ébullition. Faire frémir 20 minutes, jusqu'à réduction du sirop à 235 ml. Laisser refroidir et retirer les morceaux de gingembre.

PRÉPARATION DU STREUSEL : Mélanger tous les ingrédients dans un bol et réserver.

PRÉPARATION DU GÂTEAU : Préchauffer le four à 180 °C. Graisser légèrement un moule carré (20 cm) avec un peu d'huile en spray.

Dans un saladier, mélanger la compote, l'huile et le sirop de gingembre.

Dans un récipient plus grand, tamiser les farines, la levure, la cannelle et le sel.

Verser la préparation humide dans les ingrédients secs, en prenant soin de ne pas trop mélanger. Incorporer les pommes et le gingembre confit. Disposer la pâte dans le moule.

Émietter le streusel en une couche égale sur le dessus. Faire cuire 35 minutes jusqu'à ce que le gâteau soit doré et ferme au centre.

Poser sur une grille et laisser refroidir avant de démouler.

SALADE DE COQUILLETTES ROUGE OU VERTE

Substitut d'œuf : tofu soyeux à la place de la mayonnaise

Peut-être Joni a-t-elle travaillé trop longtemps chez un traiteur, mais on peut compter sur elle pour préparer les meilleures salades de pâtes.

Celle-ci est épicée et se décline en deux variantes, rouge ou verte, selon l'humeur du jour !

POUR 8 PLATS PRINCIPAUX, ou 12 à 14 accompagnements

POUR LA SAUCE BUFFALO (ROUGE) :

- **400 g de tofu soyeux, égoutté mais non pressé**
- **110 g de beurre végétal, fondu**
- **60 ml d'huile**
- **2 à 4 c. à s. de sauce épicée, selon convenance**
- **1 c. à s. d'ail en poudre**
- **Sel et poivre selon convenance**

POUR LA SAUCE VERDE PICANTE :

- **400 g de tofu soyeux, égoutté mais non pressé**
- **80 ml d'Aji verde (page 208)**
- **1 c. à s. d'ail en poudre**
- **Sel et poivre selon convenance**

POUR LA SALADE :

- **455 g de coquillettes, cuites suivant les instructions du paquet**
- **30 g de pousses d'épinard**
- **170 g de poivrons rouges, grillés et coupés en tranches**
- **80 g d'oignon rouge, coupé en cubes**
- **100 g de céleri branche, coupé en tranches**
- **1 c. à s. de piment rouge en flocons, ou selon convenance**

PRÉPARATION DES SAUCES : Mettre tous les ingrédients dans un blender et mixer jusqu'à obtenir un mélange homogène.

PRÉPARATION DE LA SALADE : Rincer et égoutter les pâtes cuites, puis les remettre dans leur casserole. Ajouter la sauce, les épinards, les poivrons, l'oignon, le céleri et le piment. Tourner pour bien imprégner de sauce. Servir tiède ou froid.

PAIN DE MAÏS COMME UN GÂTEAU

Substitut d'œuf : purée de fruits (pomme) pour le liant

L'alcool que contient cette recette est si subtil qu'on le sent à peine, mais il donne à la recette ce petit quelque chose qui la rend irrésistible.

Ce n'est pas au sucre que ce pain de maïs doit sa ressemblance avec un gâteau, mais à sa texture délicate et raffinée. Grâce à la compote de pomme, il n'est absolument pas sec. Il se marie idéalement avec les chilis et autres plats salés.

POUR 6 À 8 PERSONNES

- **Huile en spray**
- **175 g de polenta**
- **65 g de farine ordinaire**
- **1 c. à c. de sel de mer fin**
- **2 c. à c. de levure chimique**
- **1 c. à s. de tequila**
- **1 c. à s. de triple sec**
- **1 c. à s. de sirop d'agave**
- **180 ml de lait végétal non sucré**
- **60 ml d'huile d'arachide**
- **110 g de compote de pomme sans sucre, achetée ou faite maison (voir recette page 231)**
- **30 g de piments verts, grillés et émincés, ou ½ c. à c. de piments rouges en flocons**

PRÉCHAUFFER LE FOUR À 190 °C. Graisser légèrement un moule carré (20 cm) avec un peu d'huile en spray.

Dans un grand saladier, mélanger la polenta, la farine, le sel et la levure chimique.

Dans un autre récipient de taille moyenne, battre au fouet la tequila, le triple sec, le sirop d'agave, le lait, l'huile, la compote et les piments.

Incorporer cette préparation aux ingrédients secs en prenant soin de ne pas trop mélanger.

Verser la pâte ainsi obtenue dans le moule et faire cuire pendant 35 minutes, jusqu'à ce que le pain soit brun-doré, ferme sur le dessus, et que les côtés commencent à se détacher des parois.

Laisser refroidir le pain sur une grille avant de le trancher.

Astuce : Pour un pain plus dense, ajoutez 65 g de farine et faites cuire 25 minutes.

PARTIE III

LAISSEZ VIVRE LES ANIMAUX DE LA FERME !

SUBSTITUTS INFAILLIBLES À LA VIANDE

Chapitre 4

Des burgers gourmets aux sushis sans chichis, COMMENT REMPLACER LA VIANDE ET LES PRODUITS DE LA MER ?

COMMENT ASSIMILER SUFFISAMMENT DE PROTÉINES lorsqu'on ne mange pas de viande ?

Autant le savoir, les protéines sont essentielles à un corps en bonne santé. Nous en avons besoin pour gagner des forces, produire des hormones, développer nos muscles et nos os, faire pousser nos ongles et nos cheveux… Bref, vous avez compris, c'est important.

Les protéines sont créées à partir des acides aminés, dont certains sont naturellement produits par notre corps, mais le reste de nos besoins doit être couvert par notre alimentation.

Une fois que l'on a intégré cela, il est assez facile de concocter des repas copieux, délicieux et pleins de protéines avec toutes les nourritures que nous offre la terre, comme les haricots, les céréales complètes, le quinoa, les oléagineux, les graines, les légumes, le soja…

Les faits

Dites-moi ce que vous mangez, je vous dirai ce que vous êtes… Malheureusement, c'est aussi vrai pour la viande et le poisson. À cause de la pollution et de l'élevage industriel, la viande que vous trouvez aujourd'hui dans le commerce n'a plus rien à voir avec celle que vos grands-parents mangeaient. Désormais, la viande industrielle est gorgée d'hormones, de pesticides, de produits chimiques et autres pollutions. Si cela ne suffit pas à vous convaincre, prenez connaissance de ces faits…

- **Le bœuf :** Les graisses saturées présentes dans la viande rouge favorisent les maladies cardiaques, l'artériosclérose, le cancer du côlon, l'arthrite rhumatoïde et l'endométrite. Voilà ce que cela fait à votre corps. Est-il utile de préciser ce que l'industrie alimentaire fait au corps de la vache ?
- **La volaille :** La salmonellose, affection potentiellement mortelle, est présente dans les volailles plus que dans n'importe quelle autre nourriture. Des études de consommateurs ont révélé que plus des deux tiers des poulets achetés en magasin contiennent des bactéries nocives en quantités décelables. Sans parler des conditions d'élevage en batterie !
- **Le porc :** En plus de partager la plupart des inconvénients pour la santé que la viande de bœuf et de poulet, le porc contient des taux élevés d'histamine et de soufre. Dans les grands élevages, les cochons sont souvent nourris avec les pires déchets, qui finissent donc dans votre assiette. Par ailleurs, saviez-vous qu'un cochon est plus intelligent qu'un chien de compagnie ?
- **Les produits de la mer :** La pollution libère dans la mer toutes sortes de produits chimiques, notamment de grandes quantités de mercure, qui se retrouvent dans les poissons. Des sites internet dressent la liste des produits de la mer, des plus mauvais aux plus sûrs, tant du point de vue de la sécurité alimentaire que de l'environnement. Quand on a besoin d'une liste pour savoir quels aliments sont bons à manger, il est temps de changer sa façon de se nourrir, non ?

Pour plus d'informations sur les horreurs de l'élevage industriel : www.L214.com

Conseils pour remplacer la viande

Reproduire des plats traditionnels à base de viande est en fait assez simple. À mesure que vous expérimenterez les différentes protéines à votre disposition, vous verrez lesquelles vous préférez et comment les assaisonner pour imiter le goût et la texture de la viande que vous désirez remplacer.

En général, vous pouvez utiliser la même quantité de substitut que la quantité de viande indiquée dans la recette originale. Par exemple, dans une recette qui requiert 170 g de bœuf, remplacez par 170 g de steak de seitan.

Pour plus d'informations, consultez le tableau suivant :

SI LA RECETTE ORIGINALE INDIQUE…	REMPLACER PAR…
250 g de lardons	• 250 g d'imitation de lardons du commerce, par exemple le Veggie Gyros de Viana® • 250 g de simili-lardons (page 143)
250 g de tranches de bacon	• 250 g de bacon végétal du commerce, comme celui de Redwood® • 250 g de bacon végétal glacé au sirop d'érable (page 142)
235 ml de bouillon de bœuf	• 235 ml de bouillon végétal, nature ou saveur bœuf (page 181) • 1 cuillerée à soupe de sauce teriyaki + 1 cuillerée à soupe de sauce de soja, mélangées à 200 ml de bouillon de légumes
230 g de bœuf haché	• 230 g de substitut de bœuf haché, par exemple à base de seitan • 230 g de protéines végétales texturées, imbibées de bouillon végatal saveur bœuf (page 181)
230 g de steaks hachés	• 230 g de burgers végétariens du commerce • 230 g de champignons de Paris • 230 g de côtelettes de seitan (page 130) • 230 g de seitan traditionnel bouilli (page 110)
230 g d'émincés de bœuf	• 230 g de seitan traditionnel bouilli (page 110), coupé en morceaux • 230 g de champignons de Paris, coupés en lamelles
230 g de poulet (blanc)	• 230 g de substitut de poulet du commerce, comme celui de Vantastic Foods • 230 g de côtelettes de seitan (page 130)
235 ml de bouillon de poulet	• 235 ml de bouillon végétal
230 g de poulet (morceaux ou nuggets)	• 230 g de morceaux de substitut de poulet ou de nuggets du commerce, tels que les produits Viana®, Vantastic Foods® ou Redwood®
230 g de viande hachée de poulet ou de dinde	• 230 g de protéines végétales texturées, imbibées de bouillon végétal

(suite page suivante)

(suite page précédente)

SI LA RECETTE ORIGINALE INDIQUE…	REMPLACER PAR…
230 g de chorizo	• 230 g de chorizo de soja du commerce, comme Gran chorizo de Wheaty® par exemple • 230 g de chorizo de seitan fait maison (recette dans *500 Vegan Recipes*, des mêmes auteurs)
230 g de tranches de charcuterie	• 230 g de tranches de charcuterie végétale du commerce • 230 g de seitan traditionnel bouilli (page 110), finement tranché
230 g de poisson	• 230 g de bâtonnets de la mer (page 145) • 230 g de côtelettes de haricots blancs (page 220)
230 g de saucisses à hot dogs	• 230 g de saucisses végétales du commerce • 230 g de saucisses à hot dogs (page 136)
230 g de pepperoni	• 230 g de pepperoni du commerce, comme celui de Redwood® • 230 g de protéines végétales texturées ou de seitan
230 g de thon en boîte	• 230 g de substitut de thon, comme celui de Vantastic Foods • 230 g de salade marine au tempeh (page 146)

EXEMPLE DE RECETTE VÉGÉTALISÉE

La recette ci-dessous vous montre comment remplacer la viande et les autres ingrédients qui ne conviennent pas aux végétaliens.

STEAK ET SA SAUCE DOUCE AU POIVRE

POUR 4 PERSONNES

- 1 c. à s. ~~d'huile de cuisson~~

Nous préférons l'huile d'olive, qui se prête à des cuissons plus longues grâce à son point de fumée élevé.

- **1 poivron vert de taille moyenne, coupé en fines lanières**
- **1 poivron rouge de taille moyenne, coupé en fines lanières**
- **80 g d'oignon, coupé en dés**
- **2 gousses d'ail, épluchées et hachées**
- 455 g de ~~faux-filet de bœuf ou d'aloyau~~

La meilleure façon de remplacer cette viande est d'utiliser 4 gros champignons de Paris, sans leur pied. Un autre choix, qui donnera aussi d'excellents résultats, est de prendre 4 côtelettes de seitan (page 130).

- **Sel et poivre selon convenance**
- **1 c. à s. d'origan ou de basilic frais**
- **250 g de tomates, épépinées et coupées en rondelles**
- **120 ml de** ~~bouillon de bœuf~~

Remplacer par du bouillon de légumes ou par 1 ½ c. à c. de bouillon végétal saveur bœuf (page 181), dilué dans 120 ml d'eau.

VERSER L'HUILE dans une grande sauteuse bien chaude et faire revenir à feu vif les poivrons, l'oignon et l'ail pendant environ 4 minutes, jusqu'à ce que les légumes soient tendres mais encore croquants.

Réserver les légumes dans un plat.

Réduire le feu, mettre les champignons ou les côtelettes de seitan dans la sauteuse, en ajoutant un peu d'huile si nécessaire.

Saler et poivrer. Laisser cuire environ 4 minutes de chaque côté et disposer sur le plat de service.

Verser le bouillon et l'origan ou le basilic frais dans la sauteuse. Porter à ébullition puis baisser le feu. Laisser frémir sans couvrir pendant 3 minutes, jusqu'à ce que le liquide réduise de moitié.

Ajouter les légumes cuits et les tomates, et laisser sur le feu juste le temps de bien chauffer le mélange.

Dresser à la cuillère sur les champignons ou le seitan.

Trouver des substituts de viande en magasin

Jusqu'à présent, l'offre en la matière est encore réduite en France, mais on trouve néanmoins très facilement des saucisses et des steaks végétaux, ainsi que des tranches de simili-charcuterie. Pour les autres produits de remplacement, il vous faudra sans doute aller dans des magasins plus spécialisés ou les commander à distance.

Il ne faut pas oublier une chose, cependant : la plupart de ces aliments sont faits à base de gluten et, comme pour tout, la modération est de rigueur, car ces produits tout prêts sont des alternatives industrielles.

L'association légumineuses-céréales : De temps en temps, laissez les produits tout préparés au frigo et associez des légumineuses à des céréales complètes, des oléagineux ou des graines : vous obtiendrez des protéines complètes ! Si vous ne pouvez pas les marier dans un même repas, pas de panique, vous pouvez combiner ces différents éléments sur 1 ou 2 jours. Mais faites parfois l'essai de les associer dans un plat, c'est vraiment savoureux !

Quelques exemples pour nourrir votre imagination : riz complet et haricots rouges, pain pita et houmous, beurre de cacahuète sur pain complet, soupe de maïs et tartines beurrées de pain aux graines de tournesol... Les variations sont infinies ! De plus, il s'agit d'aliments non transformés, contrairement aux substituts de viande qu'on trouve dans le commerce. Pour d'autres idées de recettes : salade de riz et de betterave (page 216) et ragoût exotique (page 211).

Les burgers végétariens : On en trouve maintenant dans la plupart des supermarchés, en produit frais ou longue conservation. Attention, certaines marques introduisent un peu d'œuf ou de lait dans la préparation, regardez-y à deux fois !

Le faux bacon et les lardons : Même s'il est plus satisfaisant de les préparer soi-même pour choisir l'assaisonnement, les versions toutes faites de Redwood® sont bien pratiques quand on manque de temps. Pour les lardons, soyez attentifs à la liste des ingrédients pour éviter ces sournoises graisses hydrogénées.

Le gluten de blé : À partir de maintenant, cette farine va trouver définitivement sa place dans vos placards. Ses utilisations dans la cuisine végétarienne sont multiples : de la création de substituts de viande (seitan) à l'amélioration des textures, notamment celle du pain, dont elle développe aussi le goût.

Les protéines végétales texturées : C'est un substitut de viande polyvalent qui se présente sous diverses formes, des granulés aux gros morceaux dits « médaillons ». Lorsque les protéines sont réhydratées avec du bouillon ou de l'eau, leur texture devient proche de celle de la viande, hachée ou en morceaux. Elles ont peu de saveur au naturel et prennent le goût de la préparation, un peu comme le tofu ou le seitan. Très pauvre en graisses, avec une haute teneur en protéines et en fibres, cet aliment est obtenu à partir de farine de soja dégraissée et cuite sous pression, puis séchée. Si vous en trouvez au poids, c'est une solution plus économique. Les protéines en gros morceaux sont pratiques pour faire des currys, des poêlées et des ragoûts.

Les saucisses : Petites, grandes, viennoises, à hot-dog, piquantes, chorizo… il y en a pour tous les goûts ! L'offre est assez diversifiée et les produits, faciles d'utilisation. Il est bon d'en avoir toujours en réserve en cas de visite surprise ou d'invitation à un barbecue chez les voisins. Attention, comme pour les burgers, il peut y avoir des traces d'œuf ou de lait selon les marques, vérifiez bien.

Le seitan : On trouve plusieurs préparations sous vide, en général au rayon frais des magasins diététiques, à côté du tofu.

Le simili-poulet : Il existe en plat préparé ou en morceaux de blanc, en tranches… Un peu difficile à trouver, les magasins pour végétaliens en proposent cependant diverses sortes, parfois disponibles à la vente à distance.

Le tempeh : Cette préparation fermentée existe sous différentes présentations. Nous vous conseillons de commencer par la version nature avant d'expérimenter d'autres saveurs, jusqu'à trouver celle que vous préférez. Le tempeh est presque toujours présenté sous vide (pasteurisé le plus souvent), et parfois frais (non pasteurisé). Pour préparer le tempeh commercialisé sous vide, trempez-le 20 minutes dans 470 ml de bouillon végétal frémissant avec une feuille de laurier, pour dissiper l'amertume. Ensuite, égouttez-le bien et utilisez-le dans n'importe quelle recette. Le tempeh non pasteurisé doit être bouilli également pendant 20 minutes avant d'être consommé.

Le tofu : On trouve du tofu soyeux et du tofu compact, avec divers degrés de texture. Le tofu très ferme est merveilleux pour les fritures, car il a un rendu bien croustillant. Le tofu soyeux est tout à fait adapté aux sauces et aux entremets, mais nous avons aussi obtenu de bons résultats avec du tofu ferme dans les mousses et les tartes.

Les tranches de charcuterie : Idéales pour les déjeuners sur le pouce et les pique-niques, ces tranches savoureuses ont une consistance agréable. Leur goût est assez éloigné de celui de la viande, mais elles sont très appréciables dans un sandwich.

Fabriquer des substituts de viande à la maison

Certes, il existe dans le commerce toute une gamme de substituts prêts à consommer. Mais préparer soi-même, de A à Z, ses propres produits est bien plus satisfaisant ! Le tofu et le tempeh – deux ingrédients phares de la cuisine végétalienne et excellentes sources de protéines – font toutefois exception. Leur préparation nécessite un plan de travail stérile et un équipement spécialisé, c'est pourquoi nous préférons les acheter en magasin. Lorsqu'ils sont frais, de fabrication artisanale, ils ont un goût plus riche, plus proche de la noisette et du haricot que leurs équivalents industriels.

Des plats à base de viande… sans la viande !

Nous partagerons avec vous dans ces pages les secrets de fabrication de substituts de viande variés. Puis nous mettrons ces connaissances de base en pratique avec des plats nutritifs, pleins de protéines et savoureux… sans viande !

SEITAN TRADITIONNEL BOUILLI

Une fois que vous aurez maîtrisé la préparation du seitan, vous pourrez essayer différents mélanges d'épices et d'autres techniques afin de varier les plaisirs.

POUR 1,8 KG

POUR LE BOUILLON :

- **235 cl d'eau**
- **470 ml de sauce de soja**
- **10 gousses d'ail, épluchées et coupées en deux**
- **5 feuilles de laurier**
- **3 grandes tranches de gingembre frais, ou 6 petites**

POUR LA PÂTE :

- **145 g de gluten de blé**
- **600 g de farine de froment T65**
- **590 ml d'eau**
- **3 tiges blanches d'oignons jeunes, finement coupées**
- **30 g de persil frais, haché**
- **1 c. à c. d'ail en poudre**
- **1 c. à c. d'oignon en poudre**
- **1 c. à c. à 1 c. à s. de poivre noir moulu, selon convenance**
- **Une étamine**

PRÉPARATION DU BOUILLON : Mettre tous les ingrédients du bouillon dans une casserole et laisser mijoter le temps de préparer la pâte.

PRÉPARATION DE LA PÂTE : Dans un saladier, mélanger les farines et ajouter l'eau lentement. Bien malaxer pour former une pâte ferme. Pour plus de facilité, travailler la pâte sur un plan fariné. Laisser reposer 20 minutes.

Verser de l'eau dans le saladier pour couvrir la pâte. Pétrir jusqu'à ce que l'eau devienne laiteuse. Jeter l'eau. Recouvrir d'eau claire et répéter l'opération 10 à 12 fois. Après le dernier rinçage, la pâte doit être humide et molle.

Bien incorporer à la main les oignons, le persil et les épices.

Diviser la pâte en deux. Placer la première moitié au centre d'une grande étamine et former une bûche en serrant bien le tissu autour de la préparation. Nouer les bouts. Procéder de même avec l'autre moitié.

Plonger les 2 bûches dans le bouillon et laisser mijoter 1h30.

Les placer ensuite sur une assiette et laisser refroidir. Retirer les étamines, en versant un peu d'eau si besoin.

Le seitan se conserve avec son bouillon dans une boîte hermétique jusqu'à 2 semaines au réfrigérateur. Il se conserve aussi très bien congelé.

STEAK HACHÉ AVEC SA SAUCE AUX CHAMPIGNONS ET À LA SAUGE

Substituts de viande : protéines végétales texturées et gluten de blé

Un plateau télé entièrement fait maison !

POUR 6 PERSONNES

POUR LES STEAKS :

- **235 ml d'eau ou de bouillon de légumes**
- **95 g de protéines végétales texturées (en granulés)**
- **2 à 3 c. à s. de sauce de soja ou de sauce tamari**
- **145 g de gluten de blé**
- **1 c. à c. d'ail en poudre**
- **1 c. à c. d'oignon en poudre**
- **¼ de c. à c. de paprika**
- **80 ml d'huile d'olive**
- **Sel et poivre selon convenance**

POUR LA SAUCE :

- **2 c. à s. d'huile d'olive**
- **115 g de petits champignons de Paris, tranchés**
- **115 g d'oignon blanc, coupé en rondelles**
- **2 c. à s. d'ail, émincé**
- **2 c. à s. de sauce de soja ou de sauce tamari**
- **235 ml de bouillon de légumes**
- **30 g de farine ordinaire, mélangée à 120 ml d'eau pour faire une bouillie**
- **½ c. à c. de sauge en poudre**
- **15 g de persil frais, finement ciselé**
- **Sel et poivre, selon convenance**

PRÉPARATION DES STEAKS : Dans un bol allant au four à micro-ondes, mélanger l'eau ou le bouillon, les protéines et la sauce de soja (ou tamari). Couvrir et faire chauffer 5 à 6 minutes.

Variante : Faire bouillir l'eau, verser sur les protéines et la sauce de soja, couvrir et laisser gonfler 10 minutes.

Laisser refroidir.

Mélanger le reste des ingrédients et les protéines végétales réhydratées. Pétrir à la main pour que les protéines ne s'effritent pas au moment de former les steaks. Laisser reposer 20 minutes.

Diviser en 6 portions égales et former des steaks de 6 mm d'épaisseur.

Faire chauffer une grande poêle sur feu moyen. Faire revenir les steaks, 5 à 7 minutes de chaque côté, jusqu'à ce qu'ils soient grillés et prennent une couleur brun clair.

Variante : Les faire cuire au four à 180 °C, pendant 15 minutes.

Servir recouverts de sauce.

PRÉPARATION DE LA SAUCE : Faire chauffer l'huile dans une poêle, sur feu moyen à vif. Faire revenir les champignons et les oignons 5 à 7 minutes. Ajouter l'ail et laisser cuire encore 2 minutes.

Ajouter la sauce de soja et le bouillon. Porter à frémissement. Incorporer la bouillie de farine, sans cesser de remuer, pour que la préparation épaississe. Retirer du feu. Introduire la sauge, le persil, le sel et le poivre.

Servir tel quel ou mixer pour une consistance plus homogène.

Astuce : Pour obtenir des steaks minces, mettez une portion, légèrement aplatie, sur une assiette. Posez une autre assiette par-dessus et appuyez jusqu'à atteindre l'épaisseur souhaitée.

STEAKS DIJON-PARIS

Substitut de viande : gros champignons de Paris à la place de steaks

Sans blé Sans fruits à coque Sans maïs Sans soja

Allégé en matière grasse Rapide et facile

Rien ne ressemble plus à de la viande qu'un bon steak de champignon bien juteux ! Vous pouvez les proposer avec des frites de manioc (page 178) et une sauce musclée Aji Verde (page 208), ou bien utilisez-les pour faire des paninis déments, combinés avec un soupçon d'aïoli aux tomates grillées (page 35). S'il vous reste de la marinade, elle fera un délicieux assaisonnement de salade !

POUR 2 PERSONNES

- **130 g de moutarde de Dijon douce**
- **3 c. à s. de vinaigre balsamique**
- **2 c. à s. de sirop d'agave**
- **Sel et poivre selon convenance**
- **2 gros champignons de Paris, sans pied**

DANS UN PETIT SALADIER, préparer la marinade en mélangeant la moutarde, le vinaigre, le sirop d'agave, le sel et le poivre.

Placer les champignons dans un plat peu profond et couvrir de marinade. Laisser s'imprégner pendant au moins 15 minutes.

Retirer les champignons et les placer sur le gril d'un barbecue ou dans une poêle-gril. Faire cuire environ 7 minutes de chaque côté en arrosant de marinade, jusqu'à ce que les champignons soient tendres.

» Aji Verde (page 208), Steaks Dijon-Paris, frites de manioc (page 178)

BOULETTES SANS VIANDE

Substitut de viande : gluten de blé

Sans maïs

Ces boulettes sont si savoureuses que vous serez obligés de doubler ou tripler les doses, et d'en congeler une partie pour une prochaine fois. Servez-les dans un sandwich gourmand, avec des crudités et votre assaisonnement favori (voir photo), ou recouvertes d'une sauce marinara et de mozzarella végétale râpée.

POUR 8 BELLES BOULETTES

- **110 g de compote de pomme sans sucre, achetée ou faite maison (voir recette page 231), ou de purée de potiron ou de tomate**
- **2 c. à s. d'huile d'arachide**
- **2 c. à s. de levure de bière maltée**
- **35 g de gluten de blé**
- **1 c. à c. d'oignon en poudre**
- **¼ de c. à c. d'ail en poudre**
- **½ c. à c. de sel de mer fin**
- **¼ de c. à c. de poivre noir moulu**
- **40 g de chapelure japonaise « panko » ou de chapelure grossière (miettes de pain)**
- **60 ml de sauce barbecue**

PRÉCHAUFFER LE FOUR À 190 °C. Tapisser une plaque du four de papier cuisson.

Mélanger les 8 premiers ingrédients de la recette dans un saladier. Ajouter la chapelure et bien mélanger.

Confectionner 8 boulettes d'égales dimensions. Les placer au centre du papier cuisson et rabattre le papier pour les enfermer. Caler la jointure du papier dessous.

Faire cuire pendant 20 minutes, jusqu'à ce que les boulettes soient bien colorées.

Déplier le papier et badigeonner de sauce barbecue. Faire cuire encore 8 minutes sans couvrir.

BURGERS CAROTTES-GINGEMBRE

Substituts de viande : gluten de blé et pois chiches

Sans maïs

Ces délicieux et solides burgers peuvent être servis avec le curry poire et chou-fleur (page 32).

POUR 17 BURGERS

- **3 grosses carottes, coupées en gros morceaux**
- **470 ml de jus d'orange, fraîchement pressé**
- **60 ml d'huile de sésame (non grillé)**
- **60 ml de sauce tamari**
- **2 c. à c. d'ail en poudre**
- **35 g de gingembre confit, coupé**
- **25 ml de sauce sriracha**
- **3 c. à s. de vinaigre de riz**
- **425 g de pois chiches en conserve, rincés et égouttés**
- **430 g de gluten de blé**

PLACER TOUS LES INGRÉDIENTS, à l'exception du gluten, dans une casserole. Faire cuire sur feu moyen ou vif jusqu'à ce que les carottes soient tendres (compter environ 15 minutes). Transvaser la préparation dans un blender ou un robot de cuisine, et la réduire en purée.

Incorporer le gluten, idéalement dans un batteur sur socle, sinon en pétrissant à la main.

Préchauffer le four à 180 °C. Couvrir 2 grandes plaques à pâtisserie de papier sulfurisé ou de tapis en silicone.

Confectionner les burgers en utilisant environ 95 g de préparation pour chacun.

Couvrir d'une feuille d'aluminium pour qu'ils ne se dessèchent pas.

Faire cuire 20 minutes de chaque côté, jusqu'à ce qu'ils colorent. Ces burgers supportent bien la congélation.

CHEESEBURGERS AUX SIMILI-LARDONS

Substituts de viande : protéines végétales texturées et gluten de blé à la place du bœuf, et simili-lardons

S'ils rappellent indéniablement les hamburgers de fast-food, ceux-ci sont bien plus sains ! Appréciez-les avec de la sauce barbecue, des beignets d'oignons et nos haricots sauce barbecue (page 156).

POUR 4 MAXI BURGERS

- **95 g de protéines végétales texturées (en granulés)**
- **235 ml de bouillon de légumes**
- **25 g d'imitation de lardons, achetés ou faits maison (simili-lardons page 143)**
- **145 g de gluten de blé**
- **⅛ de c. à c. de fumée liquide (voir page 10)**
- **60 g de levure de bière maltée**
- **1 c. à s. d'ail en poudre**
- **1 c. à s. d'oignon en poudre**
- **30 g de beurre d'oléagineux crémeux stabilisé**
- **2 ½ c. à s. de graines de lin moulues, mélangées à 3 c. à s. d'eau tiède**
- **60 ml de sirop d'érable**
- **60 ml d'huile**
- **60 ml de sauce barbecue**
- **Sel et poivre selon convenance**

DANS UN BOL ADAPTÉ AU FOUR À MICRO-ONDES, mélanger les protéines et le bouillon. Couvrir et faire chauffer 6 minutes à puissance maximale.

Variante : Porter le bouillon à ébullition, le verser sur les protéines, couvrir et laisser gonfler pendant 10 minutes.

Laisser refroidir avant utilisation.

Incorporer les protéines aux autres ingrédients dans un saladier et malaxer pendant au moins 5 minutes.

Laisser reposer quelques minutes, puis former 4 galettes.

Selon la méthode de cuisson choisie...

Au barbecue : griller chaque burger 5 à 7 minutes de chaque côté sur feu moyen à vif.

À la poêle : faire revenir dans l'huile 5 à 7 minutes de chaque côté, jusqu'à ce que les burgers colorent et soient bien grillés.

Au four : préchauffer le four à 180 °C et placer les burgers sur une feuille de cuisson. Faire cuire 20 minutes, retourner, et laisser encore 20 minutes. Pour qu'ils soient plus grillés, les saisir ensuite rapidement à la poêle.

GARNITURE DE TACOS

Substitut de viande : protéines végétales texturées ou gluten de blé à la place de la viande hachée

Rapide et facile

Avec cette recette de « viande hachée » d'inspiration mexicaine, réalisez de délicieux tacos, burritos et nachos… ou toute autre recette à base de viande hachée épicée.

POUR 310 G DE « VIANDE »

VERSION SANS GLUTEN :

- **95 g de protéines végétales texturées (en granulés)**
- **1 c. à c. de sucre rapadura**
- **2 c. à c. de poudre à chili**
- **1 c. à c. d'ail en poudre**
- **1 c. à c. d'oignon en poudre**
- **1 c. à c. de cumin en poudre**
- **1 c. à c. de paprika**
- **½ c. à c. de piment de Cayenne ou de piment chipotle en poudre**
- **½ c. à c. de sel**
- **235 ml d'eau**
- **2 c. à s. d'huile d'olive (ou d'une autre huile au goût peu marqué)**

VERSION SANS SOJA :

- **145 g de gluten de blé**
- **2 c. à c. de poudre à chili**
- **1 c. à c. d'ail en poudre**
- **1 c. à c. d'oignon en poudre**
- **1 c. à c. de sucre muscovado**
- **1 c. à c. de cumin en poudre**
- **1 c. à c. de paprika**
- **½ c. à c. de sel de mer fin**
- **½ c. à c. de piment de Cayenne ou de piment chipotle en poudre**
- **120 ml d'eau**
- **2 c. à s. d'huile d'arachide**

PRÉPARATION SANS GLUTEN : Dans un plat adapté au four à micro-ondes, mélanger les protéines, le sucre, les épices et le sel. Incorporer l'eau et l'huile. Bien couvrir et chauffer à puissance maximale pendant 5 à 6 minutes.

Variante : Faire bouillir l'eau, verser sur le mélange de protéines et d'épices, ajouter l'huile et bien mélanger, puis couvrir et laisser gonfler 10 minutes.

PRÉPARATION SANS SOJA : Mettre les ingrédients secs dans une petite poêle et mélanger à la spatule. Ajouter 60 ml d'eau et l'huile. Du bout des doigts, mélanger et émietter la mixture jusqu'à ce qu'il n'y ait plus d'endroits secs. Ajouter un peu d'eau si le mélange est trop sec.

Cuire à feu moyen en continuant d'émietter les plus gros amas. Remuer souvent, pendant environ 12 minutes ou jusqu'à ce que la préparation brunisse et soit bien cuite.

CHILI SIN CARNE

Substituts de viande : bouillon de légumes et protéines végétales texturées pour la viande hachée

Allégée en matière grasse

Si vous cherchez une préparation pour accompagner des frites, des hot dogs, des pommes de terre au four ou des chips de maïs, ce chili sans haricots et sans tomates est fait pour vous. Agrémenté d'oignon en dés et de fromage végétal râpé… c'est un régal !

POUR 940 ML

- **590 ml d'eau**
- **20 g de bouillon végétal saveur bœuf (page 181)**
- **65 g de farine ordinaire, diluée dans 235 ml d'eau pour faire une bouillie**
- **95 g de protéines végétales texturées (en granulés)**
- **2 c. à s. de poudre à chili**
- **2 c. à s. d'oignon séché en lanières**
- **1 c. à s. de paprika**
- **1 c. à c. d'ail en poudre**
- **½ c. à c. de piment de Cayenne, ou selon convenance**
- **1 c. à c. de sucre rapadura**
- **2 c. à s. de vinaigre blanc**
- **Sel et poivre selon convenance**
- **¼ de c. à c. de fumée liquide (facultatif)**

DANS UNE CASSEROLE, dissoudre le bouillon dans l'eau et porter à ébullition. Réduire le feu pour conserver un frémissement et introduire lentement la bouillie de farine.

Fouetter jusqu'à obtenir la consistance épaisse d'une sauce de viande.

Ajouter les granulés de protéines sans cesser de remuer.

Incorporer les épices, le sucre, le vinaigre, le sel, le poivre et la fumée liquide (facultatif).

Couvrir et laisser mijoter doucement pendant 10 minutes environ.

PÂTE À PIZZA

Substitut de viande : naturellement sans viande !

Cette merveilleuse pâte à pizza constitue une base idéale pour la pizza au tempeh sésame-orange et ses oignons caramélisés (page 119) et la fricassée de tempeh à l'ananas, option pizza (page 120).

POUR 1 PIZZA

- **120 ml de marinade sésame-orange (page 119)**
- **120 ml d'eau**
- **1 ½ c. à c. de levure boulangère déshydratée**
- **2 c. à s. de graines de sésame noir**
- **1 c. à s. de graines de sésame blanc**
- **½ c. à c. de sel de mer fin**
- **120 g de farine spéciale pain ou T65**
- **180 g de farine T55**
- **½ c. à c. d'huile d'arachide, pour le saladier**

DANS UNE CASSEROLE, mélanger la marinade et l'eau. Faire tiédir (à 38 °C environ). Y diluer la levure et laisser mousser.

Dans un saladier, mélanger les graines de sésame, le sel, la farine T65 et 120 g de farine T55. Incorporer la marinade pour obtenir la consistance d'une pâte.

Transférer la pâte sur une surface farinée et pétrir 8 à 10 minutes, jusqu'à ce qu'elle soit lisse et souple. Ajouter de la farine T55 si la pâte est trop humide. Former une boule.

Graisser un saladier, y déposer la pâte et la faire rouler pour qu'elle soit bien huilée.

Former une boule.

Envelopper la pâte dans un film alimentaire bien étiré. Laisser gonfler 1h à 1h30, jusqu'à ce qu'elle ait doublé de volume.

Pour préparer la pizza, suivre les instructions des recettes pages 119 et 120.

PIZZA AU TEMPEH SÉSAME-ORANGE ET SES OIGNONS CARAMÉLISÉS

Substitut de viande : tempeh

Pour un repas complet satisfaisant, servez cette pizza avec un coleslaw.

POUR 6 PERSONNES

Une pâte à pizza (page 118)

POUR LA MARINADE SÉSAME-ORANGE :

- **180 ml de jus d'orange**
- **1 c. à s. de sirop d'agave**
- **3 c. à s. d'huile de sésame (non grillé)**
- **3 c. à s. de sauce tamari**
- **1 c. à c. de sriracha, ou selon convenance**
- **1 gousse d'ail, épluchée et émincée**
- **1 grosse tranche de gingembre frais (environ 1,25 cm d'épaisseur), épluché et émincé**
- **1 pincée de sel de mer**

POUR LA GARNITURE :

- **230 g de tempeh, émietté**
- **120 ml de marinade sésame-orange**
- **2 c. à s. d'huile d'arachide**
- **1 gros oignon rouge, finement coupé en demi-lunes**
- **2 grosses échalotes, finement coupées**
- **4 grosses gousses d'ail, épluchées et émincées**
- **1 tronçon de gingembre frais (environ 2,5 cm d'épaisseur), épluché et émincé**
- **½ c. à c. de sel de mer fin**
- **3 c. à s. de jus de citron, fraîchement pressé**
- **1 c. à c. d'huile**
- **2 c. à s. de farine de maïs ou de polenta, pour saupoudrer sur le papier cuisson**

PRÉPARER LA PÂTE À PIZZA suivant les instructions de la recette.

PRÉPARATION DE LA MARINADE : Émulsionner tous les ingrédients au fouet.

PRÉPARATION DE LA GARNITURE : Dans un saladier, imprégner le tempeh de marinade. Réserver.

Faire chauffer l'huile d'arachide dans une casserole. Ajouter l'oignon, les échalotes, l'ail et le gingembre. Cuire sur feu moyen à vif pendant 4 minutes, en remuant souvent, jusqu'à ce que les oignons soient tendres.

Ajouter le sel et le jus de citron. Poursuivre la cuisson jusqu'à ce que les oignons commencent à caraméliser (compter environ 10 minutes). Ajouter le tempeh et la marinade. Laisser sur le feu jusqu'à ce que le tempeh brunisse légèrement (compter environ 6 minutes). Réserver.

PRÉPARATION DE LA PIZZA : Préchauffer le four à 200 °C. Huiler au pinceau une plaque à gâteau sans bords (36 x 41 cm environ) et saupoudrer de farine de maïs ou de polenta.

Aplatir la pâte et l'étirer autant que possible pour former un disque, en prenant garde à ne pas la déchirer.

Répartir la garniture et laisser reposer 10 minutes avant d'enfourner.

Faire cuire 24 minutes, jusqu'à ce que les bords de la croûte colorent.

Laisser refroidir sur une grille quelques minutes avant de servir.

FRICASSÉE DE TEMPEH À L'ANANAS

Substitut de viande : tempeh

Vous pouvez apprécier ce plat accompagné d'une belle portion de riz thaï complet ou de quinoa, ou encore en garniture de pizza.

POUR 6 PERSONNES

- **230 g de tempeh, émietté**
- **2 c. à s. de vinaigre de grenade (ou de vin rouge)**
- **1 c. à s. de sauce de soja**
- **2 c. à s. d'huile de coco fondue**
- **3 gousses d'ail, épluchées et émincées**
- **1 c. à c. de garam masala**
- **1 c. à s. de curry en poudre**
- **½ c. à c. de cumin en poudre**
- **1 c. à c. de graines de moutarde grillées**
- **155 g d'ananas frais, en morceaux**
- **55 g d'oignon, haché**
- **2 c. à s. de sirop d'agave**
- **½ c. à c. de piment rouge, en flocons**
- **1 généreuse poignée de pousses d'épinards (facultatif)**

POUR LA GARNITURE :

- **1 pâte à pizza (recette page 118)**
- **2 c. à s. de farine de maïs ou de polenta**
- **1 c. à c. d'huile**

Pour faire une pizza, préparer la pâte suivant les instructions de la recette.

Pendant que la pâte lève, préparer le tempeh : mélanger tous les ingrédients à la main dans un grand saladier. Puis transférer dans une grande poêle et faire cuire sur feu moyen à vif, jusqu'à ce que les oignons soient tendres et que le tempeh commence à brunir (compter environ 8 minutes).

Ajouter les épinards (facultatif) et poursuivre la cuisson pour les faire « tomber ».

POUR L'OPTION PIZZA : Préchauffer le four à 200 °C. Huiler au pinceau une plaque à gâteau sans bords (36 x 41 cm environ). Saupoudrer de polenta.

Aplatir la pâte et l'étirer autant que possible pour former un disque, en prenant garde à ne pas la déchirer.

Répartir la garniture et laisser reposer 10 minutes avant d'enfourner.

Faire cuire 22 minutes, jusqu'à ce que les bords de la croûte colorent.

Laisser refroidir sur une grille quelques minutes avant de servir.

RAGOÛT DE SIMILI-POULET AU FROMAGE

Substituts de viande : protéines végétales texturées en gros morceaux (ou « médaillons ») pour remplacer le poulet, et bouillon de légumes à la place du bouillon de poulet

Tout est « faux » dans cette recette : le fromage, la viande, le beurre, la crème… Mais ne vous y trompez pas, ce plat est un « vrai » délice !

POUR 8 PERSONNES

- **455 g de penne, non cuites**
- **120 g de gros morceaux de protéines végétales ou 80 g de médaillons**
- **2 c. à s. de bouillon végétal en poudre, dissous dans 470 ml d'eau bouillante**
- **55 g de fromage végétal râpé type cheddar**
- **55 g de mozzarella végétale, achetée ou faite maison (voir « tofurella » marinée page 47), râpée**
- **60 g de fromage frais végétal, acheté ou fait maison (voir ricotta de tofu page 47)**
- **55 g de beurre végétal**
- **80 g de crème épaisse sans lait, achetée ou faite maison (voir page 21)**
- **130 g de petits pois surgelés**
- **130 g de carottes surgelées**
- **30 g de chapelure japonaise « panko » ou de chapelure grossière (miettes de pain)**
- **Sel et poivre selon convenance**

PRÉCHAUFFER LE FOUR À 180 °C.

Cuire les pâtes selon les instructions du paquet. Pendant ce temps, faire gonfler les protéines végétales en versant le bouillon par-dessus. Couvrir et laisser reposer 10 minutes.

Égoutter les pâtes et les remettre dans la casserole.

Y ajouter les fromages, le beurre et la crème. Introduire les petits pois, les carottes et les protéines végétales, ainsi que le reste de bouillon.

Transférer le mélange dans une cocotte allant au four et parsemer de chapelure.

Faire cuire 20 minutes à découvert. Augmenter la température à 230 °C et poursuivre la cuisson pendant 10 minutes, jusqu'à ce que le dessus soit bien coloré. Rectifier l'assaisonnement si besoin.

SIMILI-POULET CORDON BLEU

Substituts de viande : substitut de poulet du commerce ou seitan, jambon végétal ou bacon végétal glacé au sirop d'érable

Cette recette peut être réalisée de deux façons. Avec des ingrédients du commerce pour une version rapide et facile, ou 100 % fait maison à l'aide des recettes de ce livre. Quel que soit votre choix, nous vous garantissons un résultat délicieux, digne d'un repas de fête.

POUR 4 PERSONNES

POUR LA PANURE :

- **65 g de farine ordinaire**
- **235 ml de lait de soja non sucré**
- **2 c. à s. de jus de citron, fraîchement pressé**
- **100 g de chapelure japonaise « panko » ou de chapelure grossière (miettes de pain)**
- **1 c. à s. de persil séché**
- **1 c. à c. d'ail en poudre**
- **¼ de c. à c. de paprika**
- **Sel et poivre selon convenance**

POUR DES INGRÉDIENTS ACHETÉS DANS LE COMMERCE :

- **4 blancs de poulet végétal**
- **55 g de fromage végétal, râpé**
- **4 tranches de charcuterie végétale**

POUR DES INGRÉDIENTS 100 % FAIT MAISON :

- **4 côtelettes de seitan (page 130)**
- **55 g de tomme piment-cajou (page 48), sans les piments**
- **4 tranches de bacon végétal glacé au sirop d'érable (page 142), non frit**

PRÉCHAUFFER LE FOUR À 180 °C. Couvrir une plaque de four de papier cuisson ou de tapis en silicone.

Mettre la farine dans un plat peu profond.

Verser le lait de soja et le jus de citron dans un bol large et peu profond. En caillant, le mélange va former du lait-ribot.

Dans un autre plat peu profond, mélanger la chapelure, le persil, l'ail en poudre, le paprika, le sel et le poivre.

Dans chaque morceau de simili-poulet, couper une fente assez large pour y introduire 15 g de fromage et une tranche de charcuterie. Puis refermer avec un cure-dents.

Tremper la « viande » farcie dans la farine, des deux côtés, puis dans le mélange au lait de soja, et enfin dans la chapelure.

Disposer les morceaux sur la plaque.

Faire cuire 45 minutes, jusqu'à ce que le simili-poulet pané soit doré et croustillant. Dix minutes avant la fin de la cuisson, parsemer un peu de fromage râpé sur chaque cordon bleu et laisser fondre.

« AILES DE POULET » PIQUANTES ET CRÈME AUX HERBES

Substitut de viande : tofu, seitan ou tempeh

Un plat épicé qui se mange avec les doigts, idéal pour une soirée télé ! Servez-le avec sa crème aux herbes et des tiges de céleri. C'est le moment de sortir la friteuse ! Sinon, une casserole remplie de 10 cm d'huile chauffée à 180 °C fera aussi bien l'affaire.

POUR 16 « AILES DE POULET »
et 350 ml de crème aux herbes

455 g de tofu, de seitan ou de tempeh

POUR LA PÂTE :

- **125 g de farine ordinaire**
- **½ c. à c. de poivre moulu, ou selon convenance**
- **¼ de c. à c. de paprika**
- **¼ de c. à c. d'origan séché**
- **¼ de c. à c. de basilic séché**
- **235 ml de lait de coco non dégraissé**
- **Huile de friture**

POUR LA SAUCE PIQUANTE :

- **110 g de beurre végétal, fondu**
- **2 à 4 c. à s. de sauce piquante, ou selon convenance**
- **1 c. à c. d'ail en poudre**
- **Sel et poivre selon convenance**

POUR LA CRÈME AUX HERBES :

- **225 g de mayonnaise végétale, achetée ou faite maison (page 66 ou 67)**
- **120 g de crème épaisse sans lait, achetée ou faite maison (page 21)**
- **½ c. à c. de persil séché**
- **½ c. à c. de ciboulette séchée**
- **¼ de c. à c. d'ail en poudre**
- **¼ de c. à c. d'oignon en poudre**
- **¼ de c. à c. de cumin en poudre**
- **⅛ de c. à c. de sel**
- **⅛ de c. à c. de poivre noir**

PRÉPARATION DES « AILES DE POULET » : Couper le tofu, le seitan ou le tempeh en 16 « ailes de poulet ».

Faire chauffer l'huile à 180 °C.

Dans un plat peu profond, mélanger la farine, le poivre, le paprika, l'origan et le basilic.

Dans un second plat, verser le lait de coco.

Tremper chaque « aile » dans le lait de coco puis dans le mélange à la farine, puis recommencer une fois.

Plonger chaque morceau dans l'huile bouillante et laisser frire environ 1 minute, jusqu'à ce qu'il soit bien doré.

Poser les ailes ainsi obtenues sur un papier absorbant pour retirer l'excédent d'huile.

PRÉPARATION DE LA SAUCE PIQUANTE : Dans le beurre fondu, incorporer la sauce piquante, l'ail en poudre, le sel et le poivre.

Disposer les ailes dans un grand plat et les recouvrir de sauce piquante. Mélanger un peu pour bien les imbiber.

PRÉPARATION DE LA CRÈME AUX HERBES : Mélanger bien tous les ingrédients.

Cette crème se conserve 2 semaines au réfrigérateur, dans un récipient hermétique.

ROULEAUX DE PRINTEMPS CROQUANTS AU TOFU

Substitut de viande : tofu ferme

Sans maïs

Autrefois, Celine était abonnée aux rouleaux de printemps aux crevettes et au bœuf… Finalement, elle trouve que cette version au tofu est tout aussi goûteuse, et plus saine – surtout pour les crevettes et les vaches !
Servez-les avec la trempette amande-tamarin (page 257)

POUR 40 ROULEAUX ENVIRON

- **2 c. à s. d'huile d'arachide**
- **455 g de tofu ferme, égoutté et pressé, détaillé en gros dés**
- **½ c. à c. de sel de mer fin**
- **½ c. à c. de poivre blanc**
- **2 c. à s. d'huile de sésame (non grillé)**
- **2 c. à c. de sauce de soja allégée en sodium**
- **Quelques gouttes de sauce sriracha, selon convenance**
- **40 g d'oignon, haché**
- **3 gousses d'ail, épluchées et émincées**
- **1 grosse tranche de gingembre frais (2,5 cm d'épaisseur), épluché et râpé**
- **600 g de chou, émincé**
- **390 g de riz thaï complet, cuit**
- **40 feuilles de riz**

FAIRE CHAUFFER 1 cuillerée à soupe d'huile dans une poêle sur feu moyen à vif. Puis y déposer le tofu, saler et poivrer, et laisser cuire 10 minutes, jusqu'à ce qu'il soit légèrement coloré. Transférer dans une assiette et réserver.

Dans la poêle, faire chauffer l'huile de sésame, puis verser la sauce de soja, la sriracha, l'oignon, l'ail et le gingembre. Faire cuire pendant 2 minutes. Ajouter le chou et poursuivre la cuisson jusqu'à ce qu'il soit *al dente* (compter environ 4 minutes).

Mélanger cette préparation avec le tofu et le riz.

Assouplir les feuilles de riz avant usage : une par une, les tremper délicatement dans l'eau tiède jusqu'à ce qu'elles soient souples (compter environ 1 minute). Attention à ne pas les déchirer. Égoutter sur un torchon propre.

Pour confectionner les rouleaux, disposer 1 grosse cuillerée de mélange au tofu en bas de la feuille, au milieu.

Rouler bien serré pour envelopper le mélange et replier les extrémités, puis rabattre la feuille de riz sur les plis pour que les rouleaux ne se défassent pas.

Faire chauffer 1 cuillerée à soupe d'huile dans une grande poêle puis y disposer autant de rouleaux que possible sans qu'ils se superposent. Faire cuire sur feu moyen à vif, jusqu'à ce qu'ils soient dorés partout.

Répéter l'opération avec les rouleaux restants, en ajoutant un peu d'huile si nécessaire.

HACHIS PARMENTIER

Substitut de viande : tofu ferme ou tempeh

Une recette d'enfance bien copieuse, où le tofu (ou le tempeh) remplace aisément la viande.

POUR 6 PERSONNES

POUR LA SAUCE :

- **235 ml de bouillon de légumes**
- **120 ml de sherry, de xérès ou de vin blanc sec**
- **2 c. à s. de sauce de soja**
- **1 c. à s. de moutarde de Dijon douce**
- **2 gousses d'ail, épluchées et émincées**
- **30 g de levure de bière maltée**
- **2 c. à s. de fécule de maïs**

POUR LE HACHIS :

- **455 g de tofu ferme, égoutté et pressé, ou de tempeh, détaillé en dés de 1,25 cm**
- **Sel et poivre selon convenance**
- **1 c. à c. de graines de céleri**
- **170 g d'oignon, haché**
- **1 c. à s. d'huile d'arachide**
- **455 g de légumes surgelés : petits pois, carottes et maïs**
- **1 c. à s. d'origan séché**
- **15 g de persil frais, ciselé**
- **1 c. à c. de romarin séché**

POUR LA PURÉE :

- **6 pommes de terre de taille moyenne, coupées en gros morceaux et bouillies**
- **55 g de beurre végétal + 30 g pour faire dorer le dessus**
- **120 ml de lait végétal non sucré**
- **Sel selon convenance**
- **1 c. à c. de piment rouge en flocons**

PRÉPARATION DE LA SAUCE : Mélanger au fouet tous les ingrédients. Réserver.

PRÉPARATION DU HACHIS : Dans une poêle chaude, mettre le tofu ou le tempeh avec le sel, le poivre, les graines de céleri, l'oignon et l'huile. Faire cuire sur feu moyen à vif, en remuant souvent, jusqu'à ce que le mélange colore (compter environ 10 minutes).

Introduire les légumes surgelés, les aromates et la sauce. Couvrir et cuire à feu moyen pendant 3 minutes, jusqu'à épaississement. Réserver.

PRÉPARATION DE LA PURÉE DE POMME DE TERRE : Écraser les pommes de terre tant qu'elles sont encore chaudes, en y ajoutant le beurre, le lait et le sel. Rajouter un peu de lait si nécessaire pour atteindre la texture souhaitée.

Préchauffer le four à 180 °C. Dans un plat allant au four, verser le mélange au tofu ou au tempeh. Recouvrir d'une couche de purée uniforme et finir par les 2 cuillerées de beurre. Parsemer de piment.

Enfourner et laisser cuire 25 minutes, jusqu'à ce que le hachis soit coloré. Pour obtenir une croûte bien dorée, placer le plat sous le gril quelques minutes… en surveillant de près pour qu'il ne brûle pas !

BURGERS LENTILLES-BUTTERNUT

Substituts de viande : gluten de blé et lentilles corail

Sans maïs **Sans soja**

Le gluten est ici un moyen simple de consommer des protéines, mais vous pouvez aussi réaliser la recette en supprimant la farine pour une version sans gluten. Servez ce plat avec des frites rustiques fumées (page 131).

POUR 6 BURGERS

- **200 g de courge butternut, coupée en dés**
- **2 c. à s. d'huile d'olive vierge extra**
- **105 g de chutney de tomates**
- **140 g de lentilles corail, cuites**
- **2 c. à s. d'huile de sésame (non grillé)**
- **1 c. à s. de garam masala**
- **1 c. à c. de sel de mer fin**
- **80 g de chapelure japonaise « panko » ou de miettes de pain**
- **145 g de gluten de blé (facultatif)**

PRÉCHAUFFER LE FOUR À 200 °C. Enduire les dés de courge d'huile d'olive et les étaler sur une plaque de cuisson. Faire griller pendant 45 minutes, jusqu'à ce qu'ils soient tendres. Réserver.

Baisser la température à 180 °C. Recouvrir une plaque à pâtisserie de papier sulfurisé ou de tapis en silicone. Préparer d'avance une autre plaque.

Dans un grand saladier, mélanger les cubes de courge, le chutney, les lentilles, l'huile de sésame, le garam masala et le sel. Bien amalgamer à l'aide d'un presse-purée.

Ajouter les miettes de pain et le gluten de blé (facultatif). Bien mélanger.

Diviser la préparation en 6 portions de 120 g et confectionner des burgers d'environ 1,5 cm d'épaisseur.

Disposer les burgers sur la plaque à pâtisserie préparée. Recouvrir d'une feuille de papier sulfurisé ou de tapis en silicone, et poser par-dessus la seconde plaque à pâtisserie pour que les galettes ne gonflent pas trop.

Faire cuire pendant 35 minutes (sans retourner), jusqu'à ce que les burgers soient bien colorés et fermes.

CÔTELETTES DE SEITAN

Substitut de viande : gluten de blé

Si vous appréciez le seitan à peine assaisonné pour qu'il puisse s'intégrer dans n'importe quel plat, voici une recette pour vous. Ces côtelettes sont croustillantes et délicieuses telles quelles, mais vous pouvez aussi les utiliser dans des plats à base de seitan.

POUR 4 CÔTELETTES

- **Huile en spray**
- **2 c. à s. de sauce tamari**
- **60 g de ketchup**
- **120 ml d'eau tiède, et jusqu'à 60 ml de plus si nécessaire**
- **1 c. à s. d'huile d'arachide**
- **215 g de gluten de blé**
- **2 c. à s. de levure de bière maltée**
- **2 c. à s. d'amandes, réduites en poudre grossière, ou de graines de lin moulues**
- **½ c. à c. d'ail en poudre**
- **1 c. à c. d'oignon en flocons**
- **½ c. à c. de condiment varié (épices et fines herbes)**

PRÉCHAUFFER LE FOUR À 180 °C. Graisser légèrement une plaque à pâtisserie avec un peu d'huile en spray.

Dans un bol, émulsionner la sauce tamari, le ketchup, l'eau et l'huile d'arachide.

Ajouter le gluten de blé, la levure, les amandes ou les graines de lin, l'ail, l'oignon et le condiment, et mélanger le tout à la cuillère. Si la préparation est trop sèche, verser de l'eau petit à petit et malaxer à la main pendant 1 minute.

Laisser reposer 5 minutes.

Couper la pâte en 4 parts égales.

Former de fines côtelettes plates, d'environ 10 cm de long, et de moins de 1,25 cm d'épaisseur.

Disposer les côtelettes sur la plaque en les espaçant bien. Faire cuire 40 minutes, en les retournant à mi-cuisson.

FRITES RUSTIQUES FUMÉES

Substitut de viande : fumée liquide, sauce barbecue végétalienne ou sel fumé (pour le goût)

Sans blé Sans maïs Sans soja

Si le goût fumé du bacon croustillant vous titille encore, pourquoi ne pas ajouter de la fumée liquide à des aliments sains et régler la question une fois pour toutes !

Veillez à bien sécher les pommes de terre coupées pour qu'elles grillent bien comme il faut. Un autre moyen de garantir une texture croustillante à souhait est de faire préchauffer la plaque de cuisson en même temps que le four.

POUR 16 GROS QUARTIERS

- **2 grosses pommes de terre, chacune coupées en 8 quartiers**
- **25 ml d'huile d'arachide**
- **1 c. à s. de vinaigre de cidre**
- **1 ½ c. à c. de fumée liquide (voir page 10)**
- **½ c. à c. de sel de mer fin, ou selon convenance**
- **Poivre blanc ou noir selon convenance**
- **2 c. à s. de fécule de pomme de terre**

PRÉCHAUFFER LE FOUR À 220 °C en laissant une plaque de cuisson à l'intérieur.

Dans un saladier, mélanger les pommes de terre avec l'huile, le vinaigre, la fumée liquide, le sel et le poivre.

Saupoudrer de fécule puis remuer.

Disposer les quartiers de pommes de terre sur la plaque chaude et faire cuire 25 minutes. Puis retourner les pommes de terre et faire cuire encore 25 minutes, jusqu'à ce qu'elles soient bien dorées, croustillantes et tendres (tester à la fourchette).

Rectifier l'assaisonnement avant de servir si nécessaire.

Variante : Débridez votre créativité ! Essayez d'autres assaisonnements : herbes de Provence, paprika, piment de Cayenne, mélange créole ou garam masala.

CHAUD ET FROID DE « BŒUF » AU BROCOLI

Substitut de viande : seitan

Sans maïs — Rapide et facile

Pour vous rapprocher au mieux de la texture du bœuf, nous vous conseillons d'utiliser du seitan. Ceci dit, vous pouvez aussi réaliser cette recette avec du tofu ou du tempeh.

POUR 2 PERSONNES

POUR LA SAUCE :

- **85 g de sirop de riz complet**
- **2 c. à s. de sauce tamari ou de sauce de soja allégée en sodium**
- **2 c. à c. de mirin**
- **1 c. à s. + 1 c. à c. d'huile de sésame (non grillé)**
- **2 c. à c. de fécule d'arrow-root**
- **1 c. à c. d'ail, émincé**
- **½ c. à c. de piment rouge en flocons**

POUR LA GARNITURE :

- **230 g de seitan, acheté ou fait maison (recette page 110), coupé en morceaux**
- **370 g de riz complet, cuit**
- **310 g de fleurettes de brocoli, cuites**
- **1 cébette, émincée**
- **1 c. à c. de graines de sésame**

PRÉPARATION DE LA SAUCE : Dans une casserole de taille moyenne, mélanger tous les ingrédients au fouet et faire chauffer à feu doux. Remuer souvent, jusqu'à ce que la sauce soit bien chaude et épaississe légèrement.

PRÉPARATION DE LA GARNITURE : Introduire le seitan dans la sauce et remuer pour que les morceaux soient bien enduits et réchauffés.

Pendant ce temps, commencer à dresser le plat dans 2 bols : répartir le riz puis le recouvrir de brocoli. Ajouter ensuite le seitan réchauffé et imbibé de sauce. Enfin, parsemer d'émincés de cébette et de graines de sésame. Servir sans attendre !

FESTIN VERT AU TEMPEH

Substitut de viande : tempeh

Quelle belle couleur que le vert ! Un plat qui met en lumière votre choix écologique de renoncer à la viande. Ce festin est délicieux tel quel ou bien accompagné de riz, de purée de pommes de terre ou de pâtes.

POUR 4 PERSONNES

POUR LE PESTO :

- **40 g de graines de courge grillées et salées**
- **40 g de feuilles de basilic**
- **1 gousse d'ail, épluchée et émincée**
- **½ c. à c. de piment rouge en flocons**
- **60 ml d'huile d'olive vierge extra**

POUR LE MÉLANGE DE LÉGUMES :

- **2 c. à s. d'huile d'arachide**
- **455 g de choux de Bruxelles, parés et finement émincés (à l'aide d'un robot de cuisine pour un résultat optimal)**
- **180 g de poireaux, parés et coupés en grosses rondelles**
- **2 gousses d'ail, épluchées et émincées**
- **½ c. à c. de poivre noir moulu, ou selon convenance**
- **½ c. à c. de sel de mer fin, ou selon convenance**
- **Quelques gouttes de sauce Worcester végétalienne**
- **230 g de tempeh, émietté**
- **180 ml de bouillon de légumes, voire un peu plus si besoin**

PRÉPARATION DU PESTO : Mettre les graines de courge dans un robot de cuisine et mixer finement. Ajouter le basilic, l'ail et les flocons de piment.

Mixer à nouveau. Ajouter l'huile en filet sans arrêter le robot, jusqu'à obtenir la texture désirée. Réserver.

PRÉPARATION DES LÉGUMES : Dans une grande casserole, faire chauffer l'huile à feu moyen.

Ajouter les choux, les poireaux, l'ail, le poivre, le sel, la sauce Worcester et le tempeh. Mélanger jusqu'à ce que le tempeh commence à colorer (compter environ 4 minutes).

Ajouter le bouillon et faire cuire environ 6 minutes jusqu'à évaporation presque complète du liquide. Les légumes doivent être tendres. Rajouter un peu de bouillon si nécessaire.

Verser le pesto sur les légumes et mélanger.

Servir bien chaud.

SPAGHETTI ALLA BOLOGNESE

Substitut de viande : tofu ferme

La recette originale contient de la viande, que l'on remplace ici sans difficulté par du tofu. Du seitan parfum bœuf ou un substitut de viande hachée conviendrait très bien aussi.

POUR 4 À 6 PERSONNES

- **10 g de shiitake séchés (ou d'un autre champignon)**
- **2 pommes de terre moyennes (200 g), pelées et coupées en dés de 2,5 cm**
- **170 g de spaghetti complets, non cuits**
- **5 tomates Roma**
- **1 c. à s. d'huile d'olive**
- **2 gousses d'ail, épluchées et émincées**
- **1 oignon de taille moyenne, haché**
- **1 ½ c. à s. d'échalote, hachée**
- **230 g de tofu ferme, émietté**
- **300 g de poivrons verts et jaunes, coupés en dés**
- **15 petits champignons de Paris (150 g)**
- **2 c. à s. de basilic frais, ciselé**
- **1 c. à s. de thym frais, ciselé**
- **1 feuille de laurier**
- **1 c. à c. de sel de mer fin, ou selon convenance**
- **Poivre noir selon convenance**
- **1 c. à s. de concentré de tomate**
- **425 g de tomates en conserve, coupées en dés, avec leur jus**
- **60 g de parmesan de noix à saupoudrer (recette page 51)**
- **20 g de persil frais, haché**

FAIRE TREMPER LES CHAMPIGNONS dans l'eau chaude pendant 10 minutes.

Mettre les pommes de terre dans une grande casserole et couvrir largement d'eau.

Porter à ébullition et laisser cuire 5 minutes. Ajouter les pâtes et les cuire suivant les instructions. Les pommes de terre doivent être tendres et les pâtes *al dente*. Égoutter et réserver.

Dans la même casserole, porter l'eau à ébullition et faire blanchir les tomates Roma pendant 30 secondes. Peler, retirer la partie dure et couper en rondelles.

Égoutter et rincer les champignons réhydratés. Les couper s'ils sont trop gros.

Dans une grande casserole, faire chauffer l'huile sur feu moyen à vif. Ajouter l'ail, l'oignon et l'échalote. Faire revenir pendant 2 minutes.

Ajouter le tofu et laisser cuire 2 minutes à nouveau. Puis introduire les poivrons, les champignons, le basilic, le thym, le laurier, le sel et le poivre. Faire cuire 3 minutes en remuant de temps à autre.

Incorporer les rondelles de tomates, le concentré de tomate et les tomates en conserve. Laisser mijoter 5 minutes.

Enfin, ajouter les pommes de terre, les pâtes, le parmesan et le persil. Mélanger bien et laisser mijoter jusqu'à ce que le plat soit bien chaud. Rectifier l'assaisonnement si nécessaire. Retirer la feuille de laurier avant de servir.

LA SALADE DE MADAME EDAMAME

Substitut de viande : edamame

Sans maïs **Rapide et facile**

Pourquoi ne pas essayer quelque chose de radicalement différent, sans chercher à imiter la viande ? L'edamame - ou pois de soja - apporte à cette assiette de crudités croquante et rafraîchissante une bonne dose de protéines.

POUR 4 PERSONNES

POUR LA SAUCE :

- **40 g de raisins secs**
- **3 c. à s. de graines de moutarde, moulue**
- **2 c. à s. de sirop d'agave**
- **2 c. à c. de thym séché**
- **60 ml de vin blanc**
- **2 c. à s. de vinaigre de vin rouge**
- **2 c. à s. de noix, finement moulues**
- **40 g de cébettes, émincées**
- **1 gousse d'ail, épluchée et émincée**
- **2 c. à s. d'huile d'olive vierge extra**
- **Poivre noir fraîchement moulu, selon convenance**
- **1 pincée de piment rouge en flocons, ou selon convenance**
- **½ c. à c. de sel de mer fin, ou selon convenance**

POUR LA SALADE :

- **15 g de persil frais, haché**
- **255 g d'edamame (pois de soja), écossé et prêt à consommer**
- **2 endives, finement coupées**
- **1 cœur de salade trévise, émincé**
- **10 radis, finement coupés en rondelle**

PRÉPARATION DE LA SAUCE : Mélanger tous les ingrédients dans une casserole. Porter lentement à ébullition et laisser mijoter 4 minutes pour que les parfums se développent. Se consomme froid ou tiède.

PRÉPARATION DE LA SALADE : Dans un grand saladier, mélanger les crudités et les enrober de sauce.

« SAUCISSES » À HOT DOGS

Substituts de viande : gluten de blé et tofu pour remplacer le porc ou le bœuf

Servies dans un pain avec du ketchup et de la moutarde - ou avec le chili sin carne (page 118) -, des oignons et une belle ration de fromage végétal râpé, ou encore transformées en fricadelles à la bière (recette suivante), ces saucisses plairont aux petits comme aux grands !

POUR 8 À 12 HOT DOGS

- **290 g de gluten de blé**
- **120 g de farine T55**
- **2 c. à s. de pimenton (ou de paprika)**
- **1 c. à c. d'ail en poudre**
- **1 c. à c. d'oignon en poudre**
- **1 c. à c. de poudre de maca (facultatif)**
- **½ c. à c. de curcuma**
- **355 ml d'eau**
- **110 g de tofu ferme, égoutté et pressé**
- **120 ml d'huile**
- **60 ml de sauce de soja ou de sauce tamari**
- **85 g de sirop de riz complet**
- **2 c. à s. de concentré de tomate**
- **1 c. à s. de fumée liquide (voir page 10)**

PRÉCHAUFFER LE FOUR À 180 °C.

Mélanger les farines, le paprika, l'ail et l'oignon en poudre, la poudre de maca et le curcuma.

Dans un blender, réduire en purée le tofu, l'huile, la sauce de soja, le sirop de riz, le concentré de tomate, l'eau et la fumée liquide.

Ajouter cette préparation aux ingrédients secs et bien mélanger.

Diviser la pâte ainsi obtenue en 8 à 12 portions, selon la taille choisie pour les saucisses.

Découper le même nombre de morceaux de papier d'aluminium (environ 15 x 30 cm chacun).

Donner la forme d'une saucisse à chaque portion de pâte et la placer en bas de la feuille d'aluminium. Rouler pour faire une papillote et replier les extrémités pour la maintenir bien fermée.

Disposer les saucisses (avec la jointure du papier en dessous) sur une plaque à pâtisserie et faire cuire 30 à 40 minutes, jusqu'à ce que les saucisses soient fermes.

Sortir du four et laisser refroidir un peu avant de les déballer.

Se conservent 2 à 3 jours au réfrigérateur, ou 12 mois dans le congélateur.

FRICADELLES À LA BIÈRE

Substitut de viande : saucisses à hot dogs végétales

Comment résister à ces saucisses panées sur bâtonnet ? La pâte à la bière cuit très vite et se révèle plus croustillante que ce que l'on trouve dans les friteries, et un peu plus raffinée. Selon nous, la moutarde à l'ancienne est le condiment parfait pour accompagner ce plat épatant.

POUR 6 GRANDES SAUCISSES ou 18 nuggets

- **Huile de friture**
- **90 g de farine ordinaire**
- **105 g de polenta**
- **235 ml de bière végétalienne (comme Heineken et Hoegaarden)**
- **2 c. à s. d'huile**
- **1 c. à s. de sirop d'agave**
- **1 c. à c. de moutarde de Dijon**
- **½ c. à c. de bicarbonate de soude**
- **½ c. à c. de levure chimique**
- **¼ de c. à c. de paprika**
- **6 saucisses à hot dogs végétales, achetées ou faites maison (page 136)**
- **6 brochettes en bois ou baguettes jetables**

UTILISER UNE FRITEUSE ou remplir une casserole de 10 cm d'huile. La faire chauffer à 180 °C. Tapisser un plateau ou une assiette de papier absorbant.

Bien mélanger la farine, la polenta, la bière, 2 cuillères à soupe d'huile, le sirop d'agave, la moutarde, le bicarbonate, la levure chimique et le paprika, jusqu'à obtenir une préparation homogène. Verser la pâte dans un grand verre (une pinte par exemple) pour faciliter l'immersion des saucisses.

Insérer une pique à l'extrémité de chaque saucisse, en laissant une longueur suffisante pour tenir le bâtonnet. Tremper chaque saucisse dans la pâte.

Se munir d'un gant de cuisine pour se protéger des projections d'huile.

Immerger la saucisse dans l'huile bouillante jusqu'à ce qu'elle soit dorée et croustillante (compter environ 1 minute).

Poser les fricadelles sur le papier au fur et à mesure, afin d'absorber l'excédent d'huile.

Astuce : Vous pouvez faire l'impasse sur les piques et faire des nuggets en coupant les saucisses en morceaux de 5 à 8 cm de long, et en les retirant de la friture à l'aide d'une écumoire.

GARNITURE DE PIZZA « PEPPERONI »

Substituts de viande : protéines végétales texturées et gluten de blé

Nous vous proposons ici deux versions qui s'avèrent l'une comme l'autre incroyablement réalistes.

POUR 310 G, pour 1 pizza

POUR UN PLAT SANS GLUTEN :

- **95 g de protéines végétales texturées (en granulés)**
- **½ c. à c. de poivre moulu**
- **1 c. à s. de paprika**
- **1 c. à s. d'ail en poudre**
- **1 c. à c. de graines d'anis**
- **1 c. à c. de sel de mer**
- **½ à 1 c. à c. de piment rouge en flocons, selon convenance**
- **½ à 1 c. à c. de piment de Cayenne, selon convenance**
- **1 c. à c. de sucre complet**
- **1 c. à c. de basilic séché**
- **2 c. à s. d'huile d'olive**
- **1 à 2 c. à s. de fumée liquide (voir page 10)**
- **235 ml d'eau**

POUR UN PLAT SANS SOJA :

- **145 g de gluten de blé**
- **½ c. à c. de poivre moulu**
- **1 c. à s. de paprika**
- **1 c. à s. d'ail en poudre**
- **1 c. à c. de graines d'anis**
- **1 c. à c. de sel de mer**
- **½ à 1 c. à c. de piment rouge en flocons**
- **½ à 1 c. à c. de piment de Cayenne, selon convenance**
- **1 c. à c. de sucre complet**
- **1 c. à c. de basilic séché**
- **2 c. à s. d'huile d'olive**
- **1 à 2 c. à s. de fumée liquide (voir page 10)**
- **60 ml d'eau, voire plus si nécessaire**

PRÉPARATION DU PLAT SANS GLUTEN :

Dans un bol allant au four à micro-ondes, mélanger les protéines végétales, les épices, le sucre et le basilic. Incorporer ensuite l'huile, la fumée liquide et l'eau.

Couvrir avec un film plastique et chauffer à puissance maximale pendant 6 minutes. Sortir prudemment du four, mélanger et laisser refroidir.

Variante : Mélanger les protéines végétales, les herbes et les épices. Faire bouillir l'eau, y ajouter l'huile et la fumée liquide, puis introduire les protéines végétales épicées. Couvrir et laisser gonfler 10 minutes, puis aérer à la fourchette pour séparer les grains.

PRÉPARATION DU PLAT SANS SOJA :

Mélanger les 10 premiers ingrédients dans un saladier.

Dans une poêle, verser l'huile et la fumée liquide. Introduire les ingrédients secs en mélangeant à la spatule. Ajouter de l'eau et bien tourner pour émietter la préparation afin qu'il ne reste plus rien de sec. Ajouter un peu d'eau si nécessaire.

Faire frire le mélange à feu moyen, en défaisant les plus gros amas. Remuer souvent, pendant environ 10 minutes, jusqu'à ce que la préparation soit colorée et bien cuite.

TRAVERS DE « PORC »

Substitut de viande : gluten de blé

Pour les cuisiniers les plus expérimentés

Si la plupart des végétaliens sont dégoûtés à l'idée d'arracher de la viande d'un os, il y en a aussi beaucoup d'autres qui gardent la nostalgie de la viande. Aussi avons-nous voulu proposer quelques recettes qui imitent le goût, la texture, l'odeur et l'aspect visuel de plats classiques à la viande.

POUR 6 BEAUX TRAVERS

- **430 g de gluten de blé**
- **120 g de farine complète**
- **1 c. à s. d'ail en poudre**
- **1 c. à s. d'oignon en poudre**
- **1 c. à c. de poivre noir**
- **1 c. à c. de paprika**
- **1 c. à c. de piment chipotle en poudre**
- **80 ml d'huile d'olive**
- **80 ml de sauce de soja ou de sauce tamari**
- **80 ml de sauce barbecue + 240 ml pour la cuisson**
- **1 c. à s. de fumée liquide (voir page 10)**
- **235 ml de bouillon de légumes**
- **6 « os » (facultatif, voir astuce)**

Astuce : Des baguettes en bambou ou des bâtonnets de glace feront une bonne imitation d'os, mais si vous voulez pousser la ressemblance un peu plus loin, prenez des baguettes de cèdre alimentaire. Coupez des tronçons de 15 cm par 1,3 cm de largeur, et veillez à polir les angles et les arêtes. Quel que soit votre choix, commencez par faire tremper vos « os » dans un mélange composé de 470 ml d'eau tiède et de 2 cuillères à soupe de fumée liquide, pour que l'arôme fumé se communique aux travers de « porc ».

PRÉCHAUFFER LE FOUR À 180 °C.

Tapisser un plat allant au four de papier d'aluminium ou de papier sulfurisé.

Dans un grand saladier, mélanger les ingrédients secs. Dans un autre, mélanger les ingrédients humides.

Ajouter la préparation humide aux ingrédients secs et pétrir pendant 5 minutes. Puis laisser reposer 20 minutes.

Former un grand rectangle (environ 13 x 25 cm) avec la pâte.

Pour les « os » (facultatif), introduire les bâtonnets à intervalles réguliers.

Dans le fond du plat, verser 120 ml de sauce barbecue.

Disposer les travers dans le plat et badigeonner avec les 120 ml de sauce barbecue restants.

Recouvrir soigneusement le plat de papier d'aluminium et faire cuire pendant 1h30.

Savourer aussitôt ou conserver au réfrigérateur pour une autre occasion.

Variante : Faire réchauffer au barbecue pour encore plus de saveur fumée… et des marques de gril ! Arroser de sauce barbecue en cours de cuisson.

BACON VÉGÉTAL GLACÉ AU SIROP D'ÉRABLE

Substitut de viande : gluten de blé

Pour les cuisiniers les plus expérimentés

Préparez-vous à être stupéfaits par ce miracle fumé, doux-pimenté. Et quand on dit fumé, c'est fumé ! Attention, si vous n'y prenez pas garde, votre maison tout entière s'en souviendra !

POUR 20 TRANCHES

POUR LE BACON :

- **290 g de gluten de blé**
- **60 g de farine T55**
- **1 c. à s. de pimenton (ou de paprika)**
- **1 c. à s. d'ail en poudre**
- **1 c. à c. de poivre noir moulu**
- **60 ml d'huile au goût neutre**
- **60 ml de sirop d'érable**
- **235 ml de bouillon de légumes ou d'eau**
- **2 c. à s. de fumée liquide (voir page 10)**

POUR LE GLAÇAGE :

- **60 ml de sirop d'érable**
- **55 g de sucre muscovado**
- **3 c. à s. de poivre noir moulu**
- **2 c. à s. de fumée liquide (voir page 10)**
- **2 c. à c. de sel de mer**
- **Papier d'aluminium**
- **Huile en spray**
- **Huile de friture**

PRÉPARATION DU BACON : Préchauffer le four à 180 °C.

Dans un saladier, mélanger les farines, le paprika, l'ail en poudre et le poivre.

Dans un autre récipient, mélanger l'huile, le sirop d'érable, le bouillon ou l'eau, et la fumée liquide.

Combiner les deux mélanges et malaxer pour former une boule de pâte. Si elle est trop sèche, ajouter un peu de bouillon ou d'eau. Réserver.

PRÉPARATION DU GLAÇAGE : Dans un petit saladier, mélanger tous les ingrédients au fouet.

Sur une plaque de four à bords, disposer une grande feuille d'aluminium et la graisser avec un peu d'huile en spray.

Poser la pâte au centre de la feuille et lui donner la forme d'un pain rectangulaire d'environ 20 x 15 x 2,5 cm.

Réserver 60 ml de glaçage et verser le reste sur la pâte. L'envelopper délicatement dans l'aluminium, en fermant bien le paquet. Cette étape est primordiale, car il ne faut pas que le glaçage s'échappe, il brûlerait et ce ne serait pas beau à voir !

Faire cuire 45 minutes.

Sortir du four et laisser refroidir quelques minutes. Augmenter la température à 230 °C.

Ouvrir délicatement le dessus du paquet d'aluminium et verser les 60 ml de glaçage restants. Puis remettre à cuire 10 minutes en surveillant bien pour parer à toute fuite.

Retirer la plaque du four et laisser refroidir complètement, ou réserver au réfrigérateur jusqu'à utilisation.

À l'aide d'un couteau bien aiguisé, découper de fines tranches de « bacon » et les faire frire à feu vif dans une poêle huilée, jusqu'à ce qu'elles soient bien croustillantes.

Se conservent 2 à 3 jours au réfrigérateur, ou 12 mois dans le congélateur.

SIMILI-LARDONS

Substitut de viande : protéines végétales texturées

Sans gluten

Ces « lardons » sont si faciles à préparer que vous pourrez les déguster quand vous voudrez ! Parsemez-en sur les pommes de terre au four, sur les poêlées de tofu et dans tous les plats où vous utiliseriez des lardons.

POUR 65 G

- **200 ml d'eau**
- **2 c. à s. de fumée liquide (voir page 10)**
- **95 g de protéines végétales texturées (en granulés)**
- **¼ de c. à c. de sel**
- **Quelques gouttes de jus de betterave, pour la couleur (facultatif)**
- **3 c. à s. d'huile**

DANS UN RÉCIPIENT ADAPTÉ AU FOUR À MICRO-ONDES, mélanger l'eau et la fumée liquide, puis les protéines, le sel et le jus de betterave (facultatif). Couvrir d'un film plastique et chauffer à puissance maximale pendant 5 minutes.

Variante : Vous pouvez aussi faire bouillir l'eau, la verser sur les protéines, incorporer la fumée liquide et le sel, puis couvrir et laisser gonfler 10 minutes.

Retirer précautionneusement le plastique.

Faire chauffer une poêle avec de l'huile, sur feu moyen à vif.

Verser les protéines dans la poêle en remuant pour qu'elles soient bien enduites. Les faire frire jusqu'à atteindre une consistance croustillante, en remuant régulièrement. Pour dessécher les lardons sans les faire brunir, compter 10 minutes environ.

Laisser refroidir complètement avant de transférer dans un récipient hermétique. Les simili-lardons se conservent au moins 1 semaine au réfrigérateur.

MAKIS CALIFORNIENS

Substitut de poisson : naturellement sans poisson !

Ces rouleaux faciles et amusants dédramatisent la préparation des sushis. Servez-les avec leur sauce épicée et régalez-vous !

POUR 32 PIÈCES et 120 ml de sauce

POUR LES MAKIS :

- **360 g de riz à sushis, non cuit**
- **700 ml d'eau**
- **2 c. à s. de sirop d'agave**
- **2 c. à s. de vinaigre de riz**
- **Sel selon convenance**
- **1 carotte, râpée**
- **1 poivron, épépiné et détaillé en lamelles**
- **½ oignon rouge de taille moyenne, finement émincé**
- **1 concombre, épépiné et coupé en fins bâtonnets**
- **1 avocat mûr, coupé en tranches**
- **4 feuilles de nori grillées**
- **120 g de fromage frais végétal**

POUR LA SAUCE ÉPICÉE :

- **110 g de mayonnaise végétale, achetée ou faite maison (page 66 ou 67)**
- **2 c. à s. de sauce sriracha**
- **¼ de c. à c. d'huile de sésame grillé**

PRÉPARATION DES MAKIS : Dans un cuiseur à riz, verser le riz, l'eau, le sirop d'agave, le vinaigre et le sel.

À défaut, préparer le riz suivant les instructions du paquet, en y ajoutant les ingrédients susmentionnés.

Pendant la cuisson du riz, préparer les légumes.

Laisser le riz refroidir avant de confectionner les makis.

Placer une feuille de nori (côté brillant dessous) sur une natte à makis ou sur une surface parfaitement sèche.

Disposer un quart du riz le long de la feuille de nori, en égalisant la surface, de manière à couvrir un tiers de la feuille. Étaler 2 cuillères à soupe de fromage frais au centre. Puis recouvrir d'une fine couche de carottes, de poivron, d'oignon, de concombre et enfin d'avocat.

Rouler soigneusement le maki, en serrant bien. Plus il est serré, plus il sera facile à couper.

Répéter l'opération pour les 3 autres makis.

À l'aide d'un couteau bien aiguisé, couper chaque rouleau en 8 morceaux de taille égale.

PRÉPARATION DE LA SAUCE ÉPICÉE : Émulsionner tous les ingrédients au fouet.

BÂTONNETS DE LA MER SAUCE TARTARE

Substituts de poisson : noix de cajou et graines pour la texture, algues pour le goût

Ces bâtonnets à manger avec les doigts sont savoureux et sains. Un délice pour les enfants comme pour les plus grands !

POUR 24 BÂTONNETS
et 250 g de sauce tartare

POUR LES BÂTONNETS :

- **470 ml de bouillon de légumes**
- **170 g de quinoa, non cuit**
- **95 g de protéines végétales texturées (en granulés)**
- **35 g de graines de courge**
- **30 g de graines de tournesol**
- **15 g de graines de sésame**
- **30 g de germe de blé**
- **55 g de noix de cajou, réduites en poudre**
- **70 g de gluten de blé**
- **25 g de graines de lin moulues**
- **60 ml d'huile d'olive**
- **30 g de dulse ou de kombu en paillettes**
- **2 c. à s. d'ail, émincé**
- **1 c. à c. de paprika**
- **Sel et poivre selon convenance**
- **235 ml de lait de coco non dégraissé**
- **80 g de chapelure japonaise « panko » ou de chapelure grossière**
- **120 ml d'huile de friture**

POUR LA SAUCE TARTARE :

- **225 g de mayonnaise végétale (achetée ou faite maison, recette page 66 ou 67)**
- **30 g de pickles aigres-doux**
- **1 c. à s. d'oignon séché en lanières**
- **2 c. à s. de jus de citron, fraîchement pressé**
- **1 c. à c. de ciboulette séchée ou 1 c. à s. de ciboulette fraîche**
- **Sel et poivre selon convenance**

Astuce : Si vous ne trouvez pas de dulse ou de kombu en paillettes, mixer les feuilles d'algues dans un robot de cuisine.

PRÉPARATION DES BÂTONNETS : Porter le bouillon à ébullition.

Ajouter le quinoa et réduire le feu à frémissement. Laisser la céréale absorber la majeure partie du liquide, mais veiller à conserver une consistance de soupe.

Introduire les protéines, couvrir et retirer du feu. Laisser gonfler pendant 10 minutes.

Dans une poêle sèche, verser les graines de courge, de tournesol, de sésame et le germe de blé. Faire toaster sur feu moyen sans cesser de remuer afin de ne pas les faire brûler.

Ajouter au mélange quinoa-protéines les graines grillées, les noix de cajou moulues, le gluten de blé, le lin moulu, l'huile d'olive, la dulse ou le kombu, l'ail, le paprika, le sel et le poivre. Bien mélanger avec les mains.

Former des bâtonnets de la taille d'un doigt et mettre au réfrigérateur pendant 1 heure pour les raffermir.

Dans un bol peu profond, verser le lait de coco. Dans un autre, mettre la chapelure. Faire chauffer de l'huile de friture dans une poêle sur feu moyen à vif.

Tremper les bâtonnets dans le lait puis dans la chapelure, et les faire frire à la poêle, 3 à 5 minutes de chaque côté, jusqu'à obtenir une belle coloration.

PRÉPARATION DE LA SAUCE TARTARE : Mélanger tous les ingrédients au fouet et conserver au réfrigérateur (2 à 3 jours) dans un récipient hermétique jusqu'au moment de servir.

SALADE MARINE AU TEMPEH

Substituts de poisson : tempeh pour la texture, algue hijiki pour le goût

Sans blé   Sans gluten

Sans maïs   Rapide et facile

Cette salade sans cuisson ne prend que quelques minutes à préparer et elle est délicieuse en garniture de sandwich, sur des biscuits salés ou comme accompagnement de légumes verts. L'algue utilisée ici donne ce soupçon de goût iodé qui accentue la ressemblance avec une salade au thon.

POUR 450 G,
de quoi faire 6 sandwichs, à préparer la veille

- **20 g d'algue hijiki séchée, trempée dans 120 ml d'eau tiède (voir l'astuce)**
- **230 g de tempeh**
- **1 branche de céleri, coupée en morceaux**
- **80 g d'oignon rouge, détaillé en dés**
- **30 g de graines de tournesol, décortiquées**
- **30 g de pickles (ou gros cornichons)**
- **1 c. à s. de ciboulette fraîche ou 1 c. à c. de ciboulette séchée**
- **55 à 110 g de mayonnaise végétale, selon convenance**
- **Sel et poivre selon convenance**

LAISSER TREMPER L'ALGUE dans l'eau pendant la préparation de la salade. Jeter l'excédent d'eau avant d'ajouter l'algue à la recette.

Dans un saladier, émietter le tempeh presque grain par grain. Ajouter les autres ingrédients et bien mélanger.

Mettre au frais toute la nuit pour que les saveurs se marient.

Astuce : Vous pouvez remplacer l'algue hijiki par une autre algue séchée ou des feuilles de nori finement découpées (inutile de faire tremper les noris).

Certains préfèrent faire bouillir leur tempeh ou le cuire à la vapeur avant utilisation. C'est une bonne idée pour ceux qui mangent du tempeh pour la première fois, car cela adoucit sa saveur particulière. Faites chauffer votre tempeh 20 minutes, dans une eau frémissante ou au cuit-vapeur, puis laisser refroidir complètement avant de l'émietter.

SALADE TERRE & MER

Substitut de poisson : algue hijiki ou autre algue séchée

Sans maïs   Sans blé

Cette salade aux noix est facile à faire. Succès garanti si vous l'apportez à un buffet entre amis à la place d'une sempiternelle salade de pâtes ou de pommes de terre.

POUR 4 À 6 PERSONNES

POUR LA SALADE :

- **20 g d'hijiki ou d'une autre algue séchée, trempée dans 120 ml d'eau tiède**
- **370 g de quinoa rouge, cuit et refroidi**
- **280 g de lentilles vertes ou blondes, cuites et refroidies**
- **140 g de noix de cajou entières**
- **1 poivron vert ou rouge, épépiné et coupé en dés**

POUR LA SAUCE :

- **60 ml d'huile d'olive**
- **2 c. à s. de vinaigre de riz blanc**
- **15 ml de sauce de soja ou de sauce tamari**
- **85 g de sirop d'agave**
- **1 c. à c. de piment rouge en flocons, ou selon convenance**
- **½ c. à c. de gingembre en poudre**
- **Sel et poivre selon convenance**

RETIRER L'EXCÉDENT D'EAU DES ALGUES.

Dans un saladier, mélanger les ingrédients de la salade.

Dans un petit bol, battre au fouet les ingrédients de la sauce.

Combiner les deux et bien tourner la salade.

Réserver au réfrigérateur plusieurs heures avant de servir, pour laisser les saveurs se développer.

PARTIE IV

LAISSEZ LES ABEILLES BUTINER EN PAIX !

SUBSTITUTS INFAILLIBLES AUX INGRÉDIENTS DÉRIVÉS DE SUBSTANCES ANIMALES

Chapitre 5

Des nappages sirupeux aux crèmes renversantes, COMMENT REMPLACER LE MIEL ET LA GÉLATINE ?

ADOPTER UN MODE DE VIE VÉGÉTALIEN ne consiste pas simplement à faire une croix sur la viande et les laitages. Il s'agit également d'observer les procédés de fabrication des produits que vous consommez, afin d'écarter ceux qui mettent en œuvre des sous-produits animaux. Qu'il s'agisse de nourriture, de produits cosmétiques ou de vêtements, c'est ainsi que vous décidez d'acheter ce que vous soutenez.

Les faits

On appelle sous-produits animaux tout ce qui est soutiré à un animal, qu'il soit vivant ou abattu. Cela comprend la laine des moutons, le miel des abeilles, l'acide extrait d'insectes secs qui sert à la fabrication de colorant, les os d'animaux brûlés que l'industrie sucrière utilise pour blanchir le sucre qu'on met dans son café chaque matin. Tout cela n'est guère appétissant finalement…

Ces sous-produits ne sont pas utilisés parce qu'ils sont plus productifs ou plus sains (ce qu'ils ne sont assurément pas !), mais simplement parce qu'ils représentent la solution la moins coûteuse. Or, il a été prouvé que les méthodes à base de plantes, et n'impliquant donc aucune cruauté envers les animaux, peuvent donner des résultats identiques, voire supérieurs. Voici une liste des ingrédients d'origine animale qui se glissent le plus souvent à notre insu dans nos assiettes et dans notre trousse de toilette. Si vous avez un doute sur un produit, ne sachant pas s'il s'agit d'une plante ou d'un dérivé animal, nous vous recommandons de contacter le fabricant.

- acide caprique
- acide lactique (sauf produit de synthèse)
- acide oléique ou oléinique
- acide stéarique ou acide octodécylique
- albumine
- carmin
- caséine
- clarifiant ou agent de collage
- cochenille
- gélatine
- gelée royale
- glycérides (mono-, di- et tri-)
- ichtyocolle (sauf variété japonaise obtenue à partir d'agar-agar)
- lactose
- lactosérum ou petit-lait
- lanoline
- pancréatine
- pepsine
- présure
- *Royal jelly*
- propolis
- saindoux
- stéarate de calcium
- suif
- vitamine D3

Conseils pour remplacer les ingrédients dérivés de substances animales

Pour plus de précisions, consultez le tableau suivant :

SI LA RECETTE ORIGINALE INDIQUE…	REMPLACER PAR…
225 g de beurre ou de saindoux	• 225 g de beurre sans lait, d'huile de coco solide ou de margarine végétale
Colorant alimentaire	• Jus ou poudre de betterave, de tomate, d'épinard*, de carotte, de myrtille • Colorant alimentaire naturel du commerce
Gélatine	• Agar-agar, pectine de fruit, carraghénane, gomme de caroube
235 ml de miel	• 235 ml de sirop d'agave, de sirop de malt d'orge, de sirop d'érable pur ou de mélasse

*Le jus d'épinard ne s'achète pas dans le commerce, il doit être fait maison. Pour obtenir une couleur verte, vous pouvez également utiliser le colorant naturel vert à la chlorophylle de Scrapcooking®.

» **Haricots sauce barbecue (page 156)**

EXEMPLE DE RECETTE VÉGÉTALISÉE

La recette ci-dessous vous montre comment remplacer les sous-produits animaux et les autres ingrédients qui ne conviennent pas aux végétaliens.

GÂTEAU VELOURS ROUGE

Voici la recette d'un gâteau américain traditionnel dans lequel on utilise habituellement un colorant artificiel.

POUR 12 PERSONNES

Huile en spray

- **20 g de ~~poudre de cacao non sucré~~** — Diviser par deux la quantité d'origine pour que le gâteau soit plus rouge.
- **60 ml de ~~colorant alimentaire rouge~~** — Remplacer par 120 ml de jus de betterave pur pour obtenir la coloration désirée.
- **280 g de ~~farine tamisée~~** — Utiliser davantage de farine pour compenser la quantité réduite de cacao.
- **2 ~~œufs~~** — 30 g de fécule de maïs
- **2 ½ c. à c. de levure chimique**
- **½ c. à c. de sel**
- **110 g de ~~margarine~~** — Remplacer par 110 g de beurre végétal.
- **290 g de ~~sucre~~** — Remplacer par 290 g de sucre complet.
- **1 c. à c. d'extrait de vanille pur**
- **235 ml de ~~babeurre~~** — Mélanger 120 ml de lait de soja et 60 ml de jus de citron frais. Laisser cailler quelques minutes. Nous utilisons moins de liquide pour compenser l'apport fourni par le jus de betterave. Le citron joue un rôle dans la réaction chimique qui rend le gâteau aussi rouge qu'avec du colorant alimentaire.
- **Nappage au ~~cream cheese~~** — Utiliser la recette du glaçage parfait (page 164).

GRAISSER LÉGÈREMENT 2 MOULES à manqué avec un peu d'huile en spray.

Dans un petit saladier, mélanger le cacao et le jus de betterave. Dans un autre récipient, mélanger la farine, la fécule, la levure chimique et le sel.

Préchauffer le four à 180 °C. Battre le beurre au fouet électrique pendant 30 secondes. Ajouter le sucre et la vanille, puis battre de nouveau. Incorporer le cacao dilué en battant bien. Puis introduire alternativement le mélange à la farine et le lait caillé, en battant à vitesse réduite après chaque ajout, afin que les ingrédients soient tout juste incorporés. Répartir la pâte dans les moules.

Faire cuire 35 minutes, jusqu'à ce qu'un cure-dent planté au cœur du gâteau en ressorte propre.

Sortir les gâteaux du four et les laisser tiédir pendant 10 minutes avant de démouler. Puis laisser refroidir complètement sur une grille. Une fois les gâteaux à température ambiante, appliquer le glaçage sur chacun d'eux avant de les superposer.

Trouver des substituts d'ingrédients dérivés de substances animales en magasin

La plupart des produits suivants sont vendus dans les rayons des magasins de produits biologiques, diététiques ou exotiques. Si vous avez des difficultés à vous procurer certains d'entre eux, tournez-vous vers la vente en ligne.

L'agar-agar : C'est l'agent épaississant qu'on utilise le plus souvent lorsqu'on cherche à produire une consistance gélatineuse. Il s'agit d'une algue transparente, sans goût ni odeur, que l'on trouve en paillettes, en poudre ou en filaments. Dans sa forme naturelle, elle ressemble à un long bloc de polystyrène : c'est ainsi qu'elle est la plus économique. Dans ce cas, coupez-en un morceau et réduisez-le en poudre plus ou moins fine avec un mixeur adapté aux aliments secs. L'agar-agar s'utilise presque comme la gélatine. En principe, comptez 3 cuillères à soupe d'agar-agar en paillettes ou 1 ½ cuillerée à café d'agar-agar en poudre pour faire épaissir 470 ml de liquide. Cela dit, tout dépend de la consistance désirée : simplement lié, gélifié ou carrément « *jelly* ». Vous disposez d'une certaine marge de manœuvre et vous pouvez jouer sur les quantités jusqu'à trouver la texture qui vous convient.

Notez que si votre mélange est acide, il faudra un peu plus d'agar-agar. Mélangez au liquide, portez à ébullition et laissez frémir environ 15 minutes, jusqu'à ce que l'algue soit bien dissoute. Le mélange se figera en refroidissant.

L'agave et les autres édulcorants : Les édulcorants liquides sont parfaits pour remplacer le miel, dans les mêmes proportions. Reportez-vous au chapitre 8 (page 226) pour plus de détails sur ces substituts.

Le beurre sans lait : Il est désormais possible d'acheter des « beurres » à tartiner sans produits animaux, qui se révèlent tendres avec votre cœur comme avec votre palais. Reportez-vous au chapitre 1 (page 16) pour plus d'informations sur cet ingrédient.

La carraghénane ou carraghénine : Disponible dans les magasins diététiques, cet extrait d'algue rouge sert d'épaississant. Comptez 30 g de carraghénane pour faire épaissir 235 ml de liquide. Rincez l'algue et trempez-la dans l'eau jusqu'à ce qu'elle gonfle. Mélangez-la ensuite au liquide et faites bouillir pendant 10 minutes. Puis filtrez votre préparation et jetez l'algue.

Les marshmallows et autres bonbons : Certaines marques (comme Vantastic Foods ou Biona Organic®) proposent des confiseries sans gélatine animale, et tout aussi délicieuses. Passez au crible les listes d'ingrédients dans les magasins biologiques ou les épiceries casher, ou tournez-vous vers les boutiques en ligne spécialisées.

Les colorants alimentaires végétaux : Cherchez des marques qui se spécialisent dans les colorants ou les décorations de gâteaux à base de plantes (comme Scrapcooking®). Les poudres végétales déshydratées (carotte, tomate, betterave) sont pratiques pour colorer sans ajout de liquide.

La gélatine végétale : Il existe des préparations, aromatisées ou non, principalement à base de konjac, qui s'utilisent pour faire des gelées de fruits et autres desserts.

La gomme de caroube : Elle est extraite des graines de caroubier. Le plus souvent, cet épaississant est utilisé dans les aliments industriels.

La pectine de fruits : On s'en sert pour faire des confitures et des gelées. Cette poudre bien utile remplace aussi la gélatine dans de nombreuses recettes. On la trouve au rayon confitures des grandes surfaces. Reportez-vous aux instructions du fabricant pour obtenir un résultat optimal.

La poudre de betterave : C'est de la betterave séchée et moulue. Le problème quand on l'utilise dans les préparations cuites au four, par exemple dans le gâteau velours rouge (page 152), c'est qu'elle réagit à la chaleur et au pH. Il est donc difficile de savoir quelle couleur elle donnera une fois combinée à la levure chimique. Notez toutefois qu'on obtient des couleurs plus vives avec le jus, dans les préparations cuites. Mais souvenez-vous qu'en ajoutant un colorant liquide, vous allez modifier la texture de votre glaçage : gardez votre sucre glace à portée de main lorsque vous faites vos essais de couleurs !

Fabriquer ses propres substituts de substances animales à la maison

Pensez avant tout à bien vérifier les étiquettes des ingrédients que vous achetez, surtout s'il s'agit d'aliments transformés. Plus vous serez à l'aise en cuisine végétalienne, plus vous vous surprendrez à préparer davantage de choses par vous-même. C'est autant de risques en moins de voir des produits animaux s'insinuer dans vos repas.

S'il y a bien un substitut facile à préparer chez soi, c'est le colorant alimentaire. Si vous disposez d'une centrifugeuse ou d'un extracteur de jus, vous pouvez créer une multitude de colorants naturels. La moitié d'une betterave de taille normale produira assez de jus pour colorer d'un rouge rosé et pétillant vos glaçages, gâteaux et biscuits !

La palette à votre disposition s'étendra au gré de vos envies : carottes, épinards, myrtilles, curcuma... Amusez-vous !

Des recettes sans substances animales !

Préparez-vous à découvrir un monde merveilleux où il n'est plus besoin de consommer de la gélatine, du miel ni aucun autre produit dérivé de substance animale.

ASSAISONNEMENT CRÉMEUX À LA MOUTARDE

Substitut de substance animale : l'agave à la place du miel

Sans blé — Sans gluten — Sans maïs — Rapide et facile

Nous pensons que ce condiment peut rivaliser avec n'importe quelle moutarde au miel du commerce. Sans compter qu'il se prépare en 2 minutes !

POUR 470 ML

- **285 g de tofu soyeux**
- **85 g de sirop d'agave**
- **60 g de moutarde de Dijon**
- **2 c. à s. de vinaigre de cidre**
- **Sel et poivre selon convenance**

METTRE TOUS LES INGRÉDIENTS dans un blender et mixer pour obtenir une purée onctueuse.

Se conserve au réfrigérateur pendant 2 semaines, dans un récipient hermétique.

HARICOTS SAUCE BARBECUE

Substitut de substance animale : sirop d'agave à la place du miel

Sans fruits à coque — Sans gluten

Sans maïs — Allégé en matière grasse

Pas besoin de sucre ni de miel dans cette sauce barbecue ! Le sirop d'agave tient ce rôle à merveille et donne à ces précieuses sources de protéines un goût racé et sucré.

POUR 6 ACCOMPAGNEMENTS

- **160 ml d'eau**
- **170 g de concentré de tomate ou de ketchup biologique**
- **85 g de sirop d'agave**
- **2 c. à s. de vinaigre balsamique**
- **2 c. à s. de sauce Worcester végétalienne**
- **2 c. à s. de sauce adobo (facultatif)**
- **1 c. à s. de mélasse**
- **¼ de c. à c. de piment de Cayenne, selon convenance**
- **1 c. à c. de fumée liquide (facultatif),** **voir page 10**
- **55 g d'oignon, émincé**
- **1 grosse gousse d'ail, épluchée et émincée**
- **2 c. à c. de moutarde de Dijon à l'ancienne**
- **850 g à 1,3 kg de haricots en conserve, rincés et égouttés**

À L'AIDE D'UN BLENDER, réduire en purée tous les ingrédients (hormis les haricots). Verser cette sauce dans une grande cocotte. Mélanger aux haricots.

À feu doux, porter lentement à ébullition et laisser mijoter sans couvrir pendant 20 minutes en tournant de temps en temps.

LA SOUPE DE LA FAMILLE SHRIER

Substitut de substance animale : agave à la place du miel

Sans blé Sans fruits à coque

Sans gluten Sans soja

Cette soupe a été inventée en l'honneur des amis de Joni, coauteur de ce livre. Cette recette leur est dédicacée !

POUR 4 PERSONNES

- **2 c. à s. d'huile d'olive**
- **1 poireau, coupé en fines rondelles (seulement les parties blanches et vert clair)**
- **4 gousses d'ail, épluchées et émincées**
- **1,4 l de bouillon de légumes**
- **85 g de chou frisé, déchiré en petits morceaux**
- **425 g de pois chiches ou de haricots blancs en conserve, rincés et égouttés**
- **1 c. à c. de piment rouge en flocons, ou selon convenance**
- **2 c. à s. de sirop d'agave**
- **60 ml de jus de citron**
- **Sel et poivre selon convenance**

FAIRE CHAUFFER L'HUILE dans une casserole.

Faire revenir le poireau et l'ail, jusqu'à ce qu'ils diffusent leurs arômes et commencent à colorer.

Ajouter le bouillon.

Porter à ébullition, puis réduire le feu pour entretenir un frémissement. Ajouter le chou, les pois chiches ou les haricots, les flocons de piment et le sirop d'agave.

Laisser mijoter 15 minutes.

Retirer du feu et introduire le jus de citron, le sel et le poivre.

TOFU GLACÉ À LA CERISE

Substitut de substance animale : naturellement sans produits animaux !

Sans blé Sans fruits à coque

Sans gluten Sans maïs

Ce glaçage valorise aussi bien le tofu que le tempeh… pour vous permettre de varier vos sources de protéines !

POUR 4 PERSONNES

- **235 ml de vin rouge ou de jus de grenade**
- **80 g de cerises séchées**
- **80 g de cerises ou de framboises surgelées (préalablement dégelées)**
- **2 c. à s. d'huile d'olive**
- **1 c. à s. de moutarde de Dijon douce**
- **1 c. à c. de thym séché ou 1 c. à s. de thym frais**
- **½ c. à c. de poivre noir moulu**
- **¼ de c. à c. de sel**
- **340 à 450 g de tofu ferme, égoutté et pressé**

PRÉCHAUFFER LE FOUR À 180 °C.

Mélanger tous les ingrédients, sauf le tofu, dans une casserole et porter à ébullition.

Baisser le feu et laisser mijoter 10 à 12 minutes, jusqu'à ce que le mélange soit sirupeux et que les cerises aient bien retrouvé leur volume.

Pendant que le glaçage mijote, couper le tofu en 4 portions égales.

Disposer ces morceaux dans un plat allant au four pas trop large (mais laisser environ 2 cm autour de chaque morceau de tofu).

Verser le glaçage sur le tofu et faire cuire 30 minutes environ, sans couvrir.

CHIPS DE DULSE

Substitut de substance animale : naturellement sans produits animaux !

Sans blé   Sans gluten   Sans maïs

Sans soja   Crudivore

Le problème quand on adopte le régime cru, c'est le temps de préparation des plats, à moins de ne manger que des salades et des avocats ! Cette recette ne fait pas exception. Mais si vous prévoyez de la préparer en même temps que la pâte de fruits séchée pomme-banane (page 206) et les crackers crus au lin et au chanvre (page 176), vous réduirez de 30 % le temps de réalisation ! L'idéal est d'être équipé d'un déshydrateur, cependant vous pouvez aussi utiliser votre four à très basse température.

POUR 12 BISCUITS

- **30 g de dulse séchée à l'air libre**
- **1 c. à s. d'huile d'olive vierge extra, première pression à froid**
- **1 c. à s. d'ail, émincé**
- **2 c. à s. de graines de lin moulues**
- **4 piments doux sucrés au choix, épépinés et vidés**
- **½ c. à c. de sel de mer**
- **30 g de graines de tournesol décortiquées**
- **2 c. à s. de graines de lin**

DANS UN ROBOT DE CUISINE, mixer la dulse, l'huile, l'ail, le lin moulu, les piments et le sel.

Ajouter les graines de tournesol et de lin.

Étaler le mélange en fine couche sur la feuille antiadhésive du déshydrateur. Si vous n'en avez pas, découper du papier sulfurisé à la taille de vos plateaux. Programmer le déshydrateur sur 45 °C pour 8 heures, ou le temps nécessaire pour que les biscuits soient bien croquants.

Si vous n'avez pas de déshydrateur, allumer le four à sa température la plus basse, en laissant la porte entrouverte pour ne pas dépasser 45 °C. Étaler le mélange en une fine couche sur une plaque à pâtisserie, tapissée de papier sulfurisé ou d'une plaque en silicone.

Une fois que les chips sont croquantes, les briser à la main ou avec un couteau aiguisé.

BONBONS CROQUANTS AU CHOCOLAT ET AUX CÉRÉALES

Substitut de substance animale : beurre sans lait

Sans maïs   Rapide et facile

Cette confiserie américaine, traditionnellement dégustée à Noël, est incroyablement facile à faire soi-même ! C'est parfait comme petite douceur à offrir. Avec cette recette, vous aurez de quoi confectionner environ 5 pochettes-cadeaux.

Vous pouvez réaliser cette recette sans gluten en choisissant des ingrédients garantis sans gluten.

POUR 625 G

- **175 g de pépites de chocolat noir**
- **130 g de beurre de cacahuète crémeux stabilisé**
- **110 g de beurre sans lait**
- **1 c. à s. d'extrait de vanille pur**
- **370 g de riz soufflé, non sucré**
- **360 g de sucre glace**

MÉLANGER LES PÉPITES, le beurre de cacahuète et le beurre dans un bol allant au four à micro-ondes. Faire chauffer 1 minute à puissance maximale. Bien mélanger. Si tout n'est pas fondu, chauffer à nouveau 20 secondes. Il est aussi possible de faire fondre au bain-marie. Incorporer la vanille.

Verser les céréales dans un grand saladier.

Recouvrir du mélange fondu (cacahuète-chocolat) et remuer pour bien enrober les céréales.

Ajouter le sucre glace progressivement (environ 120 g à la fois) et bien mélanger. Laisser refroidir complètement avant d'emballer.

TIROPITAKIA SUCRÉS

Substituts de substance animale : tofu à la place du fromage frais, noix de cajou pour le crémeux et agave à la place du miel

Les tiropitakia grecs traditionnels sont des petits fourrés au fromage en pâte filo, parfois sucrés au miel. Ceux que nous vous proposons sont délicatement sucrés, avec un mélange noix de cajou-cannelle-fromage frais comme farce, et saupoudrés de sucre et de cannelle. Vous pouvez en faire à l'avance et les garder crus au réfrigérateur (ou même les congeler) jusqu'au moment de les passer au four.

POUR 16 PÂTISSERIES

- **455 g de pâte filo**
- **225 g de beurre végétal, fondu**

POUR LA FARCE :

- **400 g de tofu soyeux, égoutté**
- **110 g de noix de cajou**
- **85 g de sirop d'agave**
- **¼ de c. à c. de cannelle en poudre**
- **1 c. à c. d'extrait de vanille pur**
- **2 c. à s. d'huile**
- **8 feuilles de menthe fraîche**
- **60 g de noix**

POUR LE SUCRE GLACE :

- **2 c. à s. de sucre de canne complet**
- **⅛ de c. à c. de cannelle**

PRÉCHAUFFER À 200 °C. Recouvrir 2 plaques à pâtisserie de papier sulfurisé ou de tapis en silicone.

Pour préparer la farce, mettre le tofu, les noix de cajou, le sirop d'agave, la cannelle, la vanille, l'huile et la menthe dans un blender.

Réduire en purée puis introduire les noix.

Dérouler la pâte filo et la poser dans le sens de la longueur. À l'aide d'un couteau aiguisé ou d'une roulette à pizza, couper tout le paquet en deux, puis encore en deux, afin d'obtenir des bandes de 10 cm par 30 cm de long environ.

Compter 6 à 8 bandes superposées par pâtisserie et beurrer la pâte au pinceau entre chaque couche.

Déposer environ 60 g de farce à une extrémité sur la pile de feuilles beurrées et replier vers un coin pour former un triangle. Continuer à plier la bande de pâte jusqu'à l'autre extrémité pour que la farce soit bien recouverte.

Procéder de même pour chaque pâtisserie.

Disposer 8 gâteaux sur chaque plaque à pâtisserie et les beurrer au pinceau.

Mixer le sucre et la cannelle, et saupoudrer ce mélange sur les pâtisseries.

Faire cuire 30 minutes environ, jusqu'à ce qu'elles soient gonflées, dorées et friables.

VIENNOISERIE AUX FRUITS

Substitut de substance animale : fromage frais végétal, fruits

Ce qui est bien avec ces viennoiseries, c'est que vous pouvez en faire autant que vous voulez et congeler éventuellement le reste pour une autre occasion.

Pour la garniture, imaginez des variantes : beurre de cacahuète, gelée de fruits, chocolat...

POUR 8 PÂTISSERIES

- **8 carrés (de 13 cm) de pâte feuilletée adaptée aux végétaliens**
- **120 g de fromage frais végétal**
- **160 g de fruits frais (ou congelés ou en conserve)**
- **Sucre de canne ou sucre candi pour la décoration**

PRÉCHAUFFER LE FOUR À 190 °C.

Couvrir 2 plaques à pâtisserie de papier sulfurisé ou de tapis en silicone.

Poser un carré de pâte sur une surface antiadhésive.

Disposer 1 cuillère à soupe de fromage frais au centre. Avec le dos de la cuillère, former un creux dans le fromage.

Poser 1 cuillère à soupe de fruits dans le creux.

Replier deux coins opposés du carré de pâte vers le centre et les pincer pour les souder. Répéter avec les deux autres coins. S'assurer que les 4 coins sont bien collés.

Disposer sur les plaques à pâtisserie et saupoudrer de sucre.

Faire cuire 15 à 20 minutes, jusqu'à ce que les viennoiseries soient gonflées, bien dorées et friables. Le centre doit tout juste s'entrouvrir pour révéler son cœur délicieux.

BONBONS À L'ÉRABLE

Substitut de substance animale : sirop d'érable à la place du miel

Sans blé   Sans fruits à coque   Sans gluten   Sans maïs

Pour les cuisiniers les plus expérimentés

Ces bonbons sont croquants et sucrés avec un goût caramélisé. Si vous voulez, vous pouvez les enrober de chocolat. Cette recette n'est pas pour les novices, elle requiert de la patience, ainsi qu'un thermomètre de confiseur. Ne vous laissez pas berner par la simplicité des ingrédients : ce bonbon, c'est de la science pure !

POUR 30 BONBONS

- **Huile en spray**
- **385 g de sucre complet**
- **120 ml de sirop d'érable pur**
- **120 ml d'eau**
- **1 c. à s. de bicarbonate de soude**
- **Chocolat fondu pour l'enrobage (facultatif)**

TAPISSER UN PLAT (23 X 33 CM) de papier d'aluminium et le graisser légèrement avec un peu d'huile en spray.

Dans une grande casserole, mettre le sucre, le sirop et l'eau. Faire chauffer à feu doux en remuant constamment jusqu'à ce que le sucre soit dissous.

Augmenter le feu et porter à ébullition en surveillant attentivement la température. Porter à 120 °C et rester à température constante pendant 10 minutes.

Retirer du feu et introduire rapidement le bicarbonate, en le faisant bien dissoudre. Le mélange va bouillonner et écumer.

Verser aussitôt dans le plat préparé.

Laisser refroidir entièrement avant de démouler et de casser en petits morceaux.

Tremper les bonbons dans le chocolat fondu (facultatif).

Laisser bien refroidir avant de ranger dans une boîte hermétique. Ces bonbons se conservent 1 semaine.

SAVARIN AU CITRON

Substitut de substance animale : pectine à la place de la gélatine

Dans ce gâteau traditionnel américain, on utilise généralement un paquet de « *jelly* » au citron. Ici, le soda citron-citron vert procure un parfum agréablement citronné à ce savarin.

Avant de servir, vous pouvez saupoudrer légèrement de sucre glace, ou faire un glaçage en mélangeant le sucre glace et le soda.

POUR 10 PERSONNES

- **Huile en spray**
- **250 g de farine ordinaire**
- **1 ½ c. à c. de levure chimique**
- **½ c. à c. de bicarbonate de soude**
- **¼ de c. à c. de sel**
- **50 g de pectine de fruit**
- **190 g de sucre de canne complet**
- **170 g de yaourt sans lait (nature, citron ou vanille)**
- **235 ml de soda citron-citron vert (sans édulcorant de synthèse)**
- **60 ml de jus de citron, fraîchement pressé**
- **1 c. à c. d'extrait de vanille pur**
- **1 c. à s. d'extrait de citron**

PRÉCHAUFFER LE FOUR À 180 °C. Graisser légèrement un moule à savarin avec un peu d'huile en spray.

Dans un grand saladier, bien mélanger la farine, la levure chimique, le bicarbonate, le sel et la pectine.

Dans un autre saladier, fouetter le sucre, le yaourt, le soda, le jus de citron et les extraits.

Verser la préparation humide sur les ingrédients secs et bien mélanger pour qu'il n'y ait plus de grumeaux.

Verser la pâte dans le moule et faire cuire 35 à 45 minutes, jusqu'à ce qu'un cure-dent inséré dans le centre du gâteau en ressorte propre.

Laisser refroidir avant de démouler sur un plat.

GLAÇAGE PARFAIT

Substitut de substance animale : naturellement sans substances animales !

Sans blé — Sans fruits à coque

Sans gluten — Rapide et facile

Ce glaçage à base de fromage frais est coloré avec des substances végétales naturelles. Ces tons pastel ne sont-ils pas adorables ?

POUR RECOUVRIR 24 CUPCAKES
ou fourrer un gâteau de 23 cm de diamètre

- **230 g de fromage frais végétal**
- **110 g de beurre végétal, coupé en cubes**
- **1 c. à c. de vanille en poudre**
- **480 g de sucre glace**
- **Colorants végétaux (facultatif)**

À L'AIDE D'UN MIXEUR, battre le fromage, le beurre et la vanille pour former une crème aérienne.

Sans cesser de battre, ajouter le sucre progressivement en introduisant 60 g à la fois.

Battre pour obtenir un mélange homogène et aérien. Ajouter la couleur de votre choix, sans oublier que l'adjonction de liquide influe sur la consistance du nappage. Si nécessaire, ajouter du sucre glace.

Se conservent 2 à 3 jours au réfrigérateur, ou 12 mois dans le congélateur.

Astuce : Voici les couleurs que vous pouvez obtenir avec des ingrédients végétaux naturels.

- Jaune : curcuma
- Rose : jus ou poudre de betterave
- Orange : jus ou poudre de carotte
- Vert : jus ou poudre d'épinard*
- Mauve : jus de myrtille
- Marron : poudre de cacao non sucré

*(Le jus d'épinard ne s'achète pas dans le commerce, il doit être fait maison. Pour obtenir une couleur verte, vous pouvez également utiliser le colorant naturel vert à la chlorophylle de Scrapcooking®.)

CARAMEL MOU AU SÉSAME

Substituts de substance animale : sirop d'érable et lait végétal

Sans blé · Sans maïs

Faire des bonbons demande de la patience. Même si le procédé nécessite d'être réactif et rapide, n'essayez pas de précipiter les choses. Nous vous recommandons de bien préparer tous les ingrédients à l'avance.

POUR 36 MORCEAUX

- **Huile en spray**
- **1 c. à s. d'extrait de vanille pur**
- **510 g de tahin épais (purée de sésame)**
- **30 g de graines de sésame**
- **385 g de sucre de canne complet**
- **60 ml de sirop d'érable pur**
- **120 ml de lait végétal**

TAPISSER D'ALUMINIUM un plat carré (23 cm) et le graisser légèrement avec un peu d'huile en spray.

Dans un saladier, mélanger la vanille, le tahin et les graines de sésame.

Dans une casserole de taille moyenne, chauffer à feu doux le sucre, le sirop d'érable et le lait, sans cesser de remuer jusqu'à dissolution complète.

Monter le feu et porter à ébullition. Maintenir l'ébullition pendant exactement 1 minute.

Verser la préparation bouillante sur le mélange au tahin en tournant vigoureusement.

Transvaser aussitôt dans le plat préparé.

Mettre au réfrigérateur pour figer.

Une fois la préparation complètement refroidie et durcie, couper en carrés.

Se conservent jusqu'à 2 semaines au réfrigérateur.

GELÉES DE FRUITS

Substitut de substance animale : agar-agar en poudre

Sans blé · Sans fruits à coque · Sans gluten · Sans maïs · Sans soja · Allégé en matière grasse

Vous pouvez utiliser le jus de votre choix à la place du jus de grenade-açai. Déposez des baies entières dans les ramequins de service avant de verser la gelée par-dessus : vos convives auront la surprise de découvrir un vrai fruit dans leur dessert.

Vous pouvez aussi vous amuser à donner des formes originales à vos gelées, par exemple avec un moule à glaçons (étoiles, cœurs, etc.). Les enfants vont adorer !

POUR 6 PERSONNES

- **470 ml de jus grenade-açai (ou autre mélange)**
- **235 ml de jus d'orange, fraîchement pressé**
- **2 c. à s. de sirop d'agave**
- **1 c. à s. d'agar-agar en poudre**

DANS UNE CASSEROLE, verser tous les ingrédients et porter à ébullition sans cesser de fouetter. Baisser le feu. Laisser cuire encore 5 minutes.

Répartir dans 6 ramequins et réfrigérer au moins 1 heure avant de consommer.

SALADE DE FRUITS À LA CRÈME

Substitut de substance animale : marshmallows végétaliens

Rapide et facile

Il existe de nombreuses variantes de cette recette : vous pouvez la tester avec différents fruits, par exemple. Pour nous, le secret réside dans la crème sucrée, onctueuse et aérienne. Nous avons indiqué des fruits en conserve pour cette recette, mais des fruits frais ou surgelés sont sûrement adaptés aussi.

POUR 8 À 12 PERSONNES

- **340 g de crème épaisse végétale**
- **170 g de yaourt sans lait**
- **1 c. à s. d'extrait de vanille pur**
- **120 g de noix de coco râpée**
- **90 g de sucre glace**
- **1,6 kg de fruits en conserve : mandarines, cerises au marasquin, ananas et pêches, bien égouttés**
- **285 g de marshmallows adaptés aux végétaliens**

MÉLANGER LA CRÈME, le yaourt, la vanille, la noix de coco et le sucre glace. Y introduire les fruits et les marshmallows, préalablement coupés si besoin.

Réfrigérer jusqu'au moment de servir.

Astuce : D'autres fruits se prêtent bien à cette préparation : les raisins, les fraises, les myrtilles, les framboises, les bananes et les mangues. Pour encore plus de facilité, vous pouvez utiliser une grande conserve de macédoine de fruits.

PARTIE V

FAITES DU BIEN
À VOTRE ORGANISME !

SUBSTITUTS INFAILLIBLES AU GLUTEN, AU SOJA, AU SUCRE RAFFINÉ ET AU GRAS

Chapitre 6

Des crackers croustillants aux truffes crues trendy, COMMENT REMPLACER LE GLUTEN ?

UN MOT SUR LES RISQUES LIÉS AU GLUTEN

Si vous cuisinez pour une personne allergique au gluten, soyez extrêmement vigilant. Vérifiez bien les listes d'ingrédients et veillez à l'hygiène pour éviter de contaminer d'autres aliments avec des produits contenant du gluten.

Les faits

Le gluten est une protéine que l'on trouve dans toutes les nourritures qui contiennent du blé, du seigle ou de l'orge. Consommer un plat qui contient du gluten peut mettre en danger de mort les personnes atteintes de la maladie cœliaque, qui empêche le corps d'assimiler correctement les nutriments.

Il est parfaitement possible de se passer entièrement de gluten. Cela dit, dans la pratique, ce n'est pas évident car c'est une substance qui apparaît dans de nombreuses préparations agroalimentaires, et parfois là où on ne s'attend pas à la trouver, comme dans le vinaigre, les arômes, l'alcool, la sauce de soja, mais aussi dans les cosmétiques, les médicaments…

Et comme si ce n'était pas déjà assez compliqué, il faut aussi faire attention aux contaminations croisées. Si des produits sans gluten sont préparés avec les mêmes ustensiles que des ingrédients contenant du gluten, ils ne seront plus propres à la consommation pour les personnes allergiques. C'est pourquoi il faut être extrêmement prudent et ne sélectionner que des marques qui certifient clairement que les produits qu'elles proposent conviennent aux personnes sensibles au gluten.

Conseils pour remplacer le gluten

Cuisiner sans gluten est très simple tant qu'il s'agit de légumes, de fruits, de légumineuses, de maïs, de riz, de pommes de terre et autres aliments qui sont naturellement exempts de gluten. Pour la pâtisserie sans gluten, c'est une autre histoire.

Ce serait tellement mieux si on pouvait simplement remplacer ceci par cela, mais ce n'est pas le cas. Il vous faudra transformer votre cuisine en laboratoire d'expériences et tester des mélanges pour obtenir la croûte parfaite, la bonne texture et le goût recherché. Mais pas de panique : jouer au savant fou de temps en temps est très amusant, et plus vous pratiquerez, plus les résultats seront satisfaisants et faciles à atteindre.

Pour des conseils plus précis, consultez le tableau ci-dessous :

SI LA RECETTE ORIGINALE INDIQUE…	REMPLACER PAR…
125 g de farine ordinaire ou d'une autre farine de blé	• 120 g de mélange maison de farines à pâtisserie sans gluten (page 173) • 120 g de mélange de farines sans gluten du commerce (type Orgran® ou Schär®)
200 g d'orge perlé, non cuit	• 185 g de riz (blanc, complet ou sauvage), non cuit • 170 g de quinoa, non cuit • 200 g de millet, non cuit • 190 g d'amarante, non cuite
20 g de blé soufflé	• 16 g de riz, de quinoa, de sarrasin ou d'amarante soufflé
230 g de seitan	• 230 g de tofu, de tempeh ou de protéines végétales texturées

EXEMPLE DE RECETTE VÉGÉTALISÉE

La recette ci-dessous vous montre comment remplacer le gluten et les ingrédients qui ne conviennent pas aux végétaliens.

CRAQUELÉS CARAMEL-CAPPUCCINO

POUR 20 BISCUITS

- **75 g de ~~beurre, ramolli~~**
  - Remplacer par du beurre végétal.
- **220 g de ~~sucre roux~~**
  - Utiliser 190 g de sucre muscovado ou d'un autre sucre complet.
- **60 g de cacao en poudre non sucré**
- **1 c. à s. de café instantané**
- **1 c. à c. de bicarbonate de soude**
- **1 pincée de sel fin**
- **1 c. à c. de cannelle en poudre**
- **2 ~~blancs d'œuf~~**
  - Dans ce cas, il n'y a pas besoin de les remplacer, car la gomme xanthane et le yaourt s'en chargent déjà.
- **80 g de ~~yaourt allégé à la vanille~~**
  - Remplacer par la même quantité de yaourt végétal (voir recette page 20).
- **190 g de ~~farine ordinaire~~**
  - Remplacer par 160 g de farine de riz + 30 g de fécule de maïs + ½ c. à c. de gomme xanthane.
- **50 à 95 g de ~~sucre semoule~~**
  - Remplacer par du sucre intégral.

À L'AIDE D'UN BATTEUR ÉLECTRIQUE, mélanger le beurre et le sucre muscovado jusqu'à ce que le mélange blanchisse. Ajouter le cacao, le café, le bicarbonate, le sel et la cannelle. Bien mélanger en raclant les bords. Incorporer le yaourt. Ajouter la farine, la fécule et la gomme xanthane. Battre jusqu'à obtenir un mélange homogène.

Préchauffer le four à 180 °C. Couvrir 2 plaques à pâtisserie de papier sulfurisé ou de tapis en silicone.

Dans un bol peu profond, verser le sucre intégral. Déposer 2 belles cuillerées à café de pâte dans le sucre et les rouler en boules. Les disposer sur la plaque à 5 cm d'intervalle. Les écraser légèrement. Répéter l'opération avec le reste de la pâte.

Faire cuire 8 à 10 minutes, jusqu'à ce que le pourtour des craquelés soit ferme. Les transférer sur une grille dès qu'ils sont assez solides pour être manipulés. Laisser refroidir complètement.

Trouver des substituts sans gluten en magasin

La plupart des magasins diététiques proposent un rayon de produits sans gluten : biscuits, pains, pâtes, en-cas… ainsi que des matières premières pour la pâtisserie. On en trouve aussi dans certaines grandes surfaces et sur les sites de vente en ligne.

L'amarante : Cette graine au goût de noix, riche en protéines et en fibres, se cuisine comme le riz et permet de varier les textures dans les salades et les plats d'accompagnement. La farine d'amarante fait merveille dans les cuissons au four, combinée à d'autres farines ou fécules.

La poudre de noix de coco : Naturellement sucrée, elle permet de préparer des mets généreux, riches en fibres et en protéines. Elle est idéale pour les biscuits et vous pouvez l'utiliser dans les plats où un soupçon de saveur de coco est bienvenu.

La farine de pois chiche ou de fève : Excellente source de fibres et de protéines, sa saveur caractéristique est proche de celle de l'œuf.

La farine de riz : La farine complète de riz est la plus consistante. Elle a un goût de noisette et elle est plus riche en nutriments et en fibres que la farine de riz blanc. La farine complète de riz permet de réaliser des préparations plus friables et plus denses, tandis que la farine de riz blanc est plus adaptée pour les textures délicates.

La farine de sorgho : Son grain ressemble au millet et constitue une merveille nutritionnelle ! Elle s'utilise en mélange avec d'autres farines sans gluten pour remplacer la farine de froment.

Les fécules : La poudre d'arrow-root, la fécule de maïs, de pomme de terre et de manioc peuvent être utilisées dans la cuisine sans gluten et donnent de bons résultats. Elles ont toutes un goût neutre et, bien que chacune ait ses qualités propres, elles sont facilement interchangeables. Notez que la fécule de manioc donne une consistance plus élastique, ce qui est appréciable dans certaines recettes de biscuits. Dans les sauces et les entremets, il vaut mieux ajouter la fécule en dernier, sous forme de bouillie, que l'on obtient en mélangeant à parts égales de la fécule et de l'eau, et en laissant cuire jusqu'à ce que le mélange épaississe. Utilisez environ 1 cuillerée à soupe pour 235 ml de liquide.

La gomme de guar : C'est un épaississant riche en fibres, obtenu à partir de légumes, qui agit comme liant dans la cuisine sans gluten. La gomme de guar est moins chère que la gomme xanthane. Utilisez 1 cuillerée à café pour 120 g de farine dans les recettes de pain. Pour les muffins ou autres préparations de ce genre, ½ cuillerée à café suffit. Pour les biscuits, comptez ½ cuillerée à café maximum, voire pas du tout.

La gomme xanthane : Cet épaississant à base de maïs sert de liant dans la cuisine sans gluten. Comptez 1 cuillerée à café pour 120 g de farine dans les recettes de pains, ½ cuillerée à café pour 120 g de farine pour les muffins, et ½ cuillerée à café maximum, voire pas du tout, pour les biscuits.

Les ingrédients garantis sans gluten : Pensez à vérifier que les aides culinaires que vous utilisez (extraits, levure chimique, fécule de maïs) sont garanties sans gluten. En effet, beaucoup sont élaborées à partir d'alcool de grain et peuvent contenir des traces de gluten.

Les mélanges de farines sans gluten tout préparés : Certaines marques, comme Schär® ou Orgran®, proposent des mélanges de farines sans gluten adaptés à différents usages.

Le quinoa : C'est une fabuleuse source de calcium, de protéines et de fer, au délicat goût de noisette. Bien rincer les graines pour éliminer les saponines au goût amer. La farine de quinoa donne des préparations riches et tendres.

Fabriquer des substituts sans gluten à la maison

En préparant vous-même vos mélanges sans gluten, vous contrôlez exactement quelles farines vous utilisez, ainsi que leur prix de revient.

Souvenez-vous que la fécule ne doit représenter qu'un tiers du mélange total.

Il est préférable de marier deux types de farine sans gluten pour obtenir une texture plus agréable et un goût plus neutre.

Il vaut mieux ajouter la gomme de guar (ou la gomme xanthane) juste au moment de la préparation plutôt que de l'intégrer à l'avance dans le mélange de farines. Ainsi vous pourrez ajuster la quantité suivant la recette que vous voulez réaliser.

MÉLANGE MAISON DE FARINES À PÂTISSERIE SANS GLUTEN

Sans blé   Sans gluten

Voici un exemple de mélange standard sans gluten qu'il est pratique d'avoir sous la main. Il est adapté pour les muffins, les cookies et fonctionne aussi très bien pour la pâte à beignets. Prévoyez les mêmes proportions de farine que dans la recette d'origine. Attention, ce mélange n'est pas recommandé pour les pains.

POUR 480 G

- **160 g de farine de pois chiches ou de fèves**
- **135 g de farine blanche de sorgho**
- **85 g de fécule de maïs ou d'arrow-root**
- **50 g de cassonade**
- **3 ½ c. à c. de gomme xanthane**
- **1 ½ c. à c. de sel**
- **½ c. à c. de crème de tartre ou 1 c. à c. de levure chimique**

BIEN MÉLANGER TOUS LES INGRÉDIENTS et conserver dans un récipient hermétique.

Des recettes 100 % sans gluten

Pensez à vérifier même les ingrédients les plus communs dans votre cuisine : levure chimique, vinaigre, etc.

GAUFRES SALÉES AUX TROIS MAÏS

Substituts de gluten : polenta et graines de lin moulues

Sans blé — Sans gluten — Rapide et facile

Un support succulent pour les salsas et autres trempettes, lors d'un apéritif gourmand ou en accompagnement d'une soupe. Régalez-vous !

POUR 6 GROSSES GAUFRES ou 12 petites

- **120 g de chips tortilla sans gluten**
- **280 g de polenta**
- **105 g de graines de lin moulues**
- **1 c. à s. + 1 c. à c. de levure chimique**
- **2 c. à c. de sel de mer fin**
- **1 c. à c. de piment de Cayenne, ou selon convenance**
- **60 ml d'huile d'arachide**
- **235 ml de lait végétal non sucré, voire un peu plus si nécessaire**
- **235 ml de salsa verte**
- **165 g de maïs surgelé ou en conserve**
- **Huile en spray**

DANS UN ROBOT DE CUISINE, concasser grossièrement les chips. Ajouter la polenta, les graines de lin moulues, la levure chimique, le sel et le piment de Cayenne. Bien mélanger.

Verser ensuite l'huile, le lait et la salsa. Bien mélanger à nouveau. Incorporer enfin le maïs. La pâte sera très épaisse, mais elle ne doit pas être trop sèche. Ajouter un peu de lait si nécessaire.

Suivant les instructions de l'appareil, faire cuire les gaufres en graissant un peu entre chaque fournée pour un meilleur résultat.

PANCAKES DE MAÏS

Substitut de gluten : mélange de farines sans gluten

Sans blé — Sans fruits à coque — Sans gluten

La polenta donne à ces galettes un goût authentique. Pour un plat plus consistant, ajoutez 125 g de grains de maïs. Dégustez ces pancakes avec du sirop d'érable ou une compote de myrtilles.

POUR 8 GRANDES GALETTES

- **140 g de polenta très fine**
- **120 g de mélange de farines à pâtisserie sans gluten, fait maison (page 173) ou acheté dans le commerce**
- **2 c. à s. de sucre de canne complet**
- **1 ½ c. à c. de levure chimique**
- **½ c. à c. de bicarbonate de soude**
- **½ c. à c. de sel**
- **355 ml de lait végétal**
- **2 c. à s. de jus de citron frais**
- **2 c. à s. d'huile**
- **3 c. à s. de substitut d'œuf en poudre**
- **60 ml d'eau tiède**

DANS UN SALADIER, mélanger la polenta, la farine, le sucre, la levure chimique, le bicarbonate et le sel.

Dans un bol peu profond, mélanger le lait et le jus de citron. En caillant, le mélange se transforme en lait ribot. Y ajouter l'huile.

Dissoudre le substitut d'œuf dans l'eau tiède et battre pour faire mousser. L'ajouter au mélange de lait ribot.

Incorporer cette préparation aux ingrédients secs en prenant garde de ne pas trop mélanger. La pâte doit être légère et aérienne.

Faire chauffer une poêle antiadhésive à feu vif.

Procéder comme avec des crêpes traditionnelles, mais prévoir un temps de cuisson un peu plus long.

MUFFINS AUX PÉPITES DE CHOCOLAT

Substitut de gluten : mélange de farines sans gluten

Sans blé · Sans fruits à coque · Sans gluten

Ces muffins ont une texture si extra qu'on ne se rend même pas compte qu'ils sont sans gluten !

POUR 12 MUFFINS

- **240 g de mélange de farines à pâtisserie sans gluten fait maison (page 173) ou acheté dans le commerce**
- **30 g de cacao en poudre non sucré**
- **1 c. à c. de levure chimique**
- **½ c. à c. de bicarbonate de soude**
- **1 c. à c. de vanille en poudre**
- **170 g de yaourt végétal (voir recette page 20)**
- **120 ml d'huile au goût neutre**
- **200 g de sucre intégral**
- **120 ml de lait végétal**
- **175 g de pépites de chocolat noir**

PRÉCHAUFFER LE FOUR À 180 °C. Garnir un moule à muffins de caissettes en papier. Dans un grand saladier, mélanger la farine, le cacao, la levure chimique, le bicarbonate et la vanille.

Dans un récipient plus petit, mélanger le yaourt, l'huile, le sucre et le lait.

Incorporer cette préparation aux ingrédients secs en veillant à ne pas trop mélanger.

Ajouter les pépites.

Remplir les caissettes presque à ras bord.

Faire cuire 25 à 30 minutes, jusqu'à ce qu'un cure-dent inséré au cœur du muffin en ressorte propre.

Démouler et faire refroidir les muffins dans leurs caissettes sur une grille.

CRACKERS CRUS AU LIN ET AU CHANVRE

Substitut de gluten : naturellement sans gluten !

Sans blé · Sans gluten · Sans maïs · Sans soja · Crudivore

Préparez ces biscuits salés pendant le week-end et profitez tout au long de la semaine des bienfaits du lin et des acides gras essentiels du chanvre.

POUR 15 BISCUITS

- **85 g de graines de lin**
- **80 g de graines de chanvre décortiquées**
- **3 c. à s. de graines de lin moulues**
- **1 c. à s. de graines de chia**
- **15 g de persil frais, haché**
- **1 c. à s. d'ail, émincé**
- **½ c. à c. de piment de Cayenne, ou selon convenance**
- **120 ml d'eau**

DANS UN SALADIER, mélanger tous les ingrédients et laisser reposer 1 heure, le temps que les graines de lin et de chia deviennent gélatineuses.

Si vous avez un déshydrateur, étaler la préparation en fine couche sur la feuille antiadhésive.

Sinon, tapisser de papier sulfurisé la plaque du four et enfourner à température minimale en laissant la porte entrouverte pour maintenir la chaleur en dessous de 50 °C.

La déshydratation prendra entre 4 et 6 heures. Une fois que les biscuits sont bien croquants, casser en morceaux.

SALADE DE ROQUETTE AU TOFU ÉPICÉ

Substitut de gluten :
naturellement sans gluten !

Sans blé — Sans gluten

Rapide et facile

Plus il y a d'aliments naturellement colorés dans votre assiette, mieux c'est pour votre santé ! Cette salade est un feu d'artifice : vert pétant de la roquette, rouge chaleureux des poivrons et jaune curry de la sauce. Vous pouvez la déguster telle quelle, ou bien sur une tartine, en wrap ou dans un pain pita. Si vous n'aimez pas la roquette, remplacez-la par des pousses d'épinard.

POUR 4 PLATS PRINCIPAUX

ou 8 accompagnements

- **455 g de tofu ferme, égoutté et pressé (éventuellement frit à la poêle)**
- **85 g de roquette sans les tiges**
- **40 g de raisins secs**
- **30 g de pignons de pin**
- **45 g de poivrons rouges, grillés coupés en dés**
- **½ oignon rouge de taille moyenne, finement émincé**
- **225 g de mayonnaise végétale, faite maison (recette page 66 ou 67) ou achetée dans le commerce**
- **2 c. à s. de vinaigre de cidre**
- **1 c. à s. de curry en poudre, ou selon convenance**
- **Sel et poivre selon convenance**

DÉTAILLER LE TOFU EN PETITS CUBES et les déposer dans un grand saladier.

Ajouter la roquette, les raisins, les pignons, le poivron et l'oignon.

Dans un bol, mélanger la mayonnaise, le vinaigre, le curry, le sel et le poivre.

Verser la sauce sur la salade et bien tourner.

SALADE DE ROQUETTE AU TEMPEH ET AU MAÏS

Substitut de gluten :
naturellement sans gluten !

Sans blé — Sans gluten

Cette salade constitue un bon plat de résistance, mais vous pouvez facilement la transformer en garniture dans un pain pita, en wrap ou sur une pizza.

POUR 2 PLATS PRINCIPAUX

ou 4 accompagnements

- **235 ml de bouillon de légumes**
- **230 g de tempeh, coupé en cubes**
- **55 g de pousses de roquette**
- **85 g de poivrons rouges, grillés et coupés en dés**
- **250 g de maïs en grains**
- **1 c. à s. d'huile de sésame (non grillé)**
- **2 c. à s. de sauce tamari**
- **1 c. à s. de mirin**
- **1 c. à c. de piment rouge en flocons**
- **Sel et poivre selon convenance**

MÉLANGER LE TEMPEH et le bouillon dans une grande sauteuse et porter à ébullition. Puis, réduire le feu et laisser mijoter jusqu'à ce que le liquide soit presque entièrement absorbé.

Ajouter alors la roquette, le poivron et le maïs. Faire « tomber » la roquette (compter 3 à 5 minutes).

Verser l'huile de sésame, la sauce tamari et le mirin, et parsemer de piment en flocons.

Laisser cuire encore 3 minutes, jusqu'à ce que le maïs et le piment soient bien chauds.

Rectifier l'assaisonnement si besoin.

PILAF DE LENTILLES ET DE QUINOA

Substituts de gluten : quinoa et lentilles

Sans blé · Sans gluten · Sans maïs · Rapide et facile

Un super mélange de céréales sans gluten, aussi savoureux chaud que froid.

POUR 4 PERSONNES

- **170 g de quinoa non cuit, bien rincé**
- **190 g de lentilles corail non cuites, bien rincées**
- **2 poivrons rouges de taille moyenne, épépinés et émincés**
- **40 g de raisins secs ou de dattes, coupées**
- **2 c. à s. d'huile d'olive vierge extra**
- **60 ml de jus d'orange, fraîchement pressé**
- **60 ml de vinaigre de cidre**
- **1 c. à c. d'oignon en flocons**
- **2 gousses d'ail, épluchées et émincées**
- **2 c. à s. de sauce tamari**
- **½ c. à c. de piment rouge en flocons, ou selon convenance**
- **1 c. à c. de graines de carvi**
- **½ c. à c. de sel de mer fin**
- **70 g de noix de cajou, concassées, salées et grillées**
- **2 c. à s. de basilic frais, haché (facultatif)**

FAIRE CUIRE LE QUINOA et les lentilles dans 2 litres d'eau pendant 10 minutes. Égoutter et laisser refroidir.

Dans un grand saladier, mélanger tous les autres ingrédients hormis les noix de cajou et le basilic. Incorporer les céréales froides.

Juste avant de servir, parsemer de basilic et de noix de cajou.

FRITES DE MANIOC

Substitut de gluten : naturellement sans gluten !

Sans blé · Sans fruits à coque · Sans gluten · Sans maïs · Sans soja

Le manioc, ou cassave, est une racine riche en amidon, en calcium, en phosphore et en vitamine C. Il vous faudra un bon couteau pour l'éplucher, car sa peau est épaisse. Si vous avez une friteuse, voilà une bonne occasion de la sortir. Sinon, utilisez une casserole remplie de 10 cm d'huile de friture.

Trempez ces frites dans notre Aji Verde (page 208).

POUR 4 PERSONNES

- **455 g de racine de manioc**
- **½ c. à c. de cumin en poudre**
- **½ c. à c. de sel**
- **½ c. à c. de paprika**
- **½ c. à c. d'ail en poudre**
- **½ c. à c. d'oignon en poudre**
- **Huile de friture**

ÉPLUCHER LE MANIOC puis le couper en frites. Rincer à l'eau froide pour évacuer l'excédent d'amidon et empêcher l'oxydation.

Faire précuire les frites 20 minutes à la vapeur pour les attendrir. Pendant ce temps, placer les épices dans une boîte, bien fermer et secouer pour mélanger.

Faire chauffer l'huile à 180 °C. Tapisser une plaque de papier absorbant.

Plonger délicatement une petite quantité de frites dans l'huile (ne pas en mettre trop à la fois).

Faire dorer 3 à 5 minutes. Les retirer de la friteuse et les étaler sur le papier pour absorber l'excédent d'huile. Saupoudrer d'épices à volonté et servir bien chaud.

CROQUETTES DE POMMES DE TERRE, RAIFORT ET CIBOULETTE

Substitut de gluten : flocons de pomme de terre instantanés à la place de la farine

Sans blé   Sans fruits à coque   Sans gluten   Sans maïs

Ce plat se marie particulièrement bien avec des substituts de viande et des légumes verts. On peut aussi servir ces croquettes avec de la crème végétale ou du ketchup.

POUR 12 CROQUETTES

- **2 c. à s. d'huile d'olive**
- **1 gros poireau, coupé en fines rondelles (seulement les parties blanches et vert clair)**
- **4 gousses d'ail, épluchées et émincées**
- **55 g de beurre végétal**
- **235 ml de lait végétal non sucré**
- **235 ml d'eau**
- **165 g de flocons de pommes de terre instantanés**
- **2 c. à s. de crème de raifort**
- **1 c. à s. de ciboulette séchée ou 3 c. à s. de ciboulette fraîche, finement ciselée**
- **170 g de pommes de terre sautées (éventuellement surgelées, à faire dégeler à l'avance)**
- **Sel et poivre selon convenance**

PRÉCHAUFFER LE FOUR À 220 °C.

Couvrir une plaque à pâtisserie de papier sulfurisé ou de tapis en silicone.

Faire chauffer l'huile dans une sauteuse sur feu moyen à vif.

Faire revenir le poireau et l'ail jusqu'à ce que les arômes se diffusent et que le mélange commence à brunir. Retirer du feu et réserver.

Dans une casserole de taille moyenne, porter à ébullition le beurre, le lait et l'eau. Hors du feu, incorporer les flocons de pommes de terre.

Ajouter le mélange de poireau et d'ail, puis le raifort, la ciboulette et les pommes de terre sautées. Saler et poivrer.

Prélever 80 ml de cette préparation et disposer sur la plaque de cuisson. Répéter l'opération pour confectionner 12 croquettes.

Faire cuire 15 minutes, retourner, et poursuivre la cuisson encore 15 minutes.

Servir tiède.

RAGOÛT AU VIN ROUGE

Substitut de gluten : patates douces

Sans blé — Sans gluten — Sans maïs

Pour un repas complet, vous pouvez enrichir ce ragoût sans gluten en incorporant du tempeh croquant ou du tofu grillé juste avant de servir.

POUR 4 ACCOMPAGNEMENTS

- **30 g de beurre sans lait**
- **2 c. à s. d'huile d'olive**
- **4 patates douces de taille moyenne, épluchées, coupées en quartiers puis en fines tranches**
- **455 g de carottes, coupées en fines rondelles**
- **80 g d'oignon, émincé**
- **1 c. à c. de gros sel de mer, ou selon convenance**
- **½ c. à c. de poivre noir moulu**
- **2 c. à c. de poudre à chili doux ou mi-fort**
- **180 ml de vin rouge**
- **2 c. à s. de vinaigre de vin rouge**
- **2 c. à s. de sirop d'érable pur**
- **3 feuilles de laurier**
- **145 g de petits pois surgelés**

DANS UNE GRANDE CASSEROLE, faire chauffer le beurre et l'huile à feu moyen. Mettre les patates, les carottes, l'oignon, le sel et le poivre. Faire cuire 5 minutes. Ajouter la poudre à chili, le vin, le vinaigre et le sirop d'érable. Bien mélanger.

Porter lentement à ébullition. Enfoncer les feuilles de laurier dans les légumes. Couvrir, baisser le feu et faire cuire pendant 20 minutes en remuant de temps en temps.

Ajouter les petits pois et faire cuire encore 5 minutes, jusqu'à ce que les légumes soient tendres. Retirer les feuilles de laurier avant de servir.

SOUPE DE POMME DE TERRE AU FROMAGE

Substitut de gluten : naturellement sans gluten !

Sans blé — Sans gluten — Rapide et facile

Cette soupe est vraiment rapide à faire ! Vous pouvez même gagner encore plus de temps en mixant les ingrédients secs à l'avance.

Pour plus de gourmandise, dégustez-la avec du fromage végétal râpé, de la ciboulette et des simili-lardons (page 143). Enfin, choisissez des flocons de pommes de terre du commerce qui contiennent vraiment des pommes de terre… et rien d'autre.

POUR 2 GRANDS BOLS
ou 4 entrées

- **1,2 l de bouillon de légumes**
- **2 c. à s. de miso jaune ou blanc**
- **60 g de crème épaisse sans lait, achetée ou faite maison (recette page 21)**
- **60 g de flocons de pommes de terre instantanés**
- **30 g de levure de bière maltée**
- **1 c. à s. d'ail en poudre**
- **1 c. à s. d'oignon séché en lanières**
- **1 c. à s. de ciboulette séchée ou 3 c. à s. de ciboulette fraîche, finement ciselée**
- **¼ de c. à c. de paprika**
- **Sel et poivre selon convenance**

DANS UNE CASSEROLE, porter le bouillon à ébullition, puis réduire le feu pour entretenir un frémissement. Ajouter le miso, la crème épaisse, les flocons de pommes de terre, la levure, l'ail, l'oignon, la ciboulette et le paprika. Mélanger jusqu'à obtenir une soupe crémeuse. Saler et poivrer.

SOUPE À L'OIGNON

Substitut de gluten : naturellement sans gluten !

Sans blé   Sans gluten

Un grand classique, à servir avec des croûtons de pain sans gluten et une tranche de fromage végétal fondu.

POUR ENVIRON 2 LITRES

- **60 ml d'huile d'olive**
- **4 oignons blancs ou jaunes, épluchés et coupés en fines rondelles**
- **¼ de c. à c. de sel de mer**
- **1 c. à s. de sucre complet**
- **2 c. à s. d'ail, émincé**
- **2 l de bouillon végétal saveur bœuf**
- **1 feuille de laurier**

DANS UNE GRANDE CASSEROLE, faire chauffer l'huile sur feu doux à moyen.

Mettre les oignons et saupoudrer de sel.

Faire caraméliser les oignons 35 à 40 minutes en ajoutant le sucre après 10 minutes de cuisson.

Remuer souvent : les oignons doivent devenir transparents, tendres et couleur caramel.

Ajouter l'ail, le bouillon et la feuille de laurier.

Porter à ébullition, puis réduire à un frémissement.

Couvrir et laisser mijoter pendant 1 heure.

Astuce : Si vous ne trouvez pas de bouillon végétal saveur bœuf, préparez-le vous-même. Dans 1,8 l de bouillon de légumes allégé en sel, ajoutez 60 ml de sauce brune et 60 ml de sauce tamari sans gluten.

SOCCA PROVENÇALE

Substitut de blé : farine de pois chiche

Sans blé — Sans gluten — Sans maïs

Cette spécialité du Sud se prête bien à une garniture typique de pizza. Miam !

POUR 2 GALETTES

POUR LA GARNITURE :

- **455 g de tomates cerises, coupées en deux**
- **1 c. à s. d'huile d'olive**
- **1 pincée de sel de mer**
- **Poivre selon convenance**
- **½ c. à c. de piment rouge en flocons**
- **40 g d'oignon rouge, émincé**
- **4 gousses d'ail, épluchées et émincées**
- **12 feuilles de basilic**
- **4 brins de thym frais**
- **100 g d'olives noires dénoyautées, coupées en deux**
- **2 tomates séchées, finement émincées**
- **12 olives vertes dénoyautées**
- **1 ½ c. à c. de câpres, sans la saumure**
- **110 g de tofu ferme, émietté (facultatif)**

POUR LA SOCCA :

- **2 c. à s. d'huile d'olive vierge extra**
- **2 c. à s. de vinaigre de cidre**
- **180 ml de lait végétal non sucré**
- **2 c. à c. de moutarde de Dijon**
- **½ c. à c. de sel de mer**
- **Poivre selon convenance**
- **4 gousses d'ail, épluchées et émincées**
- **2 c. à s. d'oignon rouge, émincé**
- **8 feuilles de basilic, déchirées**
- **1 c. à c. de thym frais**
- **2 grosses c. à s. d'amandes grillées à sec, grossièrement concassées**
- **120 g de farine de pois chiches**
- **½ c. à c. de bicarbonate de soude**
- **2 c. à c. d'huile d'arachide**

PRÉPARATION DE LA GARNITURE : Mélanger tous les ingrédients dans une grande casserole.

Faire cuire sur feu moyen à vif, en remuant de temps en temps, jusqu'à ce que les tomates soient dégonflées (compter environ 8 minutes). Réserver.

PRÉPARATION DE LA SOCCA : Mélanger l'huile d'olive, le vinaigre et le lait dans un saladier. Laisser reposer 2 minutes puis incorporer la moutarde, le sel, le poivre, l'ail, l'oignon, le basilic, le thym et les amandes. Ajouter la farine et le bicarbonate en mélangeant bien. Laisser reposer à nouveau pendant 15 minutes.

Graisser une poêle (23 cm de diamètre environ) avec l'huile d'arachide. Faire chauffer sur feu moyen à vif. Verser la moitié de la pâte : elle doit couvrir presque toute la surface de la poêle. Faire cuire à feu moyen environ 5 minutes, jusqu'à ce que la socca soit bien dorée. La transférer délicatement dans un plat afin de la retourner dans la poêle. Laisser cuire encore 5 minutes pour dorer l'autre côté.

Répéter l'opération avec le reste de la pâte.

Servir la crêpe avec sa garniture, ou arroser la socca d'huile d'olive et garnir d'un peu d'aïoli aux tomates grillées (page 35) ou de tartare aux trois olives (page 35), et faire griller.

POLENTA MEXICAINE

Substitut de gluten : naturellement sans gluten !

Sans blé — Sans fruits à coque — Sans gluten

Une merveille accompagnée de Nacho Queso (page 52), de crème épaisse sans lait (page 21), de coriandre fraîche ou de tranches d'avocat.

POUR 10 À 12 PERSONNES

POUR LA POLENTA :

- **1,5 l d'eau ou de bouillon de légumes**
- **280 g de polenta**
- **1 c. à c. de cumin en poudre**
- **1 c. à s. de sauce adobo (dans une conserve de piments chipotle)**
- **40 g de beurre végétal**

POUR LA GARNITURE :

- **425 g de haricots noirs en conserve, rincés et égouttés**
- **35 g de piments verts, grillés et coupés en dés**
- **2 piments chipotle en sauce adobo, coupés**
- **1 oignon rouge de taille moyenne, épluché et coupé en dés**
- **Garniture de tacos (recette page 117)**
- **110 g de fromage frais végétal**

PRÉPARATION DE LA POLENTA : Porter le bouillon ou l'eau à ébullition. Réduire le feu et introduire lentement la polenta, le cumin et la sauce adobo.

Faire mijoter pendant 30 minutes, en tournant souvent pour que le mélange n'attache pas. Attention aux grosses bulles ! Lorsque la polenta épaissit et ne fait plus de bulle, elle est bientôt cuite. Y faire fondre le beurre.

Transférer dans un moule (23 x 23 cm) et étaler uniformément.

Préchauffer le four à 200 °C le temps de préparer la garniture.

PRÉPARATION DE LA GARNITURE : Dans un saladier, mélanger les haricots, les piments et l'oignon.

Répartir sur la polenta.

Dans un autre récipient, mélanger la garniture à tacos et le fromage frais, puis l'étaler sur le mélange de haricots.

Faire cuire 20 minutes, jusqu'à ce que la garniture soit bien chaude.

BARRES À LA NOIX DE COCO SUPER CARAMEL

Substituts de gluten : farine complète de riz et gomme xanthane

Sans blé Sans gluten

Il paraît que ces barres font un tabac à Los Angeles ! Cet en-cas gourmand au léger parfum d'orange constitue une solide source d'énergie.

POUR 6 À 8 BARRES

- **230 g de noix de coco, finement râpée**
- **100 g de marrons ou de noix de pécan grillées**
- **25 g de graines de lin moulues**
- **40 g de farine complète de riz**
- **145 g de sucre complet**
- **60 ml d'huile d'arachide (réduire à 30 ml pour la version avec les noix de pécan)**
- **120 ml de jus d'orange**
- **2 c. à c. d'extrait de vanille pur**
- **½ c. à c. d'extrait d'orange pur**
- **Huile en spray**
- **1 c. à c. de levure chimique**
- **½ c. à c. de gomme xanthane**
- **¼ de c. à c. de sel de mer fin**
- **100 g de pépites de chocolat noir**

DANS UN ROBOT DE CUISINE, mixer finement la noix de coco, les marrons ou les noix de pécan, les graines de lin, la farine et le sucre. Prélever 150 g de ce mélange et laisser le reste dans le robot.

Dans une petite casserole, verser les 150 g du mélange, l'huile et le jus d'orange. Faire cuire 2 minutes sur feu moyen à vif pour former une pâte. Réserver et laisser refroidir. Puis incorporer les extraits.

Préchauffer le four à 180 °C. Graisser légèrement un plat carré (20 cm) avec un peu d'huile en spray.

Dans le robot, verser la levure chimique, la gomme xanthane et le sel. Bien mélanger.

Ajouter la pâte à la noix de coco refroidie et mélanger pour l'incorporer complètement.

Terminer avec les pépites de chocolat et mélanger légèrement (ou transférer dans un saladier et mélanger à la cuillère en bois).

À la main, disposer la pâte dans le plat en appuyant bien.

Enfourner pour 25 minutes de cuisson, jusqu'à ce que les bords soient colorés et la pâte bien prise.

Laisser tiédir sur une grille 15 bonnes minutes, démouler et détailler en 6 à 8 barres, puis laisser refroidir complètement.

Conserver au réfrigérateur et déguster bien frais.

COOKIES AU BEURRE DE CACAHUÈTE SANS FARINE

Substitut de gluten : graines de lin moulues

Sans blé Sans gluten Sans soja

Régalez-vous sans crainte avec ces cookies sans blé et sans farine. Vous pouvez aussi tester la recette avec d'autres beurres d'oléagineux, on parie qu'ils seront tout aussi délicieux !

POUR 12 GROS COOKIES

- **510 g de beurre de cacahuète avec morceaux**
- **170 g de sirop d'agave**
- **2 c. à c. d'extrait de vanille pur**
- **2 c. à c. de levure chimique**
- **25 g de graines de lin moulues**
- **95 g de sucre rapadura**

PRÉCHAUFFER LE FOUR À 150 °C. Couvrir 2 grandes plaques à pâtisserie de papier sulfurisé ou de tapis en silicone.

Mélanger tous les ingrédients dans un saladier et remuer pendant 1 minute environ.

Diviser la pâte en 12 cookies de taille égale (environ 65 g chacun). Les disposer sur les plaques puis aplatir la pâte pour obtenir la forme désirée. Pas besoin de trop les espacer : ces biscuits ne prennent pas beaucoup de volume à la cuisson.

Faire cuire 20 minutes, jusqu'à ce que le pourtour soit bien coloré. S'ils ont tendance à gonfler en cours de cuisson, les tapoter délicatement avec une spatule.

Laisser tiédir sur les plaques de cuisson jusqu'à ce qu'ils soient assez fermes pour être transférés sur une grille et y refroidir complètement.

COOKIES CACAHUÈTE ET CHOCOLAT

Substitut de gluten : poudre de noix de coco

Sans blé   Sans gluten

Nous adorons la texture douce et le goût légèrement sucré de la poudre de noix de coco !

POUR 24 BISCUITS

- **510 g de beurre de cacahuète crémeux stabilisé (type Skippy® vendu en supermarché)**
- **190 g de sucre complet**
- **110 g de poudre de noix de coco**
- **175 g de pépites de chocolat noir**
- **120 ml de lait végétal**
- **1 c. à s. d'extrait de vanille pur**
- **1 c. à c. de levure chimique**
- **1 c. à c. de bicarbonate de soude**
- **½ c. à c. de sel**

PRÉCHAUFFER LE FOUR À 180 °C. Couvrir 2 plaques à pâtisserie de papier sulfurisé ou de tapis de silicone.

Mettre tous les ingrédients dans un grand saladier et bien mélanger pour obtenir une pâte légèrement sablée.

Prélever environ 40 g de pâte, former une boule et l'aplatir légèrement sur la plaque.

Déposer 12 biscuits sur chaque plaque et faire cuire environ 15 minutes, jusqu'à ce qu'ils soient légèrement colorés et craquelés sur le dessus.

Laisser tiédir 5 minutes avant de transférer sur une grille, puis réserver jusqu'à refroidissement complet.

AMARETTI

Substitut de gluten : fécule de maïs ou d'arrow-root

Sans gluten   Sans soja   Sans blé

Voici le biscuit préféré du père de Celine, transformé en douceur végétalienne ! Par sa texture et son goût, il se rapproche énormément des traditionnels biscuits croquants au blanc d'œuf.

POUR 16 BISCUITS

- **200 g d'amandes grillées non salées**
- **120 g de sucre de canne intégral**
- **85 g de fécule de maïs ou d'arrow-root**
- **2 c. à c. de levure chimique**
- **¼ de c. à c. de sel de mer fin**
- **2 c. à c. d'extrait d'amande amère**
- **2 c. à s. + 2 c. à c. d'eau**

PRÉCHAUFFER LE FOUR À 180 °C. Couvrir 2 plaques à pâtisserie de papier sulfurisé ou de tapis en silicone.

Dans un robot de cuisine, mixer finement les amandes, le sucre, la fécule de maïs ou d'arrow-root, la levure chimique et le sel.

Ajouter l'extrait d'amande et 1 cuillère à soupe d'eau, puis mélanger. Verser progressivement autant d'eau que nécessaire pour obtenir une pâte qui se tienne, tout en paraissant un peu sèche.

Diviser la pâte en 16 portions (compter 1 grosse cuillerée à soupe chacune). Ne pas aplatir les biscuits, ils vont s'étendre à la cuisson.

Faire cuire 18 minutes environ, jusqu'à ce que le pourtour commence à dorer.

Laisser tiédir un peu sur la plaque, puis transférer sur une grille. Une fois refroidis, les biscuits deviendront croquants.

Astuce : Ces biscuits font un succulent fond de tarte : mixez 20 amaretti, mélangez-les à 45 ml de beurre végétal fondu, ou suffisamment pour que la pâte reste en place lorsqu'on la pince. Puis tapissez-en le fond d'un moule à tarte légèrement graissé. Garnir et réfrigérer avant de servir.

BARRES OU TRUFFES AU CACAO

Substitut de gluten : naturellement sans gluten !

Sans maïs   Sans gluten   Sans soja   Sans blé

Voici une friandise haut de gamme, à base de chocolat et de sel de mer, qui se prépare sans cuisson. Ces barres énergétiques constituent un en-cas de choix au petit-déjeuner ou à l'heure du goûter.

POUR 4 À 6 BARRES

- **50 g de noix de pécan**
- **18 dattes (autres que des Medjool), dénoyautées et grossièrement coupées**
- **50 g de cacao en poudre non sucré**
- **1 pincée de sel de mer fin ou de fleur de sel**
- **3 c. à s. de sirop d'agave, ou selon convenance**

MOUDRE FINEMENT LES NOIX DE PÉCAN dans un robot de cuisine. Ajouter les dattes, le cacao et le sel. Bien mixer. Patience, il faudra quelques minutes pour venir à bout des dattes. Introduire le sirop d'agave et mélanger jusqu'à la formation d'une pâte. Goûter et ajouter un peu de sirop si nécessaire.

En pressant bien, étaler la pâte dans un moule à pain (20 x 10 cm environ) tapissé de papier sulfurisé. Placer au congélateur pendant 1 heure puis découper avant de servir.

Ces barres se conservent jusqu'à 4 jours au réfrigérateur ou 1 mois au congélateur.

Variante : Cette friandise offre un champ infini de déclinaisons ! Vous pouvez changer de type de noix et de fruit sec, utiliser de la caroube à la place du cacao (ou aucun des deux), augmenter ou diminuer la quantité d'édulcorant liquide ou sec. Pour un rendu plus croquant, ajoutez 15 g de céréales soufflées en fin de mélange dans le robot et assouplissez le mélange avec 2 cuillerées à soupe d'huile de coco fondue. Enfin, avec la pâte, vous pouvez aussi confectionner des truffes (voir photo).

QUATRE-QUARTS

Substituts de gluten : gomme xanthane, farine complète de riz, farine de pois chiche et substitut d'œuf en poudre

Sans blé **Sans gluten**

Ce bon gâteau basique à la texture sublime est une invitation à toutes sortes de fantaisies : agrémentez-le d'extraits, de zeste de citron, de pépites de chocolat… Vous pouvez aussi interpréter cette recette façon cupcakes. Veillez alors à diviser le temps de cuisson par deux.

POUR UN CAKE DE 20 CM DE LONG

- **Huile en spray**
- **180 ml de lait végétal**
- **110 g de beurre végétal, ramolli**
- **190 g de sucre muscovado**
- **1 c. à s. d'extrait de vanille pur**
- **¼ de c. à c. de sel de mer fin**
- **½ c. à c. de gomme xanthane**
- **160 g de farine complète de riz**
- **60 g de farine de pois chiches**
- **80 g de substitut d'œuf en poudre**
- **2 c. à c. de levure chimique**

PRÉCHAUFFER LE FOUR À 180 °C. Graisser légèrement un moule à cake (20 x 10 cm) avec un peu d'huile en spray.

Dans un saladier, mélanger le lait, le beurre, le sucre, la vanille et le sel. Le beurre ne se mélangera sans doute pas parfaitement aux autres ingrédients. Ajouter la gomme xanthane et mélanger pendant 1 minute pour faire épaissir légèrement.

Dans un autre récipient, tamiser les farines, le substitut d'œuf et la levure chimique.

Y ajouter les ingrédients humides et bien mélanger.

Verser la pâte ainsi obtenue dans le moule.

Faire cuire 40 à 45 minutes, jusqu'à ce qu'un cure-dent inséré au centre du gâteau en ressorte propre.

Poser sur une grille et laisser tiédir 15 minutes avant de démouler. Laisser refroidir complètement avant de déguster.

CRÈME BRÛLÉE AU TOFU

Substitut de gluten : naturellement sans gluten !

Sans blé — Sans gluten — Sans maïs

Tentez l'exotisme gustatif en jouant avec des parfums variés : orange, amande, chocolat, café, liqueurs…

POUR 4 PERSONNES

- **30 g de noix de cajou**
- **230 g de tofu soyeux, égoutté mais pas pressé**
- **120 ml de crème à café (ou de crème fleurette) sans lait**
- **95 g de sucre de canne complet**
- **1 c. à s. de vanille en poudre**
- **50 g de sucre de canne ou de sucre vanillé, pour la croûte caramélisée**

FAIRE TREMPER LES NOIX DE CAJOU plusieurs heures, voire toute la nuit. Égoutter avant utilisation.

Préchauffer le four à 180 °C.

Dans un blender, mixer tous les ingrédients pour obtenir une texture très lisse.

Répartir la préparation dans 4 ramequins allant au four. Les déposer dans un plat rempli d'eau jusqu'à mi-hauteur des ramequins.

Enfourner avec précaution. Faire cuire 45 minutes.

Retirer délicatement le plat du four et placer les ramequins au réfrigérateur jusqu'à refroidissement complet.

Pour la croûte, déposer 1 cuillerée à soupe de sucre sur chaque crème et secouer un peu pour le répartir uniformément sur toute la surface.

Faire caraméliser le dessus avec un chalumeau de cuisine. À défaut, placer les ramequins sous le gril préchauffé et surveiller de près. Retirer du four dès que le dessus brunit (compter environ 3 minutes).

La crème brûlée est meilleure servie aussitôt, lorsque la croûte de sucre caramélisé est encore chaude et croquante.

BARRES CACAO, TOURNESOL ET PÂTE D'AMANDE

Substituts de gluten : graines de tournesol et gomme xanthane

Sans blé **Sans gluten**

Ces barres tendres, sans gluten, sont remplies de protéines. À grignoter au petit déjeuner ou au goûter.

POUR 12 BARRES

- **Huile en spray**
- **570 g de graines de tournesol**
- **80 g de cacao en poudre non sucré**
- **240 g de sucre roux biologique**
- **235 ml de lait végétal**
- **1 c. à c. de levure chimique**
- **1 c. à c. de gomme xanthane**
- **1 c. à s. d'extrait de vanille pur**
- **¼ de c. à c. de sel de mer**
- **180 g de pâte d'amandes (page 90), grossièrement hachée**

PRÉCHAUFFER LE FOUR À 180 °C. Graisser légèrement un plat carré (23 cm) avec un peu d'huile en spray.

Dans un robot de cuisine, mixer finement les graines de tournesol, le cacao en poudre et le sucre (procéder en plusieurs fois si le bol du robot est trop petit).

Ajouter le lait, la levure chimique, la gomme xanthane, la vanille et le sel. Bien mélanger. La pâte doit être difficile à travailler.

Répartir la pâte dans le moule en pressant bien. Parsemer de morceaux de pâte d'amandes en appuyant un peu.

Faire cuire pendant 25 minutes. Laisser refroidir sur une grille avant de démouler et de les découper en barres.

GÂTEAU RENVERSÉ À LA BANANE

Substitut de gluten : mélange de farines sans gluten

Sans gluten   Sans blé

Ce gâteau est délicieux servi chaud avec une boule de glace sans lait à la vanille.

POUR 8 PERSONNES

- **Huile en spray**

POUR LE FOND :

- **220 g de sucre complet**
- **55 g de beurre sans lait**
- **½ c. à c. de cannelle en poudre**
- **2 c. à s. de rhum ambré**
- **2 bananes, mûres mais encore fermes**

POUR LE GÂTEAU :

- **110 g de beurre végétal**
- **145 g de sucre de canne intégral**
- **25 g de graines de lin moulues**
- **80 ml d'eau tiède**
- **1 c. à c. d'extrait de vanille pur**
- **180 g de mélange maison de farines à pâtisserie sans gluten (page 173)**
- **¾ de c. à c. de levure chimique**
- **¼ de c. à c. de bicarbonate de soude**
- **¼ de c. à c. de sel**
- **120 g de crème épaisse végétale ou de yaourt sans lait (pages 20 et 21)**

PRÉCHAUFFER LE FOUR À 180 °C. Graisser un moule à gâteau (23 cm) avec un peu d'huile en spray.

PRÉPARATION DU FOND : Dans une petite casserole, à feu moyen, faire chauffer le sucre, le beurre et la cannelle et remuer souvent jusqu'à ce que le beurre soit fondu et le mélange homogène. Ajouter le rhum.

Verser au fond du moule.

Couper des rondelles de banane d'environ 5 mm d'épaisseur et les déposer par-dessus le mélange de sucre, en une seule couche.

PRÉPARATION DU GÂTEAU : À l'aide d'un batteur électrique, faire une crème avec le beurre et le sucre.

Mélanger les graines de lin moulues et l'eau tiède, puis incorporer progressivement au beurre sucré, sans cesser de battre. Ajouter la vanille.

Dans un saladier, mélanger les farines, la levure chimique, le bicarbonate et le sel.

Ajouter petit à petit ce mélange à la pâte et bien remuer. Incorporer la crème épaisse ou le yaourt.

Transférer à la cuillère par-dessus les bananes, en veillant à répartir uniformément.

Faire cuire 45 à 55 minutes, jusqu'à ce que le gâteau soit doré et qu'un cure-dent inséré au centre en ressorte propre.

Sortir du four et laisser refroidir 10 minutes.

Passer la lame d'un couteau entre le gâteau et le moule, puis renverser sur le plat de service. Servir tiède.

TARTE À LA CRÈME AIRELLES-AMANDES

Substitut de gluten : poudre de noix de coco

Sans blé **Sans gluten**

Cette délicieuse préparation au bon goût d'amande tient à la fois du cheesecake, du crumble et de la tarte. Servez-la avec une boule de glace sans lait à la vanille.

POUR 12 PERSONNES

- **Huile en spray**

POUR LE FOND DE TARTE :

- **110 g de poudre de noix de coco**
- **110 g de beurre végétal**
- **3 c. à s. de sucre complet**

POUR LA GARNITURE :

- **230 g d'amandes grillées non salées**
- **240 g de sucre glace**
- **110 g de beurre végétal, fondu**
- **1 c. à s. d'extrait d'amande pur**
- **1 c. à s. d'extrait de vanille pur**
- **400 g de tofu soyeux, égoutté**
- **235 ml de lait végétal**
- **30 g de fécule de maïs ou d'arrow-root**
- **1 c. à c. de bicarbonate de soude**
- **1 c. à c. de levure chimique**
- **¼ de c. à c. de sel**
- **455 g d'airelles fraîches ou surgelées (ou 23 g séchées et trempées), ou à remplacer par des framboises**
- **50 g de sucre complet**

PRÉCHAUFFER LE FOUR À 180 °C. Graisser un plat (23 x 33 cm) avec un peu d'huile en spray.

PRÉPARATION DU FOND DE TARTE : Dans un robot de cuisine, mélanger la poudre de noix de coco, le beurre et le sucre complet jusqu'à obtenir un sable grossier.

Étaler le mélange au fond du plat.

PRÉPARATION DE LA GARNITURE : Dans le robot nettoyé et parfaitement séché, mixer les amandes et le sucre glace pour obtenir une fine poudre. Ajouter le beurre fondu, les extraits, le tofu, le lait, l'arrow-root ou la fécule, le bicarbonate, la levure chimique et le sel. Mélanger jusqu'à ce que la préparation soit bien homogène.

Répartir uniformément le mélange sur le fond de tarte. Ajouter une couche d'airelles sur le dessus, puis saupoudrer de sucre complet.

Faire cuire sans couvrir pendant 40 à 45 minutes, jusqu'à ce que la garniture bouillonne légèrement et que le dessus soit caramélisé.

Réserver 1 heure au réfrigérateur pour faire prendre.

PAIN À LA NOIX DE COCO

Substitut de gluten : poudre de noix de coco

Sans blé **Sans gluten** **Sans soja**

Réservé aux amoureux de la noix de coco ! Ce pain dense aux allures de gâteau contient de la poudre de noix de coco, du lait de coco et de la noix de coco râpée. Sa croûte a presque un goût de rocher coco ! Nous aimons le manger tiède au petit déjeuner ou comme en-cas pas trop sucré à tout moment de la journée.

POUR UNE MICHE DE 23 CM

POUR LE PAIN :

- **1 ½ c. à c. de levure boulangère déshydratée**
- **120 ml d'eau tiède**
- **1 c. à s. + 100 g de sucre de canne intégral**
- **225 g de poudre de noix de coco**
- **¼ de c. à c. de sel**
- **65 g de fécule de maïs ou d'arrow-root**
- **¼ de c. à c. de crème de tartre**
- **½ c. à c. de cannelle en poudre**
- **60 g de noix de coco, finement râpée**
- **120 ml de lait de coco dégraissé**
- **60 ml d'huile de coco fondue (ou d'une autre huile)**
- **180 ml d'eau**
- **1 c. à s. d'extrait de vanille pur**
- **160 g de raisins secs**
- **Huile en spray**

POUR LE DESSUS :

- **120 ml de lait de coco dégraissé**
- **30 g de sucre glace**
- **30 g de noix de coco, finement râpée**

PRÉPARATION DU PAIN : Dans un saladier, délayer la levure dans l'eau tiède avec 1 cuillère à soupe de sucre. Mélanger et laisser la levure se réactiver.

Dans un autre récipient, plus grand, mélanger la poudre de noix de coco, le sucre, le sel, la fécule, la crème de tartre, la cannelle et la noix de coco râpée.

Incorporer à la levure le lait, l'huile, l'eau et la vanille.

Verser cette préparation humide sur les ingrédients secs et bien mélanger.

Introduire les raisins et malaxer à la main.

Couvrir le récipient d'un torchon et laisser reposer la pâte pendant 1 heure. Elle ne va pas gonfler, mais la levure aide à lier et à assouplir le mélange.

Préchauffer le four à 180 °C et graisser un moule (23 x 13 cm) avec un peu d'huile en spray.

PRÉPARATION DU DESSUS : Mélanger le lait de coco, le sucre glace et la noix de coco râpée.

Disposer la pâte à pain dans le moule en ménageant au moins 1,5 cm en haut pour la préparation à la noix de coco.

À l'aide d'une fourchette, percer des trous dans la pâte. Puis verser le mélange à la noix de coco par-dessus.

Faire cuire 1 heure, jusqu'à ce que le dessus soit coloré et légèrement craquelé.

Laisser refroidir la miche au moins 15 minutes avant de la découper en tranches.

PAIN D'ÉPICES SANS GLUTEN

Substituts de gluten : lentilles et farine complète de riz

Sans blé Sans gluten

Nous sommes fières de vous annoncer que tous ceux qui ont goûté ce délicieux gâteau ont été abasourdis d'apprendre qu'il était sans gluten. Quelle ne fut pas leur surprise quand nous leur avons expliqué que son ingrédient mystère était… la lentille

Pour une recette encore plus festive, préparez une demi-portion de glaçage parfait (page 164), parfumé d'une bonne cuillerée de zeste de citron.

POUR 6 À 8 PERSONNES

POUR LES LENTILLES :

- **95 g de lentilles corail non cuites, rincées**
- **350 ml d'eau**

POUR LE GÂTEAU :

- **2 c. à s. de mélasse**
- **55 g de beurre végétal**
- **120 g de sucre muscovado**
- **2 c. à c. de cannelle en poudre**
- **1 c. à c. de gingembre en poudre**
- **½ c. à c. de noix de muscade en poudre**
- **2 c. à c. d'extrait de vanille pur**
- **¼ de c. à c. de sel de mer fin**
- **2 c. à s. de cacao en poudre non sucré**
- **Huile en spray**
- **140 g de farine complète de riz**
- **1 c. à c. de levure chimique**
- **30 g de sucre glace**

PRÉPARATION DES LENTILLES : Dans une casserole, verser les lentilles dans l'eau.

Porter à ébullition et cuire à feu moyen environ 20 minutes, jusqu'à absorption presque complète de l'eau. Les lentilles doivent avoir une consistance de purée. Retirer l'excédent de liquide.

PRÉPARATION DU GÂTEAU : Dans un saladier, mélanger la mélasse, le beurre, le sucre et les lentilles tièdes. Une fois le beurre fondu, ajouter les épices, la vanille, le sel et le cacao en poudre. Verser la préparation dans un blender et mixer pour obtenir un mélange homogène. Laisser refroidir.

Préchauffer le four à 180 °C. Graisser légèrement un moule carré (20 cm) avec un peu d'huile en spray.

Incorporer la farine et la levure chimique au mélange.

Verser la pâte dans le moule.

Faire cuire pendant 20 à 25 minutes, jusqu'à ce que le gâteau soit ferme.

Laisser refroidir complètement sur une grille avant de saupoudrer de sucre glace pour décorer.

Chapitre 7

Des côtelettes qui ont la cote aux gaufres salées, COMMENT REMPLACER LE SOJA ?

UN MOT SUR LES RISQUES LIÉS AU SOJA

Si vous cuisinez pour une personne allergique au soja, soyez très vigilant. Regardez à deux fois les listes d'ingrédients et veillez à l'hygiène pour éviter de contaminer d'autres aliments avec des produits contenant du soja.

Les faits

Lorsqu'on observe un régime végétalien, il est tentant de consommer de grandes quantités de soja. Il est vrai que cet aliment présente de grands bénéfices pour la santé : il procure des protéines saines qui contribuent à faire baisser le taux de cholestérol, à combattre le cancer et à conserver un cœur en bonne santé. Cependant, l'abus de phytoestrogènes contenues dans le soja a été accusé de prédisposer à une puberté précoce chez les filles et à des dysfonctionnements sexuels et des développements mammaires chez les garçons. De plus, beaucoup de gens souffrent d'allergies au soja, ce qui explique qu'il est parfois considéré comme un allergène sur les étiquettes.

La modération est essentielle à un mode de vie sain, aussi est-il avisé de contrôler sa consommation de soja.

Conseils pour remplacer le soja

En réduisant votre utilisation de plats préparés et d'aliments transformés pour vous tourner de plus en plus vers des plats entièrement faits maison, vous limiterez naturellement votre consommation de soja.

Le moyen le plus facile pour limiter ou supprimer complètement le soja de votre alimentation est de ne plus acheter de lait de soja ni de tofu. Pour plus de détails, consultez le tableau suivant :

SI LA RECETTE ORIGINALE INDIQUE...	REMPLACER PAR...
155 g d'edamame écossé	• 240 g de haricots (de Lima, coco), de pois chiches ou de fèves
235 ml de lait de soja	• 235 ml d'un autre lait végétal (amande, coco, riz, avoine, chanvre) Attention, les boissons du commerce contiennent parfois du lait de soja
230 g de tofu, de tempeh ou de protéines végétales texturées	• 230 g de seitan, de haricots ou d'autres légumes
Fromage à base de soja	• Fromage à base de riz, plats à base de levure de bière maltée ou fromages végétaux aux noix, par exemple la tomme piment-cajou (page 48)

EXEMPLE DE RECETTE VÉGÉTALISÉE

La recette ci-dessous vous montre comment remplacer le soja et les autres ingrédients qui ne conviennent pas aux végétaliens.

POÊLÉE AU SÉSAME

POUR 4 PERSONNES

- **35 g de ~~cacahuètes,~~ concassées**

> S'assurer qu'elles sont comestibles par les végétaliens car certaines marques introduisent des ingrédients dérivés de produits animaux.

- **1 c. à s. de graines de sésame**
- **½ c. à c. de gingembre en poudre**
- **¼ de c. à c. de piment en poudre**
- **455 g de tofu ~~bien ferme~~ égoutté et pressé, coupé en petits cubes**

> Remplacer par du seitan nature, coupé en cubes.

- **1 c. à s. ~~d'huile de cuisson~~**

> Remplacer par de l'huile d'olive car elle supporte des temps de cuisson longs grâce à son point de fumée élevé.

- **455 g de légumes congelés pour poêlée, préalablement dégelés**
- **160 ml de ~~sauce wok~~**

> S'assurer que la sauce ne contient pas de soja ou de dérivés animaux.

- **315 g de riz cuit**
- **40 g de cébettes, émincées**

1 orange, coupée en 8 quartiers

DANS UN BOL, mélanger 1 cuillerée à soupe de cacahuètes avec les graines de sésame, le gingembre et le piment. Ajouter les cubes de seitan et mélanger pour bien les recouvrir.

Faire chauffer l'huile dans une sauteuse sur feu modéré à vif. Y déposer le seitan pané. Faire revenir pendant 4 minutes, jusqu'à ce que le mélange brunisse. Retirer le seitan du feu et réserver.

Verser les légumes dans la sauteuse et les faire revenir à leur tour. Une fois qu'ils sont bien chauds, ajouter la sauce et laisser cuire jusqu'à obtenir des petits bouillons. Rajouter le seitan et bien faire chauffer.

Répartir le riz dans 4 assiettes puis recouvrir de la préparation au seitan. Garnir avec le reste de cacahuètes, les cébettes et les quartiers d'orange.

Trouver des substituts de soja en magasin

Lorsqu'on veut éviter le soja, il est très important de bien lire les étiquettes. Beaucoup de produits transformés contiennent du soja sous diverses formes. Simplifiez-vous les courses en cherchant d'autres aliments plutôt que d'essayer de trouver des équivalents directs. Commencez par le rayon des primeurs : pas de risque de trouver du soja dans une pomme !

Certains substituts s'utilisent dans les mêmes proportions que le soja, comme les boissons végétales. Oubliez le lait de soja et essayez toutes les autres variétés. Pour plus d'informations, reportez-vous au chapitre 1 (page 14).

Certains fabricants ont compris qu'il y avait une demande réelle dans ce domaine. Tournez-vous donc vers des marques qui garantissent l'absence de soja dans leurs procédés de fabrication (consultez la liste des allergènes sur l'emballage).

Enfin, apprivoisez tous les aliments sains et bourrés de protéines que l'on peut trouver : le seitan, les oléagineux, les graines, les légumineuses, les céréales, et même certains fruits et légumes.

Fabriquer des substituts de soja à la maison

Vous n'aurez sans doute pas beaucoup l'occasion de réaliser des substituts de soja à la maison, dans la mesure où il vous suffit de le supprimer purement et simplement de votre cuisine. Lorsque vous aurez pris l'habitude d'utiliser vos ingrédients sans soja préférés, vous créerez aisément des repas merveilleux.

Reportez-vous au chapitre 1 pour remplacer les substituts laitiers à base de soja (voir recette lait vanille-cajou, page 22).

Dans le chapitre 2, vous trouverez des idées pour des fromages végétaux sans soja (tomme piment-cajou, page 48) et, dans le chapitre 4, des sources de protéines sans soja (garniture de pizza « pepperoni », version seitan page 138).

GAUFRES SALÉES À LA COURGE

Substitut de soja : lait d'amande

Sans soja

La purée de courge (page 207) peut se transformer en gaufres épicées, qui seront encore plus croustillantes après quelques minutes au grille-pain.

POUR 5 GROSSES GAUFRES ou 10 petites

- **245 g de purée de courge (page 207), froide**
- **415 ml de lait d'amande non sucré**
- **2 c. à s. d'huile d'arachide**
- **2 c. à s. de garam masala**
- **½ c. à c. de piment rouge en flocons, ou selon convenance**
- **½ c. à c. de sel de mer fin, ou selon convenance**
- **240 g de farine T55**
- **1 c. à s. de levure chimique**
- **Huile en spray**

MÉLANGER LA PURÉE DE COURGE, le lait, l'huile, le garam masala, le piment et le sel dans un grand saladier. Tamiser la farine et la levure chimique par-dessus.

Bien mélanger.

Confectionner les gaufres suivant les instructions de l'appareil.

Pour de meilleurs résultats, graisser le gaufrier entre chaque fournée.

MUFFINS CAROTTES-GINGEMBRE

Substitut de soja : jus de fruit à la place du lait

Sans maïs   Sans soja

Ces muffins tendres et réconfortants ont un petit goût d'automne. Voilà de quoi vous consoler de voir les feuilles rougir.

POUR 6 GROS MUFFINS

- **Huile en spray**
- **90 ml d'huile d'arachide**
- **150 ml de jus d'orange, fraîchement pressé**
- **300 g de carottes, finement râpées**
- **½ c. à c. de sel de mer fin**
- **190 g de sucre complet**
- **2 c. à c. de cannelle en poudre**
- **2 c. à c. d'extrait de vanille pur**
- **1 c. à s. de substitut d'œuf en poudre, ou 2 c. à s. de graines de lin moulues**
- **35 g de gingembre confit, finement coupé**
- **240 g de farine T55**
- **2 c. à c. de levure chimique**
- **1 c. à c. de bicarbonate de soude**

PRÉCHAUFFER LE FOUR À 180 °C. Graisser légèrement un moule à gros muffins avec un peu d'huile en spray.

Dans une casserole de taille moyenne, faire frémir l'huile, le jus d'orange, les carottes, le sel, le sucre et la cannelle pendant 5 minutes. Puis verser le mélange dans un blender, ajouter la vanille et le substitut d'œuf, et mixer le tout. Compléter la préparation avec le gingembre coupé en petits morceaux et laisser refroidir complètement.

Tamiser la farine, la levure chimique et le bicarbonate de soude dans un grand saladier.

Verser la préparation refroidie sur les ingrédients secs et l'incorporer en prenant garde de ne pas trop remuer.

Répartir l'appareil dans les moules. Faire cuire 45 à 50 minutes, jusqu'à ce qu'un cure-dent inséré au cœur d'un muffin en ressorte propre.

Démouler et laisser refroidir sur une grille.

Astuce : Si vous n'avez pas de moule à gros muffins, utilisez un moule normal et réduisez le temps de cuisson à 25 minutes.

PÂTE DE FRUITS SÉCHÉE POMME-BANANE

Substitut de soja : naturellement sans soja !

Sans blé — Sans fruits à coque — Sans gluten — Sans maïs
Sans soja — Allégé en matière grasse — Crudivore

Il faut bien l'admettre, le temps de séchage peut prendre toute la journée et il est plus simple d'acheter de la pâte de fruits déjà prête. Mais si vous disposez d'un déshydrateur à 4 plateaux, vous pouvez en profiter pour préparer aussi des crackers crus au lin et au chanvre (page 176) et autres bonnes choses. Si vous vous y mettez dès le matin, vous les trouverez prêtes pour le soir et vous aurez des friandises saines à grignoter toute la semaine !

POUR 12 BANDES

- **2 grandes bananes mûres**
- **60 g de purée de pomme (ou compote, pour une version non crudivore)**
- **¼ de c. à c. de cannelle en poudre**
- **1 c. à c. de gousse de vanille moulue**
- **2 c. à s. de sirop d'érable pur**

DANS UN BLENDER ou un robot de cuisine, réduire tous les ingrédients en purée.

Étaler le mélange sur la feuille de protection du déshydrateur. Sinon, découper du papier sulfurisé de la taille du plateau. Programmer le déshydrateur sur 48 °C et faire sécher pendant 8 ou 10 heures, jusqu'à ce que la pâte de fruits atteigne la consistance désirée.

À défaut de déshydrateur, faire chauffer le four à la température la plus basse, en laissant la porte ouverte pour qu'il ne dépasse pas 50 °C. Étaler le mélange sur une plaque de cuisson couverte de papier sulfurisé ou de tapis de silicone.

Une fois séchée, découper la pâte en 12 lanières à l'aide d'un couteau tranchant ou d'une roulette à pizza.

Conserver la pâte de fruits entre des couches de papier gommé alimentaire ou de papier sulfurisé pour éviter que les bandes ne collent entre elles.

CROÛTONS ASSAISONNÉS

Substitut de soja : naturellement sans soja !

Sans soja

Voici des croûtons pleins de saveurs pour réveiller toutes vos salades ! Cette recette est un bon moyen de recycler le pain rassis.

POUR 8 PERSONNES

- **8 tranches de pain de mie sans soja, rassis**
- **60 ml d'huile d'olive**
- **20 g de « parmesan » de noix à saupoudrer (page 51)**
- **Sel et poivre selon convenance**

PRÉCHAUFFER LE FOUR À 150 °C. Couvrir une plaque à pâtisserie de papier sulfurisé ou de tapis en silicone.

Couper le pain en petits cubes et les disposer sur la plaque en une seule couche. Verser uniformément des filets d'huile d'olive sur le pain.

Parsemer de parmesan végétal, saler et poivrer.

Faire cuire à découvert pendant 30 minutes, remuer et poursuivre la cuisson encore 20 minutes.

Laisser refroidir complètement avant de ranger dans un récipient hermétique.

PURÉE DE COURGE

Substitut de soja : lait d'amande non sucré

Sans blé **Sans gluten**

Sans soja

Pour changer de la courge au four, voici une délicieuse purée que vous pouvez transformer en gaufres salées (page 204), déguster toute seule ou accompagnée de votre substitut de viande préféré et de légumes verts, comme les feuilles de moutarde (page 262).

POUR 6 PERSONNES

- **2 c. à s. d'huile d'arachide**
- **1,1 kg de courge butternut, épluchée, découpée et détaillée en tranches de 1,5 cm d'épaisseur**
- **80 g d'oignon, émincé**
- **½ c. à c. de sel de mer fin**
- **2 grosses gousses d'ail, épluchées et émincées**
- **1 c. à s. de curry en poudre, doux ou mi-fort**
- **60 g de chutney de mangue**
- **235 ml de bouillon de légumes**
- **120 ml de lait d'amande non sucré**

FAIRE CHAUFFER L'HUILE dans une grande casserole sur feu moyen à vif. Ajouter les tranches de courge, l'oignon et le sel. Remuer souvent et faire cuire 10 minutes sur feu moyen.

Ajouter le reste des ingrédients et bien mélanger. Couvrir et faire cuire sur feu moyen à doux pendant 25 minutes, jusqu'à ce que la courge s'écrase bien. Réduire en purée.

AJI VERDE

Substitut de soja : naturellement sans soja !

Sans blé · Sans fruits à coque · Sans gluten · Sans maïs

Sans soja · Rapide et facile

Sara, une amie péruvienne, a fait connaître à Joni ce condiment étonnant. Dans les restaurants péruviens et sud-américains, on le trouve en burette sur les tables et on l'utilise pour tout : pour tremper les frites de patates douces ou de manioc (page 178), pour agrémenter le pain… C'est même une bonne sauce corsée pour les salades et, avec un peu de mayonnaise, il se transforme en aïoli exotique.

LA RECETTE DE JONI

POUR 470 ML

- **60 g de pousses d'épinard**
- **30 g de persil frais**
- **6 piments péruviens « aji amarillo »(1), équeutés**
- **355 ml d'huile d'olive vierge extra**
- **30 g d'ail, émincé**
- **1 c. à s. de jus de citron, fraîchement pressé**
- **Sel et poivre selon convenance**

(1) Les piments « aji amarillo » sont des piments jaune-orange du Pérou. Ils font la taille d'un grand jalapeño. Vous en trouverez peut-être dans une épicerie spécialisée, parfois surgelés (précuits puis congelés).

LA RECETTE POUR LES « GRINGOS » (moins chère, avec des piments plus faciles à trouver) :

- **60 g de pousses d'épinard**
- **30 g de persil frais**
- **6 piments jalapeños grillés(2) (avec les graines ou non)**
- **355 ml d'huile de colza**
- **30 g d'ail, émincé**
- **1 c. à s. de jus de citron, fraîchement pressé**
- **Sel et poivre selon convenance**

(2) Retirer les queues (et les graines le cas échéant) des piments, puis les placer sur une plaque à pâtisserie tapissée de papier sulfurisé. Faire griller à 180 °C pendant 30 minutes.

MIXER TOUS LES INGRÉDIENTS dans un blender jusqu'à obtenir un mélange onctueux.

HARISSA ÉPICÉE SUR CROSTINI

Substitut de soja : naturellement sans soja !

Sans maïs Sans soja

Cette compote de tomates épicée va vous changer de la traditionnelle bruschetta. Elle se marie aussi très bien avec le seitan tandoori (page 220).

POUR 25 CROSTINI
et 720 g de harissa

POUR LA HARISSA :

- **1 ½ c. à c. de piment rouge en flocons**
- **1 c. à c. de graines de coriandre**
- **1 c. à c. de graines de cumin**
- **1 c. à c. de graines de carvi**
- **2 c. à s. d'huile d'olive**
- **30 g d'ail, émincé**
- **850 g de tomates en conserve, coupées en cubes, avec leur jus**
- **1 c. à s. de menthe, fraîche hachée**
- **Sel et poivre selon convenance**

POUR LES CROSTINI :

- **1 baguette de pain**
- **60 ml d'huile d'olive**
- **Sel et poivre selon convenance**

PRÉPARATION DE LA HARISSA : Dans un moulin à café ou à épices, moudre le piment, la coriandre, le cumin et le carvi.

Dans une casserole de taille moyenne, faire chauffer l'huile sur feu moyen à vif.

Ajouter l'ail et le mélange d'épices. Faire revenir pendant 1 minute, jusqu'à ce que les arômes se dégagent et que les épices aient absorbé toute l'huile.

Ajouter les tomates, la menthe, le sel et le poivre.

Réduire le feu et laisser mijoter à découvert pendant 1 heure, jusqu'à ce que tout le liquide se soit évaporé et qu'une pâte épaisse se forme. Remuer de temps en temps.

PRÉPARATION DES CROSTINI : Préchauffer le four à 180 °C.

Couper la baguette en tranches de 6 cm d'épaisseur. Disposer en une seule couche sur une plaque de cuisson et arroser d'huile d'olive. Saler et poivrer.

Faire cuire à découvert 20 minutes, jusqu'à ce que pain soit doré et croquant.

Servir les crostini sur un plateau, à tremper dans la harissa.

CHILI FUMÉ À LA TEQUILA

Substitut de soja : haricots noirs

Sans blé   Sans maïs   Sans soja

Appréciez la symphonie des saveurs dans ce chili qui combine à merveille la tequila, la liqueur à l'orange, le piment et le cumin. De la musique pour les papilles…

POUR 4 À 6 PERSONNES

POUR LES POMMES DE TERRE :

- **455 g de pommes de terre nouvelles, coupées en deux**
- **2 gousses d'ail, épluchées et émincées**
- **½ c. à c. de gros sel de mer**
- **½ c. à c. de piment rouge en flocons**
- **1 c. à c. de graines de cumin**
- **1 c. à c. de poivre moulu**
- **2 c. à s. d'huile de coco fondue**

POUR LE CHILI :

- **1 c. à s. d'huile d'arachide**
- **4 gousses d'ail, épluchées et émincées**
- **1 oignon de taille moyenne, épluché et coupé**
- **110 g de piments verts, grillés et coupés**
- **½ c. à c. de gros sel de mer**
- **3 c. à s. de piment vert doux ancho, en poudre**
- **1 c. à s. de graines de cumin**
- **2 c. à s. de basilic séché**
- **80 ml de tequila**
- **2 c. à s. de triple sec**
- **425 g de sauce tomate en conserve**
- **850 g de tomates pelées en conserve, coupées en cubes, avec leur jus**
- **850 g de haricots noirs en conserve, rincés et égouttés**

PRÉPARATION DES POMMES DE TERRE : Préchauffer le four à 200 °C. Mélanger tous les ingrédients dans un plat de 23 cm allant au four.

Faire griller pendant 25 minutes, en remuant en cours de cuisson, jusqu'à ce que les pommes de terre soient tendres. Réserver.

PRÉPARATION DU CHILI : Dans une grande casserole, mettre l'huile, l'ail, l'oignon, les piments et le gros sel. Faire cuire à feu moyen jusqu'à ce que l'oignon soit tendre (compter environ 4 minutes). Incorporer le piment, les graines de cumin et le basilic. Poursuivre la cuisson encore 1 minute.

Ajouter la tequila et le triple sec. Porter à ébullition. Ajouter la sauce tomate et les cubes de tomate. Couvrir et laisser mijoter 15 minutes.

Retirer le couvercle, ajouter les haricots et faire mijoter à découvert 15 minutes à nouveau, jusqu'à qu'ils atteignent la consistance désirée. Enfin, ajouter les pommes de terre et servir une fois qu'elles sont bien chaudes.

RAGOÛT CRÉMEUX À L'AUBERGINE

Substitut de soja : pois chiches

Sans blé — Sans gluten

Sans maïs — Sans soja

Ce ragoût consistant est un délice pour les soirées d'hiver.

POUR 4 PLATS PRINCIPAUX
ou 8 accompagnements

- **40 g d'oignon rouge, émincé**
- **3 gousses d'ail, épluchées et émincées**
- **½ c. à c. de gros sel de mer**
- **½ c. à c. de piment rouge en flocons**
- **110 g de piments verts, grillés, émincés**
- **170 g de concentré de tomate**
- **65 g de beurre de cacahuète avec morceaux**
- **1 c. à s. de garam masala**
- **590 ml d'eau**
- **425 g de pois chiches en conserve, rincés et égouttés (facultatif)**
- **1 poignée de persil, ciselé, ou d'échalote, émincée**

DANS UNE GRANDE CASSEROLE, mettre l'aubergine, l'oignon, l'ail et le gros sel. Faire cuire sur feu moyen à vif jusqu'à ce que le mélange colore et diffuse ses arômes (compter environ 6 minutes). Remuer souvent pour ne pas laisser brûler.

Incorporer les piments, le concentré de tomate, le beurre de cacahuète et le garam masala. Poursuivre la cuisson encore 1 minute. Ajouter l'eau et les pois chiches (facultatif).

Couvrir et laisser mijoter 20 minutes, jusqu'à ce que l'aubergine soit tendre. Garnir d'herbes ciselées ou d'échalote émincée.

RAGOÛT EXOTIQUE

Substituts de soja : lait de coco et haricots cornilles (doliques à œil noir)

Sans soja

Voici un plat gourmand et exotique, naturellement riche en protéines, qui n'a pas recours à des substituts à base de soja.

POUR 4 PERSONNES

- **2 c. à c. d'huile d'arachide**
- **2 petites bananes, coupées en morceaux**
- **2 c. à c. de poudre à chili mi-fort**
- **¼ de c. à c. de piment de Cayenne, ou selon convenance**
- **½ c. à c. de sel de mer fin**
- **40 g d'échalote, émincée**
- **2 grosses gousses d'ail, épluchées et émincées**
- **1 tranche de gingembre frais (1,5 cm d'épaisseur environ), râpé**
- **235 ml de lait de coco**
- **310 g de haricots cornilles (doliques à œil noir), cuits**
- **315 g d'orge, cuit**
- **120 ml de bouillon de légumes, si besoin**
- **230 g de pousses d'épinard**
- **5 g de coriandre fraîche**

DANS UNE GRANDE POÊLE, faire chauffer l'huile à feu moyen. Ajouter les bananes, la poudre à chili, le piment de Cayenne, le sel, l'échalote, l'ail et le gingembre. Faire revenir le tout 2 minutes, jusqu'à ce que les arômes se dégagent.

Ajouter le lait de coco et laisser mijoter à feu moyen pour que le lait réduise un peu (compter 6 minutes environ).

Incorporer les haricots et l'orge. Laisser mijoter encore 4 minutes. Si la préparation épaissit trop, ajouter du bouillon.

Tapisser 4 assiettes creuses de pousses d'épinard. Verser par-dessus le ragoût bien chaud pour faire « tomber » les épinards.

Parsemer de coriandre et servir.

SOUPE DE TORTILLAS

Substitut de soja : naturellement sans soja !

Sans blé · Sans fruits à coque · Sans gluten · Sans soja

Dans la recette traditionnelle, les tortillas sont cuites dans la soupe. Mais quand on y réfléchit, qu'est-ce qu'une tortilla ? De la farine de maïs mélangée avec de l'eau et un peu de gras, formée en galette puis cuite. Alors pourquoi ne pas sauter une étape et incorporer la farine de maïs directement dans la soupe ? Ce plat a une saveur sucrée à la première bouchée mais son piquant vous prendra au dépourvu. Si vous n'êtes pas friands de mets épicés, retirez les piments chipotle avant de mixer le tout.

Servir avec quelques chips tortillas et des tranches d'avocat frais.

POUR 2 BELLES PARTS,
940 ml

- **2 c. à s. d'huile d'olive**
- **½ oignon blanc, haché grossièrement**
- **30 g d'ail, émincé**
- **400 g de tomates en conserve, coupées en morceaux, avec leur jus**
- **230 g de sauce tomate**
- **1 piment chipotle + 1 c. à s. de sa sauce adobo**
- **2 c. à c. de cumin en poudre**
- **1 c. à c. de pimenton**
- **¼ de c. à c. de cannelle en poudre**
- **¼ de c. à c. de cacao en poudre non sucré**
- **470 ml de bouillon de légumes**
- **30 g de farine de maïs**
- **Sel et poivre selon convenance**

DANS UNE CASSEROLE, faire chauffer l'huile à feu moyen.

Mettre l'oignon et faire cuire 5 minutes, jusqu'à ce qu'il soit transparent et parfumé.

Ajouter l'ail et poursuivre la cuisson 3 à 4 minutes.

Introduire ensuite les tomates, la sauce tomate, le piment, la sauce adobo, le cumin, le pimenton, la cannelle, le cacao et le bouillon. Mélanger le tout et porter à ébullition. Réduire pour entretenir un frémissement, couvrir et laisser mijoter 20 minutes.

À découvert, incorporer la farine de maïs pour faire épaissir. Retirer du feu. À l'aide d'un mixeur, mouliner finement. Rectifier l'assaisonnement si besoin.

HARICOTS VERTS ET SAUCE AUX NOIX DE PÉCAN GRILLÉES

Substitut de soja : mélange de noix de pécan et d'eau à la place du lait de soja

Sans soja **Sans blé**

Si vous aimez les mélanges sucrés-salés, vous allez adorer ce plat.

POUR 4 ACCOMPAGNEMENTS
et 350 ml de sauce

- **570 g de haricots verts frais, équeutés**
- **3 c. à c. de sel de mer fin**
- **100 g de noix de pécan**
- **1 c. à s. de sirop d'érable pur**
- **1 c. à s. de fécule de maïs**
- **1 gousse d'ail, épluchée et émincée**
- **1 c. à c. d'oignon en flocons**
- **½ c. à c. de poivre blanc moulu**
- **¼ de c. à c. de piment de Cayenne**
- **¼ de c. à c. de noix de muscade en poudre**
- **235 ml d'eau**

PORTER 2 LITRES D'EAU À ÉBULLITION dans une profonde casserole. Y plonger les haricots, avec 2 cuillerées à café de sel, et faire cuire sur feu moyen à vif 6 minutes, jusqu'à ce que les haricots soient *al dente*.

Égoutter, puis plonger les haricots dans de l'eau glacée le temps d'arrêter la cuisson.

Préchauffer le four à 180 °C.

Mélanger les noix de pécan, le sirop d'érable et 1 cuillère à café de sel dans un plat allant au four. Faire griller 10 minutes.

Dans un saladier, mélanger la fécule, l'ail, l'oignon, le poivre blanc, le piment de Cayenne et la noix de muscade. Introduire l'eau et les noix de pécan grillées. Réduire en purée avec un mixeur plongeant.

Cuire dans une casserole à feu moyen jusqu'à épaississement.

Servir la sauce chaude sur les haricots.

LINGUINE AUX HARICOTS VERTS, ÉPINARDS ET PESTO

Substitut de soja : naturellement sans soja !

Sans soja

Ce plat de pâtes original, léger et frais, peut faire office de plat principal ou d'accompagnement. En remplaçant les linguine par des fusilli, vous pouvez faire une salade froide.

POUR 4 PLATS PRINCIPAUX
ou 8 accompagnements

- **455 g de linguine, cuites selon les instructions du paquet**
- **340 g de haricots verts, équeutés et cuits à la vapeur**

POUR LE PESTO :

- **120 ml d'huile d'olive**
- **1 oignon blanc de taille moyenne, haché grossièrement**
- **30 g d'ail, émincé**
- **60 g de pousses d'épinard**
- **30 g de persil frisé frais, sans les tiges**
- **120 g de noix, concassées**
- **2 c. à s. de jus de citron, fraîchement pressé**

PRÉPARER LE PESTO pendant que les pâtes et les haricots verts cuisent.

Dans une poêle, faire chauffer 2 cuillères à soupe d'huile d'olive à feu moyen. Faire revenir l'oignon et l'ail pour développer leurs arômes.

Dans un robot de cuisine, mettre l'oignon et l'ail sautés, les épinards, le persil, les noix, le jus de citron et le reste d'huile.

Mixer pour bien hacher, mais laisser des petits morceaux.

Égoutter les pâtes cuites et les remettre dans leur casserole. Mélanger avec les haricots et le pesto, puis servir.

GRATIN DE PÂTES RUSTIQUE

Substitut de soja : naturellement sans soja !

Sans soja

Truffé de légumes, ce gratin de pâtes tout simple est riche en goût. Avec ses allures méditerranéennes, il est délicieux chaud, mais c'est servi froid le lendemain qu'il vous ravira complètement.

Pour une version sans gluten, utilisez des pâtes au quinoa et du vinaigre sans gluten.

POUR 8 PERSONNES

- **425 g de haricots blancs en conserve, rincés et égouttés**
- **425 g de tomates en conserve, coupées en morceaux avec leur jus**
- **425 g de cœurs d'artichauts en conserve, coupés**
- **140 g de fleurettes de brocoli, coupées**
- **160 g d'oignon blanc, coupé en dés**
- **60 g de pignons de pin**
- **60 ml d'huile d'olive**
- **3 c. à s. de vinaigre balsamique**
- **45 g de tomates séchées conservées dans l'huile, finement coupées**
- **30 g d'ail, émincé**
- **2 c. à s. de moutarde de Dijon douce**
- **1 c. à s. de basilic séché ou 3 c. à s. de basilic frais, ciselé**
- **Sel et poivre selon convenance**
- **455 g de pâtes, cuites suivant les instructions du paquet**

PRÉCHAUFFER LE FOUR À 190 °C.

Dans un grand saladier, mélanger tous les ingrédients puis introduire les pâtes cuites.

Étaler le mélange dans un plat (23 x 33 cm) ou une cocotte. Couvrir et faire cuire 45 minutes, jusqu'à ce que le dessus soit coloré et gratiné.

SALADE DE RIZ ET DE BETTERAVE

Substitut de soja : haricots cornilles (doliques à œil noir)

Sans blé **Sans maïs** **Sans soja**

Grâce à la combinaison du riz et des haricots, cette salade fournit des protéines complètes. En plus, sa belle couleur met tout de suite de bonne humeur !

Pour une teinte plus soutenue, oubliez le jus d'orange, mixez 425 g de betteraves en conserve ou sous vide avec 60 ml de leur jus, et ajoutez 2 cuillerées à café bombées de zeste d'orange dans la salade.

POUR 4 PERSONNES

- **470 ml d'eau**
- **185 g de riz thaï complet**
- **170 g de betteraves jeunes, cuites et coupées en rondelles**
- **60 ml de vinaigre de vin rouge**
- **60 ml de jus d'orange, fraîchement pressé**
- **60 ml d'huile d'olive vierge extra**
- **2 c. à c. de moutarde de Dijon douce**
- **1 c. à c. de sel de mer fin, ou selon convenance**
- **½ c. à c. de poivre blanc moulu, ou selon convenance**
- **1 grosse gousse d'ail, épluchée et émincée**
- **2 c. à c. de coriandre en poudre**
- **40 g d'oignon rouge, coupé**
- **310 g de haricots cornilles (doliques à œil noir), cuits, égouttés et rincés**
- **15 g de persil frais ciselé et/ou 30 g de graines germées (alfalfa, par exemple)**

PORTER L'EAU À ÉBULLITION dans une casserole de taille moyenne. Y verser le riz et couvrir.

Baisser le feu et laisser cuire jusqu'à ce que l'eau soit absorbée et le riz tendre (compter environ 25 minutes). Faire refroidir le riz au réfrigérateur.

Dans un blender, mixer les betteraves, le vinaigre, le jus d'orange, l'huile, la moutarde, le sel, le poivre, l'ail et la coriandre, jusqu'à obtenir une préparation homogène.

Mélanger cette sauce au riz froid, puis ajouter l'oignon, les haricots, le persil et/ou les graines germées. Déguster à température ambiante ou frappé.

SALADE À L'ORGE, AUX ÉPINARDS ET AUX NOIX

Substitut de soja : naturellement sans soja !

Sans blé · Sans maïs · Sans soja · Allégé en matière grasse

Vous pouvez tout à fait réduire de moitié les proportions de cette recette. Préparez-la 1 ou 2 jours à l'avance pour permettre aux épinards de fondre et aux saveurs de se mélanger.

POUR 8 À 12 PERSONNES

- **200 g d'orge perlé, non cuit**
- **700 ml d'eau, légèrement salée**
- **60 ml de vinaigre balsamique**
- **30 g d'ail, émincé**
- **2 c. à s. de moutarde de Dijon douce**
- **2 c. à s. de jus de citron, fraîchement pressé**
- **1 c. à s. de sirop d'agave**
- **1 échalote, finement détaillée en dés**
- **90 g de pousses d'épinard**
- **230 g de champignons frais, coupés en lamelles**
- **60 g de morceaux de noix**
- **Sel et poivre selon convenance**

Dans un plat allant au four, mélanger l'orge et l'eau salée, couvrir et faire cuire 45 minutes à 190 °C, jusqu'à ce que tout le liquide soit absorbé. Réserver.

Variantes : Cuire à la casserole ou dans un cuiseur à riz.

Pour l'assaisonnement, battre le vinaigre, l'ail, la moutarde, le jus de citron, le sirop d'agave et l'échalote.

Dans un saladier, mélanger l'orge refroidie, les épinards, les champignons et les noix. Incorporer la sauce. Rectifier l'assaisonnement si besoin.

LIMA LOVE

Substitut de soja : naturellement sans soja !

Sans blé · Sans fruits à coque · Sans gluten · Sans maïs · Sans soja · Rapide et facile

Cette préparation toute simple met le haricot de Lima à l'honneur. Pour un goût plus intense, utilisez des herbes fraîches (multipliez alors par 3 les quantités indiquées ci-dessous).

POUR 4 PERSONNES

- **455 g de haricots de Lima, frais ou congelés**
- **2 c. à s. d'huile d'olive**
- **15 g d'ail, émincé**
- **40 g d'oignon jaune ou blanc, coupé en dés**
- **1 c. à c. de thym séché**
- **1 c. à c. d'origan séché**
- **1 c. à c. de persil séché**

Cuire les haricots à la vapeur ou à l'eau légèrement salée, jusqu'à ce qu'ils soient tendres.

Pendant la cuisson des haricots, faire chauffer l'huile dans une poêle sur feu moyen à vif, et faire revenir l'ail et l'oignon jusqu'à ce qu'ils soient transparents (3 à 5 minutes).

Une fois que les haricots sont prêts, les égoutter et les ajouter aux oignons et à l'ail.

Incorporer enfin les aromates.

COUSCOUS AUX TOMATES ET AUX CÂPRES

Substitut de soja : naturellement sans soja !

Sans fruits à coque · Sans maïs · Sans soja · Rapide et facile

On parie que vous voudrez tester la sauce avec d'autres céréales !

POUR 4 ACCOMPAGNEMENTS

POUR LA SAUCE :

- **2 c. à s. de câpres, avec leur saumure**
- **1 c. à s. de moutarde de Dijon à l'ancienne**
- **60 ml de vin blanc sec**
- **Poivre selon convenance**
- **½ c. à c. de sel de mer fin**
- **2 c. à s. d'huile d'olive vierge extra**
- **3 tomates Roma de taille moyenne, coupées**
- **2 gousses d'ail, épluchées et émincées**
- **1 c. à c. d'oignon en flocons**

POUR LE COUSCOUS :

- **235 ml d'eau**
- **185 g de couscous de blé complet**
- **½ c. à c. de sel de mer fin**
- **2 généreuses poignées de pousses d'épinard**

PRÉPARATION DE LA SAUCE : Mélanger tous les ingrédients dans une casserole. Porter à ébullition à feu doux.

Laisser mijoter 10 minutes. Écraser les tomates avec un presse-purée, puis réserver.

PRÉPARATION DU COUSCOUS : Porter l'eau à ébullition puis retirer du feu. Verser le couscous en pluie et remuer. Couvrir et laisser gonfler 5 minutes. Aérer à la fourchette puis laisser refroidir. Incorporer la sauce et ajouter les pousses d'épinard.

Servir à température ambiante.

RIZ AU CURRY THAÏ À LA NOIX DE COCO

Substitut de soja : naturellement sans soja !

Sans blé · Sans gluten · Sans maïs · Sans soja · Rapide et facile

Ce riz riche et crémeux est délicieux tout seul ou accompagné d'une protéine végétale.

POUR 4 PERSONNES

- **415 ml de lait de coco non dégraissé**
- **470 ml d'eau**
- **45 g de pâte de curry rouge façon thaïe**
- **2 c. à s. de beurre de cacahuète crémeux stabilisé**
- **30 g d'ail, émincé**
- **180 g de riz thaï, non cuit**
- **2 c. à s. de ciboulette, finement ciselée**
- **Sel et poivre selon convenance**

Dans une casserole de taille moyenne munie d'un couvercle bien ajusté, porter à ébullition le lait de coco, l'eau et la pâte de curry. Puis réduire le feu à frémissement.

Incorporer le beurre de cacahuète et l'ail.

Verser le riz en pluie, remuer, couvrir et faire cuire 10 minutes, jusqu'à ce que le riz soit tendre. Remuer souvent.

Retirer du feu et laisser absorber l'excédent de liquide pendant 10 minutes.

Ajouter la ciboulette, le sel et le poivre.

SEITAN TANDOORI

Substitut de soja : naturellement sans soja !

Sans maïs **Sans soja**

Cette savoureuse recette de seitan se mariera naturellement à vos plats d'inspiration orientale. Mais rien n'empêche de savourer ce plat tout seul ou en sandwich avec une poignée de roquette.

POUR 8 PERSONNES

- **145 g de gluten de blé**
- **60 g de farine T55**
- **1 c. à s. d'ail en poudre**
- **2 c. à c. bien tassées de sucre complet**
- **½ c. à c. de coriandre en poudre**
- **½ c. à c. de cumin en poudre**
- **¼ de c. à c. de cardamome en poudre**
- **¼ de c. à c. de cannelle en poudre**
- **¼ de c. à c. de sel**
- **⅛ de c. à c. de poivre noir moulu**
- **350 ml d'eau**
- **2 c. à s. d'huile d'olive**
- **Papier d'aluminium**

PRÉCHAUFFER LE FOUR À 180 °C.

Dans un saladier, mélanger les farines, l'ail, le sucre, les épices, le sel et le poivre. Ajouter l'eau et l'huile, et bien remuer pour obtenir un mélange homogène.

Verser la pâte au centre d'une grande feuille de papier d'aluminium. Rouler et confectionner une papillote.

Disposer sur une feuille de papier cuisson avec la jointure du papier tournée vers le bas ou dans un plat allant au four. Faire cuire pendant 1h30, jusqu'à ce que le seitan soit ferme.

CÔTELETTES DE HARICOTS BLANCS

Substitut de soja : naturellement sans soja !

Sans maïs **Sans soja**

Ces côtelettes croustillantes et si faciles à réaliser rappellent les filets de poisson. Pour une version sans gluten, remplacez la panko par des miettes de pain sans gluten.

POUR 4 CÔTELETTES

- **425 g de haricots blancs en conserve, rincés et égouttés**
- **15 g d'ail, émincé**
- **1 c. à s. de persil séché**
- **½ c. à c. de paprika**
- **½ c. à c. de sel de céleri**
- **¼ de c. à c. de poivre noir moulu**
- **60 ml d'huile**
- **80 g de chapelure japonaise « panko » ou de miettes de pain**
- **60 ml d'eau, si besoin**
- **2 c. à s. d'huile de friture**

DANS UN GRAND SALADIER, écraser (avec un presse-purée, ou encore mieux, à la main) les haricots, l'ail, le persil, le paprika, le sel de céleri, le poivre et l'huile jusqu'à ce qu'il ne reste presque plus de haricots entiers.

Ajouter la chapelure et mélanger. Laisser reposer 20 minutes.

Répartir la préparation en 4 parts égales et former des côtelettes (7 x 10 x 1 cm environ). Si le mélange est trop sec et friable, ajouter de l'eau petit à petit.

Faire chauffer l'huile dans une poêle à feu moyen. Faire frire les côtelettes 3 à 5 minutes de chaque côté, jusqu'à ce qu'elles soient dorées et croustillantes.

FAJITAS MARGARITA AUX CHAMPIGNONS

Substitut de soja : les champignons remplacent le tofu et autres protéines à base de soja

Sans blé — Sans gluten — Sans maïs

Sans soja — Allégé en matière grasse

Ces fajitas citronnées et épicées constituent un repas léger mais reconstituant. Servez-les garnies de coriandre fraîche et de tranches d'avocat mûr.

POUR 8 GALETTES

POUR LA MARINADE :

- **60 ml de jus de citron, fraîchement pressé**
- **60 ml de jus de citron vert, fraîchement pressé**
- **2 c. à s. de tequila**
- **1 c. à s. de sucre de canne intégral**
- **½ c. à c. d'ail en poudre**
- **½ c. à c. d'oignon en poudre**
- **½ c. à c. de poudre à chili**
- **½ c. à c. de paprika doux ou de pimenton**
- **¼ de c. à c. de piment de Cayenne**
- **¼ de c. à c. de sel de mer**
- **¼ de c. à c. de poivre noir moulu**

POUR LES FAJITAS :

- **2 gros champignons de Paris, sans le pied, coupés en fines lamelles**
- **1 poivron rouge, évidé et détaillé finement dans la longueur**
- **1 poivron vert, évidé et détaillé finement dans la longueur**
- **1 oignon rouge ou blanc de taille moyenne, coupé grossièrement**
- **8 galettes tortillas**

PRÉPARATION DE LA MARINADE : Battre au fouet tous les ingrédients et réserver.

PRÉPARATION DES FAJITAS : Placer les légumes et la marinade dans un grand sac alimentaire refermable ou dans un récipient à couvercle hermétique. Fermer soigneusement, puis secouer pour bien mélanger.

Laisser mariner quelques heures, voire toute la nuit.

Au moment de la cuisson, faire chauffer une grande poêle ou un gril à feu vif, et faire revenir les légumes jusqu'à ce qu'ils soient suffisamment tendres.

Servir très chaud avec les tortillas réchauffées.

RIZ EN CHUTNEY DE POMME DE TERRE

Substitut de soja : naturellement sans soja !

Sans soja

Cette recette réconfortante est idéale en plat unique, mais vous pouvez aussi la servir avec du chou frisé vapeur et des pois chiches.

POUR 4 PERSONNES

- **2 pommes de terre à chair ferme de taille moyenne (470 g) avec la peau, détaillées en cubes**
- **700 ml de bouillon de légumes**
- **1 échalote, émincée**
- **3 gousses d'ail, épluchées et émincées**
- **2 c. à s. d'huile d'olive ou de beurre végétal**
- **5 abricots secs, détaillés en tranches**
- **55 g de raisins secs, hachés**
- **40 g de noix, concassées**
- **½ c. à c. de cumin en poudre**
- **¼ de c. à c. de quatre-épices en poudre**
- **¼ de c. à c. de cannelle en poudre**
- **¼ de c. à c. de garam masala**
- **¼ de c. à c. de curry en poudre**
- **2 c. à s. de sirop d'agave**
- **2 c. à s. de vinaigre de cidre**
- **Sel et poivre selon convenance**
- **475 g de riz cuit**

RINCER LES POMMES DE TERRE à l'eau froide pour retirer l'excédent d'amidon et éviter l'oxydation.

Dans une grande sauteuse, verser le bouillon et le porter à ébullition.

Dans une casserole sur feu moyen à vif, faire revenir l'échalote et l'ail dans la matière grasse pendant 2 à 3 minutes, jusqu'à ce qu'ils soient parfumés et légèrement colorés.

Plonger les pommes de terre dans le bouillon. Porter à nouveau à ébullition puis réduire le feu.

Verser l'ail et l'échalote sautés sur les pommes de terre, avec le résidu d'huile ou de beurre.

Incorporer les fruits secs, les noix et les épices.

Laisser mijoter sans couvrir jusqu'à ce que le liquide soit presque entièrement absorbé (compter environ 15 minutes).

Ajouter l'agave et le vinaigre.

Poivrer et saler.

Verser la sauce sur le riz au moment de servir.

Chapitre 8

Des tartes sucrées sans caries aux pommes carrément caramel,

COMMENT REMPLACER LE SUCRE RAFFINÉ ?

LA PROMESSE D'UNE DOUCEUR pour clore un délicieux repas n'a jamais été plus saine qu'aujourd'hui où tant d'alternatives sont à notre disposition en matière d'édulcorants naturels. Vous en avez sans doute déjà plusieurs sortes dans vos placards. Commençons par un peu d'histoire…

Les faits

Si vous êtes un bec sucré, c'est la faute aux grands explorateurs ! C'est eux qui ont rapporté le sucre dans nos contrées. Cependant, à l'époque il ne s'agissait pas du produit raffiné auquel nous sommes habitués. Le procédé d'extraction était assez sommaire : faire bouillir le jus de canne jusqu'à évaporation pour révéler de délicieux cristaux encore riches en nutriments essentiels. À l'heure actuelle, c'est loin d'être aussi simple.

Les procédés qui servent à raffiner et à blanchir le sucre éliminent les éléments naturellement présents dans la canne à sucre : phosphore, calcium, fer, magnésium et potassium. Ainsi, on transforme ce plaisir sucré en un aliment vide, blanchi avec des résidus de carcasses animales, riche en calories et pauvre de tout le reste. Les recherches scientifiques ont prouvé que le sucre blanc raffiné est directement mis en cause dans les caries dentaires, la surcharge pondérale, le diabète et bien d'autres problèmes de santé.

Qui plus est, de nombreuses compagnies agroalimentaires remplacent le sucre blanc par du sirop de maïs enrichi en fructose, modifié chimiquement, parce que c'est moins cher. Ce produit de remplacement fade subit un procédé chimique qui le prive de toute valeur nutritionnelle. Sa structure ainsi modifiée ne peut pas être assimilée par notre organisme et met à rude épreuve notre pancréas, avec des risques de complications graves.

Depuis quelque temps déjà, les édulcorants de synthèse ont fait leur apparition… mais à quel prix ! Saccharine, aspartame, acésulfame-K, néotame et sucralose ont connu chacun leur heure de gloire, promettant de nous faire une taille de guêpe en offrant le goût sucré sans les calories. Les instances publiques voudraient nous faire croire que ces édulcorants, à valeur nutritive nulle, sont sans risques. Même si certaines études ont conclu à une absence de lien entre le cancer et les édulcorants de synthèse, nous préférons nous en tenir à un régime qui bannit ces produits, leur préférant, à doses raisonnables, des agents sucrants plus sains.

Heureusement, ce n'est pas le choix qui manque pour ceux qui veulent se passer de sucre raffiné ! (voir page 226)

SI LA RECETTE ORIGINALE INDIQUE...	REMPLACER PAR...
190 g de sucre blanc	• 190 g de sucre de canne complet ou intégral • 235 ml d'édulcorant liquide (sirop d'agave, de malt d'orge, d'érable, de mélasse, de riz complet, de fruit) : dans ce cas, adapter la recette et réduire la quantité de liquide de 80 ml, ou ajouter 30 g de farine pour préserver la consistance prévue.
225 g de sucre roux (si l'on veut utiliser un équivalent plus sain ou un édulcorant liquide)	• 190 g de sucre muscovado • 235 ml d'édulcorant liquide (sirop d'agave, de malt d'orge, d'érable, de mélasse, de riz complet, de fruit) : dans ce cas, adapter la recette et réduire la quantité de liquide de 80 ml, ou ajouter 30 g de farine
235 ml d'édulcorant liquide (sirop de maïs enrichi en fructose)	• 235 ml de sirop d'agave, de malt d'orge, d'érable, de mélasse, de riz complet, de fruit • De la compote de fruits ou du jus de fruits concentré pour sucrer les yaourts et smoothies végétaux, à doser selon les goûts • 190 g d'édulcorant sec : dans ce cas, adapter la recette et augmenter le liquide de 80 ml, ou retirer 30 g de farine
120 g de sucre glace	• 120 g de sucre rapadura mixé au blender ou au robot de cuisine, jusqu'à obtenir une fine poudre • 120 g de sucre glace biologique du commerce

EXEMPLE DE RECETTE VÉGÉTALISÉE

La recette ci-dessous vous montre comment remplacer le sucre raffiné et les autres ingrédients qui ne conviennent pas aux végétaliens.

BALLES DE POP-CORN

POUR 16 FRIANDISES

- **160 g de ~~pop-corn~~ chaud tout juste préparé**
  - S'il s'agit de pop-corn du commerce, s'assurer que tous les ingrédients sont adaptés aux végétaliens.
- **350 ml de ~~sirop de maïs clair~~**
  - Remplacer par 500 g de sirop de riz complet, excellent édulcorant liquide au goût discret.
- **290 g de ~~sucre~~**
  - Remplacer par 290 g de sucre de canne complet.
- **200 g de ~~crème de marshmallow~~**
  - S'assurer que le mélange est entièrement végétal.
- **2 c. à s. de ~~beurre~~**
  - Remplacer par du beurre végétal.
- **1 c. à c. de ~~vanille~~**
  - Remplacer par de l'extrait de vanille pur.
- **280 g de ~~chocolat au lait recouvert de sucre fantaisie~~**
  - Utiliser du chocolat consommable par les végétaliens (voir recette page 23).

RÉSERVER LE POP-CORN dans un grand saladier résistant à la chaleur.

Dans une casserole, porter à ébullition le sirop et le sucre, sur feu moyen à vif, sans cesser de remuer.

Retirer du feu. Ajouter la crème de marshmallow, le beurre et la vanille.

Verser cette sauce sur le pop-corn en remuant pour bien l'enrober. Laisser tiédir pour pouvoir manipuler le pop-corn. Introduire le chocolat en morceaux. Avec des mains légèrement humides, former des balles d'environ 8 cm. Envelopper individuellement dans du film plastique. Conserver à température ambiante et consommer dans la semaine qui suit.

Trouver des substituts au sucre raffiné dans le commerce

Dans presque n'importe quelle épicerie, il est possible de trouver au moins une sorte d'édulcorant sain pour vous aider à éliminer les sucres raffinés de votre alimentation.

La mélasse noire : Ce sirop noir et épais au goût corsé est ce qui reste après la cristallisation du jus de canne. Cet aliment est riche en calcium et en fer.

Le sirop d'agave : Obtenu à partir du jus d'agave, une plante grasse, c'est un produit de remplacement idéal pour le miel. Lorsque vous cuisez des desserts, réduisez la température d'environ 5 °C car il a tendance à brunir facilement.

Le sirop d'érable pur : Cette célèbre sève sucrée donne un regain d'énergie à vos crêpes de froment grâce à sa richesse en manganèse et en zinc, mais on peut aussi l'utiliser dans d'autres préparations culinaires, avec ou sans cuisson.

Le sirop de malt d'orge : Obtenu à partir d'orge germé, ce sirop est épais et sombre, et son goût présente une saveur maltée, proche de celle de la mélasse. Comme c'est un sucre complexe, il se dégrade lentement dans l'organisme, ce qui évite la montée brutale de glucose caractéristique des sucres raffinés.

Le sirop de riz complet : Cet édulcorant liquide naturel a la même consistance que le miel. On l'obtient en mélangeant du malt d'orge et du riz complet, et en chauffant le mélange jusqu'à ce que les amidons soient transformés en sucres. La substance est alors filtrée et réduite en sirop épais. Il a un goût caractéristique de caramel qui ajoute une touche unique aux desserts sans leur donner un goût trop sucré.

Le sucre de canne complet : C'est celui qui se rapproche le plus du sucre blanc raffiné, par son application, son dosage et son goût. Selon les marques, ses cristaux sont plus ou moins fins. On en trouve très facilement, commercialisé sous différentes appellations.

Le sucre de canne intégral : C'est un sucre complet non raffiné encore plus foncé, et au goût corsé. Il est riche en fer, en calcium, en potassium et autres minéraux utiles à l'organisme.

Le sucre de dattes : C'est un édulcorant naturel obtenu à partir de dattes. Il n'est pas conseillé pour les recettes à cuire, mais plutôt pour les autres préparations, ainsi que dans les céréales du petit déjeuner ou les boissons. Vous en trouverez la recette page 228.

Le sucre muscovado : C'est un sucre roux non raffiné en provenance de la canne à sucre. Purifié, filtré puis cristallisé, il a une forte teneur en mélasse et un goût prononcé de caramel.

Le sucre rapadura : Il s'agit de jus de canne à sucre déshydraté, souvent issu de l'agriculture biologique. Il n'a subi aucune transformation ni aucun raffinage, et conserve tous les sels minéraux, vitamines et acides aminés de la canne à sucre. Il présente une texture humide et a tendance à s'agglomérer. De couleur ambrée très foncée, il a un goût caractéristique de réglisse.

Les édulcorants naturels pauvres en calories :

La stevia pure : Cet édulcorant naturel sans calories provient d'une plante tropicale native d'Amérique du Sud. Son pouvoir sucrant est environ 300 fois supérieur à celui du sucre : une très petite quantité suffit !

Le xylitol pur : Il s'agit d'un édulcorant naturel que l'on trouve dans les fibres de nombreux fruits et légumes, comme les baies, les feuilles de maïs, l'avoine, les champignons, le bouleau. Il s'utilise dans les mêmes proportions que le sucre. Le xylitol contient 40 % de calories en moins que le sucre et il est absorbé plus lentement par l'organisme, ce qui limite son impact sur les taux de glycémie. Enfin, notez que cet édulcorant est très absorbant, aussi vous faudra-t-il peut-être ajuster la quantité de liquide dans votre recette.

Comme pour tous les aliments, et surtout ceux qui sont relativement nouveaux sur le marché, nous recommandons la modération.

Pour vous aider à remplacer le sucre par ces édulcorants, voici un tableau récapitulatif :

Correspondance sucre / édulcorants

Sucre blanc raffiné	Stevia liquide	Stevia pure en poudre	Xylitol pur
2 c. à c.	¼ de c. à c.	1/16 de c. à c.	2 c. à c.
190 g	2 ½ c. à c.	1 ½ c. à c.	190 g

Fabriquer des substituts de sucre à la maison

Voici quelques trucs pour adoucir vos plats sans bouger de chez vous.

PURÉES DE FRUITS MAISON

Consultez le chapitre 3 (page 63) pour voir comment transformer des fruits frais ou secs en délicieux édulcorants à ajouter à vos yaourts nature ou dans votre bol de petit déjeuner.

SAUCE OU SIROP AU CHOCOLAT

Mélangez 60 ml d'édulcorant liquide (sirop d'érable, d'agave ou de riz complet) avec 20 g de cacao en poudre non sucré, une petite pincée de sel et 1 ou 2 cuillerées à café de café, jusqu'à obtenir un mélange homogène. Selon vos envies, ajouter des arômes naturels ou du zeste d'orange. Vous pouvez remplacer le café par un lait végétal ou toute autre boisson. Il se conserve au moins 1 semaine au réfrigérateur dans une boîte hermétique.

SIROP SUCRÉ MAISON

Mélangez 190 g de sucre de canne non raffiné avec 120 ml d'eau dans une casserole. Portez à ébullition et baissez aussitôt le feu pour ne pas faire déborder. Sans cesser de remuer, laissez frémir quelques minutes pour faire dissoudre les cristaux. En refroidissant, le sirop va s'épaissir et vous en obtiendrez environ 235 ml.

Si vous faites cette préparation avec du sucre de dattes, il vous faudra 470 ml d'eau et vous devrez mixer le mélange pour obtenir un résultat homogène. Un régal sur les gaufres et les crêpes ! Vous pouvez l'agrémenter de cannelle, de vanille ou d'autres arômes naturels. Mais ajoutez ces extraits une fois le sirop hors du feu afin qu'ils ne s'évaporent pas.

Ce type de préparation n'est pas possible avec de la stevia ou du xylitol.

SUBSTITUT DE SIROP D'ÉRABLE

Si vous n'avez plus de sirop d'érable pour couvrir vos crêpes, fabriquez un sirop qui s'en rapproche : mélangez 1 cuillerée à café d'extrait d'érable à 335 g de sirop de riz ou d'agave.

SUCRE DE DATTE MAISON

Préchauffer le four à 200 °C. Faites cuire des dattes dénoyautées pendant 10 minutes. Mixez dans un robot de cuisine. Cette préparation se conserve dans une boîte hermétique à température ambiante.

SUCRE GLACE MAISON

Dans un blender, un robot ou un moulin à café tournant à grande vitesse, mixez du sucre de canne complet jusqu'à obtenir une fine poudre. Si les robots ne sont pas assez efficaces, mélanger 2 cuillerées à soupe de fécule à 190 g de sucre et mixez jusqu'à obtenir la consistance désirée.

Des douceurs allégées en sucre, avec des édulcorants sains, ou sans sucre !

Les recettes suivantes vont satisfaire vos envies sucrées, tout en ménageant votre index glycémique et votre santé.

GAUFRES AU BEURRE DE CACAHUÈTE ET AU JUS D'ORANGE

Substituts de sucre : sirop d'érable et confiture d'orange (100 % fruits)

Sans maïs

Gorgées de beurre de cacahuète et sans sucre raffiné, ces gaufres vous procureront des heures d'énergie.

POUR 10 GAUFRES ou 12 crêpes

- **255 g de beurre de cacahuète crémeux naturel (en magasins bio)**
- **60 ml de sirop d'érable pur**
- **1 c. à c. d'extrait d'orange pur**
- **Le zeste d'une petite orange**
- **80 g de confiture d'orange**
- **80 g de flocons d'avoine précuits**
- **180 g de farine T55**
- **1 c. à s. de levure chimique**
- **¼ de c. à c. de sel de mer fin**
- **355 ml de lait végétal**
- **Huile en spray**

Variante : Vous pouvez aussi adapter la pâte pour en faire des crêpes : ajoutez 30 à 60 ml de lait végétal puis cuire comme des crêpes normales.

MÉLANGER LE BEURRE DE CACAHUÈTE, le sirop d'érable, l'extrait, le zeste et la confiture d'orange dans un grand saladier.

Incorporer l'avoine, la farine, la levure chimique et le sel. Ajouter le lait. En mettre un peu plus si la pâte est trop épaisse.

Préparer les gaufres selon les instructions de l'appareil, sans oublier de le graisser entre chaque fournée. Si le gaufrier est muni d'un thermostat, utiliser une température moyenne ou basse car le beurre d'oléagineux a tendance à les faire colorer plus vite.

Laisser refroidir les gaufres sur une grille, pour qu'elles soient parfaitement croustillantes. Les restes pourront être réchauffés dans un grille-pain.

GAUFRES À LA BANANE

Substituts de sucre : sirop d'érable et banane

Sans maïs   Sans soja

De la pâte à pain, en forme de gaufres ! Croustillantes et démentes ! Laissez parler votre imagination, vous pourrez inventer de nombreuses variations.

POUR 6 GAUFRES

- **160 ml d'eau tiède**
- **65 g de beurre de cacahuète avec morceaux**
- **2 c. à s. de sirop d'érable pur**
- **3 petites bananes mûres (240 g), écrasées**
- **2 c. à c. de levure boulangère déshydratée**
- **125 g de farine T65**
- **240 g de farine T45**
- **1 c. à c. de sel de mer fin**

BIEN MÉLANGER l'eau, le beurre de cacahuète, le sirop d'érable et les bananes. Peu importe s'il reste des petits morceaux. À l'aide d'une fourchette, incorporer la levure jusqu'à ce qu'elle soit bien dissoute. Dans un grand saladier, mélanger les farines et le sel.

Verser la préparation liquide sur les ingrédients secs et tourner à la fourchette jusqu'à ce que la pâte soit bien mélangée et qu'il ne reste plus de traces de farine. Rassembler la pâte au milieu du saladier à l'aide d'une spatule en silicone.

Couvrir et laisser gonfler pendant 2 heures, jusqu'à ce que la pâte ait doublé de volume.

Réserver au réfrigérateur pendant au moins 8 heures, voire toute la nuit. Manipuler la pâte avec une fourchette. Prélever environ 190 g et laisser à température ambiante pendant environ 45 minutes. Il n'est pas nécessaire de cuire toutes les gaufres en une seule fois, veiller simplement à conserver la pâte au réfrigérateur.

Confectionner les gaufres suivant les instructions de l'appareil. Faire cuire 10 minutes à température moyenne ou basse, jusqu'à ce que les gaufres sonnent creux et qu'elles soient bien colorées.

Laisser refroidir sur une grille quelques minutes avant de déguster.

Servir avec du sirop d'érable, de la confiture, de la pâte à tartiner chocolat-noisette (consommable par les végétaliens), du beurre végétal ou d'oléagineux.

MUESLI CACAHUÈTE, GINGEMBRE ET FRUITS ROUGES

Substituts de sucre : sirop de riz complet et fruits secs (baies)

Sans blé Sans maïs

Sans soja Rapide et facile

En combinant une base de yaourt maison (page 20), des baies fraîches et une portion de ce muesli d'avoine, vous obtenez un petit déjeuner rapide et succulent !

POUR 360 G

- **2 c. à s. d'huile d'arachide**
- **85 g de sirop de riz complet**
- **1 pincée de sel de mer fin**
- **2 c. à c. de gingembre en poudre**
- **70 g de cacahuètes grillées non salées**
- **160 g de flocons d'avoine non précuits**
- **60 g de baies séchées**

PRÉCHAUFFER LE FOUR À 180 °C.

Mélanger l'huile et le sirop sur une grande plaque à pâtisserie à bords. Ajouter le sel, le gingembre, les cacahuètes et l'avoine. Mélanger à l'aide de 2 spatules en silicone résistantes à la chaleur. Étaler uniformément le mélange sur la plaque.

Faire cuire 8 minutes puis sortir la plaque du four. Remuer et égaliser comme précédemment. Enfourner à nouveau 8 minutes, jusqu'à ce que le mélange soit bien coloré.

Ajouter les baies séchées. Laisser refroidir sur la plaque pour conserver tout le croquant. Quand le mélange est entièrement refroidi, transférer dans un récipient hermétique. Ce muesli se conserve environ 2 semaines.

COMPOTE DE POMME MAISON

Substituts de sucre : sirop d'agave et jus de fruit (pomme)

Sans blé Sans fruits à coque

Sans gluten Sans maïs

Sans soja

Découvrez combien il est satisfaisant de faire sa propre compote de pomme, pour l'intégrer ensuite à des recettes telles que l'entremets à la pomme (page 240) ou le gâteau au gingembre et à la cannelle (page 99) !

POUR 520 G

- **455 g de pommes Idared, évidées et coupées en cubes (mais avec la peau)**
- **2 c. à s. de sirop d'agave**
- **1 ½ c. à c. de cannelle en poudre**
- **1 c. à s. de jus de citron, fraîchement pressé**
- **150 ml de jus de pomme**

PRÉCHAUFFER LE FOUR À 180 °C. Mélanger les pommes, le sirop d'agave, la cannelle et le jus de citron dans un grand saladier. Étaler le tout sur une plaque de four et faire cuire 35 minutes en remuant bien à mi-cuisson.

Dans un blender, mettre les pommes cuites et le jus de pommes puis mixer entièrement. Ajouter du jus suivant la texture désirée.

Déguster la compote tiède, à température ambiante ou bien froide. Faire refroidir complètement pour l'utiliser dans d'autres recettes.

Se conserve 3 à 5 jours au réfrigérateur.

SIROP DE CHOCOLAT AU BEURRE DE CACAHUÈTE

Substitut de sucre : sucre de canne intégral

Sans blé **Sans maïs** **Sans soja**

Ce sirop ne demande qu'à être versé sur une glace sans lait ou ajouté à une boisson végétale. Vos dents et votre balance vous diront merci !

POUR 530 ML

- **40 g de cacao en poudre solubilisé (type Van Houten®)**
- **65 g de beurre de cacahuète onctueux salé**
- **385 g de sucre de canne intégral**
- **235 ml d'eau**
- **1 c. à c. d'extrait de vanille pur**

À L'AIDE D'UN BLENDER, mélanger tous les ingrédients (sauf la vanille) pour obtenir une préparation homogène.

Verser dans une casserole et porter à ébullition. Réduire le feu et faire cuire 3 minutes sur feu moyen. Surveiller de près en remuant de temps en temps, car le mélange va monter et risque de s'échapper de la casserole !

Retirer du feu et incorporer la vanille.

Laisser refroidir complètement. Le sirop va légèrement s'épaissir en refroidissant. Il se conserve quelques semaines au réfrigérateur dans une bouteille en verre hermétique.

Variante : Vous préférez une consistance de sauce caramel ? Ajoutez 2 autres cuillerées à café de cacao et 2 cuillerées à soupe de beurre de cacahuète.

POMMES AU FOUR CARAMEL

Substituts de sucre : sucre de canne intégral, sirop de riz ou d'agave, et fruits secs

Les pommes ne sont pas toujours synonymes de régime minceur ! La preuve avec cette recette très gourmande aux fruits baignés de caramel.

POUR 2 PERSONNES

POUR LE CARAMEL :

- **50 g de sucre de canne intégral**
- **55 g de beurre végétal**
- **85 g de sirop de riz complet ou de sirop d'agave**

POUR LA FARCE :

- **1 c. à s. de sucre de canne intégral**
- **1 c. à s. de poudre d'amande ou de noix de coco**
- **20 g de raisins secs**
- **½ c. à c. de cannelle en poudre**
- **1 larme d'extrait de rhum**
- **1 larme d'extrait d'amande pur ou de noix de coco**
- **1 ½ c. à c. de lait végétal**
- **2 belles pommes à cuire, évidées (Granny Smith, par exemple)**
- **40 g d'amandes entières grillées non salées, ou 30 g de noix de pécan grossièrement hachées**

PRÉPARATION DU CARAMEL : Mélanger le sucre, le beurre et le sirop dans une casserole de taille moyenne.

Faire cuire sur feu moyen à vif, jusqu'à ce que le beurre soit fondu. Réduire le feu et faire bouillir à petits bouillons pendant 1 minute sans cesser de remuer. Réserver.

Préchauffer le four à 180 °C.

PRÉPARATION DE LA FARCE : Mélanger le sucre, la farine, les raisins, la cannelle et les extraits dans un saladier. Incorporer le lait.

Disposer chaque pomme au milieu d'une grande feuille d'aluminium. Farcir équitablement les 2 pommes en versant la préparation dans la partie évidée. Puis envelopper chaque pomme dans le papier d'aluminium.

Disposer les pommes dans un moule à cake (20 x 10 cm). Faire cuire 25 minutes puis entrouvrir le papier (avec des gants de cuisine pour ne pas se brûler).

Verser dans la cavité la moitié du caramel et poursuivre la cuisson 25 minutes.

Déballer les pommes, recouvrir du reste de caramel, d'amandes grillées ou de noix hachées. Faire cuire à découvert encore 15 minutes, jusqu'à ce que les pommes soient tendres (tester avec une fourchette).

Attendre quelques minutes avant de déguster. Ne pas oublier de reverser sur les pommes le caramel qui aura pu couler au fond de l'aluminium !

PIZZA SUCRÉE SOPHISTIQUÉE

Substituts de sucre : sirop d'érable pur (dans la pâte à gaufres), banane et confiture multifruits

Sans maïs Sans soja

Observez le plaisir de votre enfant quand vous lui ferez goûter cette pizza sucrée ! Non seulement elle est délicieuse, mais elle est aussi saine. Pour une version plus riche, arrosez de sirop de chocolat au beurre de cacahuète (page 232) au lieu de la confiture.

POUR 6 À 8 PERSONNES

- **La pâte des gaufres à la banane (page 230)**
- **85 g de beurre de cacahuète naturel avec morceaux**
- **2 grandes bananes mûres, coupées en grosses rondelles (1,25 cm)**
- **100 g de confiture multifruits**

COUVRIR UNE PLAQUE À PÂTISSERIE de papier sulfurisé ou de tapis en silicone.

Étaler la pâte à gaufres aussi finement que possible sans la déchirer. Si la pâte est collante, s'humidifier les mains.

Chauffer et émulsifier le beurre de cacahuète avec 2 cuillères à soupe d'eau ou plus pour pouvoir l'étaler facilement.

Badigeonner la pizza de beurre de cacahuète. Laisser reposer à température ambiante pendant 1 heure.

Préchauffer le four à 200 °C. Décorer la pizza de rondelles de banane. Faire cuire 20 minutes, jusqu'à ce que le pourtour soit coloré.

Arroser de confiture. Si elle est trop épaisse, la chauffer et la diluer avec 1 cuillère à soupe d'eau ou plus.

Attendre quelques minutes pour déguster sans se brûler !

TARTE CHOCO-PRUNEAUX

Substituts de sucre : sucre rapadura (dans la pâte à cookies), pruneaux et sirop d'agave

La pâte sucrée et épicée se marie à merveille avec sa garniture somptueuse ! Cette tarte est encore meilleure tout juste sortie du congélateur : laissez-la décongeler 15 minutes avant de vous régaler.

POUR 8 À 10 PERSONNES

POUR LA COMPOTE DE PRUNEAUX :

- **170 g de pruneaux dénoyautés**
- **235 ml d'eau**
- **255 g de chocolat noir, haché**

POUR LE FOND DE TARTE :

- **Huile en spray**
- **La moitié de la pâte des cookies épicés façon spéculoos (page 97), non cuite, non réfrigérée**

POUR LA GARNITURE :

- **340 g de tofu soyeux**
- **2 c. à c. d'extrait de vanille pur**
- **2 c. à s. de sirop d'agave**
- **1 c. à s. de fécule de maïs**
- **½ c. à c. de levure chimique**

PRÉPARATION DE LA COMPOTE : Placer les pruneaux et l'eau dans une casserole. Porter à ébullition. Réduire le feu et laisser mijoter 15 minutes. Retirer du feu. Introduire le chocolat et le faire fondre.

À l'aide d'un mixeur, réduire le mélange en une purée homogène puis laisser refroidir complètement.

PRÉPARATION DU FOND DE TARTE : Préchauffer le four à 180 °C. Graisser légèrement un moule à tarte (23 cm) avec un peu d'huile en spray.

Émietter la pâte à biscuits dans le moule. Appuyer sur le fond et les bords.

Précuire 12 minutes au four, jusqu'à ce que le fond de tarte commence à colorer. Réserver sur une grille jusqu'à ce qu'il refroidisse complètement (il va durcir).

PRÉPARATION DE LA GARNITURE : Dans un blender, mixer la compote de pruneaux avec le tofu, la vanille et le sirop d'agave jusqu'à obtenir un mélange homogène. Incorporer la fécule et la levure chimique.

Verser la garniture sur le fond de tarte. Faire cuire 30 minutes. Éteindre le four et laisser la tarte dedans encore 15 minutes.

Laisser refroidir sur une grille puis mettre au congélateur pendant 2 heures, la tarte sera plus facile à couper.

TARTE AUX POMMES ET POTIRON

Substituts de sucre : sirop d'agave, fruits secs (dattes) et jus de fruit (pomme)

Sans soja

Vous êtes-vous déjà demandé ce qu'il se passerait si une pomme et un potiron faisaient un « bébé tarte » ensemble ? Voici la réponse…

POUR 8 À 10 PERSONNES

POUR LE FOND DE TARTE :

- **180 g de farine blanche d'épeautre**
- **¼ de c. à c. de sel de mer fin**
- **2 c. à s. de sirop d'agave**
- **60 ml d'huile d'arachide**
- **60 ml d'eau**

POUR LA GARNITURE :

- **240 g de dattes Medjool, dénoyautées et coupées en deux**
- **650 ml de jus de pomme**
- **75 g de noix de pécan**
- **1 c. à s. de cannelle en poudre**
- **1 c. à c. de gingembre en poudre**
- **½ c. à c. de noix de muscade en poudre**
- **¼ de c. à c. de sel de mer fin**
- **Huile en spray**
- **365 g de purée de potiron**
- **2 c. à c. d'extrait de vanille pur**
- **2 c. à c. d'extrait d'érable**
- **2 c. à s. de fécule de maïs**

PRÉPARATION DU FOND DE TARTE : Tamiser la farine et le sel dans un grand saladier. Incorporer le reste des ingrédients, en ajoutant l'eau cuillerée par cuillerée jusqu'à la formation d'une pâte.

Envelopper la pâte dans du film alimentaire et la réserver au réfrigérateur pendant 2 heures.

PRÉPARATION DE LA GARNITURE : Placer les dattes dans une grande casserole et arroser de 180 ml de jus de pomme. Faire cuire sur feu moyen à vif pendant 6 minutes, jusqu'à ce que les dattes commencent à se défaire.

Ajouter les noix de pécan et les épices. Faire cuire 1 minute de plus. Ajouter 350 ml de jus et le sel. Réserver.

Préchauffer le four à 190 °C.

Graisser légèrement un moule à tarte (23 cm) avec un peu d'huile en spray. Fariner le plan de travail et étaler la pâte. La transférer délicatement dans le moule et la piquer à la fourchette. Couvrir de papier sulfurisé et maintenir en place avec des haricots secs ou des poids de cuisson. Faire cuire à blanc pendant 8 minutes. Retirer du four et placer sur une grille.

À l'aide d'un blender, mixer le mélange de dattes, la purée de potiron et les extraits.

Diluer la fécule avec le reste de jus de pomme pour former une bouillie.

Ajouter cette bouillie à la garniture et mixer le tout.

Verser la garniture sur le fond de tarte et faire cuire 50 minutes, jusqu'à ce que le centre soit bien pris.

Transférer sur une grille et mettre au frais pour la nuit.

COOKIES PIMENTÉS AU CARAMEL

Substituts de sucre : sucre de canne complet et sirop d'érable pur

Sans maïs

Ces cookies fins et moelleux vont chatouiller vos papilles. Si vous hésitez à mettre du piment dans une recette sucrée, laissez-vous surprendre ! Vous pourrez toujours ajuster la quantité pour la prochaine fournée !

POUR 12 GROS BISCUITS

- **190 g de sucre de canne complet**
- **110 g de beurre végétal**
- **2 c. à s. de sirop d'érable pur**
- **½ c. à c. de sel de mer fin**
- **½ c. à c. de piment chipotle en poudre, ou selon convenance (facultatif)**
- **2 c. à c. d'extrait de vanille pur**
- **½ c. à c. de bicarbonate de soude**
- **70 g de cacahuètes grillées (sans additifs)**
- **240 g de farine T55**

PRÉCHAUFFER LE FOUR À 180 °C. Couvrir 2 grandes plaques à pâtisserie de papier sulfurisé ou de tapis de silicone.

Dans un saladier allant au four à micro-ondes, mélanger le sucre, le beurre, le sirop, le sel et le piment.

Faire chauffer jusqu'à ce que le beurre fonde, que le sucre soit dissous et que la préparation commence à bouillir (au moins 1 minute). Bien mélanger.

Incorporer la vanille, puis le bicarbonate en remuant sans cesse. Le mélange va bouillonner et s'épaissir un peu. Introduire les cacahuètes. Retirer du feu et laisser refroidir quelques minutes.

Ajouter la farine et bien mélanger.

Sur la plaque à pâtisserie, déposer 2 grosses cuillerées (55 g) de pâte par biscuit. Les aplatir un peu car ils ne s'étalent pas beaucoup à la cuisson.

Faire cuire 10 minutes, jusqu'à ce que les biscuits commencent à colorer sur le pourtour.

Sortir du four et laisser tiédir sur les plaques jusqu'à ce qu'ils soient suffisamment refroidis pour être transférés sur une grille.

TORTILLONS CHAÏ-POIRE

Substituts de sucre : sucre de canne intégral, compote de fruit (poires) et fruits secs (poires)

Voici une délicieuse viennoiserie qui vous donnera envie de vous lever le matin. Le chaï utilisé dans la pâte et dans la garniture est un mélange d'épices que vous trouverez en magasin exotique ou dans des boutiques de thé.

POUR 8 VIENNOISERIES,
à faire la veille

POUR LES TORTILLONS :

- **2 c. à c. de levure boulangère déshydratée**
- **95 g de sucre de canne intégral**
- **300 ml de lait végétal, tiédi**
- **55 g d'huile de noix de coco fondue**
- **230 g de compote de poires**
- **600 g de farine complète d'épeautre**
- **1 c. à s. de mélange masala chaï**
- **2 c. à c. de cannelle en poudre**
- **1 c. à c. de gingembre en poudre**
- **1 ½ c. à c. de sel de mer**

POUR LA GARNITURE :

- **120 g de compote de poires**
- **2 c. à c. de mélange masala chaï**
- **50 g de sucre de canne intégral**
- **145 g de poires séchées, coupées et réhydratées dans du thé chaud**

POUR LE GLAÇAGE :

- **300 g de pépites de chocolat blanc pour végétaliens (ou recette page 23)**
- **45 ml de lait végétal**

PRÉPARATION DES TORTILLONS ET DE LEUR GARNITURE : Activer la levure avec le sucre et le lait pendant 5 minutes, puis introduire l'huile et la compote de poires.

Incorporer le reste des ingrédients. Mélanger pendant 4 minutes en raclant les bords pour rassembler la pâte. Couvrir le saladier de film alimentaire et laisser gonfler 3 heures. Réserver au frais pour la nuit.

Couvrir une plaque à pâtisserie de papier sulfurisé ou de tapis en silicone.

Prélever 160 g de pâte par tortillon : étaler la pâte sur la plaque préparée et former un étroit rectangle. Étaler 1 cuillerée à soupe de compote de poires sur la pâte jusqu'à 1,5 cm du bord. Mélanger le chaï et le sucre dans un bol, puis en saupoudrer 1 ½ cuillerée à café sur la compote. Finir par 2 cuillerées à soupe de poires séchées en morceaux.

Pour former le tortillon, rouler délicatement la pâte dans la longueur. La pâte risque d'être collante, utiliser une spatule.

Poser sur la plaque et aplatir un peu le tortillon. Répéter l'opération avec le reste de pâte.

Couvrir de film alimentaire et laisser reposer 1 heure.

Préchauffer le four à 190 °C puis faire cuire 24 minutes, jusqu'à ce que le fond des tortillons sonne creux.

Laisser refroidir sur une grille.

PRÉPARATION DU GLAÇAGE : Mélanger tous les ingrédients dans un bol allant au four à micro-ondes. Faire chauffer 1 minute et mélanger pour faire fondre les pépites.

Verser en filets sur les tortillons.

ENTREMETS À LA POMME

Substituts de sucre : fruits secs (dattes) et compote de pomme

Sans blé

Un délicieux entremets cuit, parfait en petit déjeuner ou en dessert, et ouvert à toutes les audaces avec d'autres noix, d'autres flocons ou d'autres épices.

POUR 2 PERSONNES

- **½ c. à c. de beurre végétal**
- **20 g de flocons d'avoine, précuits ou non**
- **75 g de noix**
- **4 dattes Medjool, dénoyautées et coupées en quatre**
- **120 g de compote de pomme sans sucre, achetée ou faite maison (voir recette page 231)**
- **1 ½ c. à c. d'extrait de vanille pur**
- **½ c. à c. de cannelle en poudre + 1 pincée pour saupoudrer**
- **1 pincée de sel de mer fin**
- **¼ de c. à c. de levure chimique**

PRÉCHAUFFER LE FOUR À 180 °C.

Avec le beurre, graisser légèrement 2 grands ramequins allant au four.

Mixer l'avoine et les noix dans un robot de cuisine pour obtenir une fine poudre.

Ajouter les dattes et mixer à nouveau. Enfin, verser les ingrédients restants et mixer jusqu'à obtenir un mélange homogène.

Répartir la pâte collante dans les 2 ramequins. Saupoudrer 1 pincée de cannelle supplémentaire sur le dessus.

Faire cuire 10 minutes jusqu'à ce que l'entremets soit pris. Déguster tiède, à température ambiante ou bien froid.

BISCUITS CROQUANTS FOURRÉS

Substituts de sucre : sucre muscovado, sirop d'érable pur et fruits secs (raisins secs)

La préparation est un peu laborieuse, mais ces biscuits croquants en valent vraiment la peine

POUR 6 MAXI GÂTEAUX

POUR LE SIROP :

- **50 g de sucre muscovado**
- **55 g de beurre végétal**
- **60 ml de sirop d'érable pur**
- **Huile en spray**

POUR LE FOURRAGE :

- **65 g de sucre muscovado**
- **2 c. à c. de cannelle en poudre**
- **50 g de raisins secs**

POUR LA PÂTE À BISCUITS :

- **280 g de confiture épaisse**
- **120 ml de lait végétal**
- **60 ml d'huile d'arachide**
- **1 c. à s. de sirop d'érable pur**
- **½ c. à c. de sel de mer fin**
- **280 g de farine complète d'épeautre**
- **1 c. à s. de levure chimique**
- **40 g de flocons d'avoine non précuits**

PRÉPARATION DU SIROP : Dans une casserole, mélanger le sucre muscovado, le beurre et le sirop. Faire fondre le beurre sur feu moyen à vif. Réduire le feu et remuer 1 minute. Réserver.

Préchauffer le four à 190 °C. Graisser un moule à gros muffins avec un peu d'huile en spray. Répartir le sirop au fond de chaque alvéole et réserver.

PRÉPARATION DU FOURRAGE : Mélanger tous les ingrédients dans un bol et réserver.

PRÉPARATION DES BISCUITS : Dans un grand saladier, mélanger au fouet la confiture, le lait, l'huile, le sirop et le sel. Tamiser la farine et la levure par-dessus, puis introduire l'avoine à la fourchette, sans trop remuer.

Dans chaque moule à muffins, déposer environ 65 g de pâte. Recouvrir avec 1 ½ cuillerée à soupe de fourrage. Puis répartir le reste de pâte par-dessus.

Placer le moule à muffins sur une plaque de cuisson à bords.

Faire cuire 25 minutes. Sans éteindre le four, retirer le moule et laisser reposer 10 minutes sur une grille .

Démouler les biscuits sur une plaque couverte de papier sulfurisé ou sur un tapis en silicone. Enfourner à nouveau pour 10 minutes.

Laisser refroidir sur une grille. Pour un rendu encore plus croquant, réserver au réfrigérateur.

GOURMANDISES AU CARAMEL SALÉ

Substituts de sucre : sucre de canne biologique et sirop de riz complet

Sans maïs

Si vous trouvez des mini-bretzels enrobés de chocolat ou que vous avez le courage de les confectionner vous-même, ils seront parfaits pour cet en-cas craquant qui joue sur le salé-sucré.

Le blé soufflé peut être remplacé par du riz complet soufflé. Et si vous trouvez des bretzels sans gluten, vous pourrez réaliser une recette sans gluten.

POUR 12 FRIANDISES ou plus

- **115 g de blé soufflé**
- **230 g de mini-bretzels salés (consommables par les végétaliens), grossièrement cassés**
- **55 g de beurre sans lait**
- **95 g de sucre de canne biologique**
- **170 g de sirop de riz complet**
- **¼ de c. à c. de bicarbonate de soude**
- **140 g de cacahuètes grillées salées (sans additifs)**
- **1 c. à c. d'extrait de vanille pur**

TAPISSER UN PLAT CARRÉ (23 CM) de papier sulfurisé.

Mélanger le blé et les bretzels dans un grand saladier.

Dans une casserole, mettre le beurre, le sucre et le sirop. Porter à ébullition et faire cuire 1 minute sans cesser de remuer.

Retirer du feu. Incorporer le bicarbonate. Le caramel va alors s'épaissir. Ajouter les cacahuètes et la vanille. Verser cette sauce sur le blé et les bretzels, bien mélanger.

Étaler le mélange dans le moule et appuyer dessus avec une autre feuille de papier sulfurisé. Réserver 1 heure au réfrigérateur jusqu'à ce que la friandise soit prise.

COOKIES AU CHOCOLAT

Substitut de sucre : xylitol ou stevia

Ces gâteaux ne contiennent pas de sucre ! Leur texture se prête parfaitement à la confection de gâteaux-sandwichs. Imaginez 2 biscuits réunis par un fourrage crémeux, par exemple avec notre mousse au chocolat (page 244).

POUR 24 BISCUITS

- **310 g de farine ordinaire**
- **40 g de cacao non sucré en poudre, tamisé**
- **1 c. à s. de café instantané (facultatif)**
- **1 ½ c. à c. de levure chimique**
- **½ c. à c. de bicarbonate de soude**
- **¼ de c. à c. de sel**
- **¼ de c. à c. de cannelle en poudre**
- **190 g de xylitol (ou 1 ½ c. à c. de stevia)**
- **295 ml de lait végétal**
- **60 ml d'huile**
- **1 c. à s. d'extrait de vanille pur**
- **170 g de yaourt sans lait**

DANS UN GRAND SALADIER, mélanger la farine, le cacao, le café, la levure chimique, le bicarbonate, le sel, la cannelle et l'édulcorant.

Dans un autre récipient, mélanger le lait, l'huile, la vanille et le yaourt.

Verser cette préparation liquide au cœur des ingrédients secs, en prenant soin de ne pas trop remuer.

Déposer sur la plaque 2 cuillerées à soupe de pâte par biscuits, en leur laissant de l'espace pour s'étaler (compter environ 6 biscuits par plaque).

Faire cuire 12 à 15 minutes jusqu'à ce que le dessus des biscuits soit craquelé. Laisser tiédir un peu avant de les transférer sur une grille pour refroidir complètement.

MOUSSE AU CHOCOLAT

Substituts de sucre : fruit (banane) et sucre contenu dans le chocolat

Sans blé   Sans maïs

Sucré aux fruits et sans autre sucre ajouté que celui contenu dans le chocolat, ce nappage est plus sain que ceux que l'on utilise habituellement, qui sont saturés de margarine et de sucre glace.

POUR 960 G, soit l'équivalent de 6 entremets ou de quoi napper 24 cupcakes, 12 gâteaux-sandwichs ou 1 gâteau à deux étages

- **265 g de morceaux de chocolat noir**
- **60 ml de lait de coco**
- **2 grosses bananes mûres (240 g), coupées en rondelles**
- **2 petits avocats Haas mûrs, dénoyautés et épluchés**
- **1 c. à c. d'extrait de vanille pur**
- **½ c. à c. d'extrait de rhum**
- **½ c. à c. d'extrait d'orange pur**
- **¼ de c. à c. d'extrait de noix de coco pur**
- **1 pincée de sel de mer**

FAIRE FONDRE LE CHOCOLAT AU FOUR À MICRO-ONDES. Dans un robot de cuisine, mixer le lait, les bananes, les avocats, les extraits et le sel. Ajouter la moitié du chocolat fondu et mixer à nouveau en raclant les bords de temps en temps. Transférer la préparation dans un grand saladier ou dans des coupes à dessert individuelles. À l'aide d'un cure-dent, dessiner des arabesques sur la mousse avec le reste de chocolat fondu, afin de faire des rubans qui durciront en refroidissant et croqueront sous la dent. Laisser prendre au réfrigérateur avant de servir.

CRÈME CITRON-FRAMBOISE

Substitut de sucre : naturellement sans sucre !

Sans blé — Sans fruits à coque — Sans gluten — Sans soja — Rapide et facile

Ce dessert acidulé et léger est parfait pour un après-midi chaud, lorsqu'on a la flemme de sortir la sorbetière !

POUR 750 ML

- **1 banane mûre**
- **60 ml de jus de citron, fraîchement pressé**
- **125 g de framboises fraîches ou surgelées**
- **470 ml de lait de riz ou lait de coco dégraissé**
- **1 c. à c. d'extrait de vanille sans gluten**
- **¼ de c. à c. de stevia liquide ou en poudre**
- **1 c. à c. de gomme xanthane**

METTRE TOUS LES INGRÉDIENTS dans un blender et mixer pour obtenir une crème un peu épaisse.

Laisser prendre au réfrigérateur avant de servir.

Astuce : Ce mélange est idéal pour faire des bâtonnets glacés. Versez la préparation dans des moules à esquimaux, placez au congélateur et régalez-vous avec ces friandises rafraîchissantes et sans sucre !

CHUTNEY DE BANANE

Substituts de sucre : fruits (bananes) et sucre de canne complet

Sans blé — Sans maïs — Sans soja

Ce chutney sucré et acidulé est un accompagnement de choix pour les patates douces, ou pour toute autre utilisation de chutney.

C'est aussi la star du pain au chutney de banane (page 82).

POUR 480 G

- **40 g d'oignon rouge, haché**
- **1 c. à s. d'huile de sésame (non grillé)**
- **2 bananes de taille moyenne, coupées en gros morceaux**
- **1 c. à c. de gros sel de mer**
- **110 g de piments verts, grillés, coupés en dés**
- **1 pincée de piment rouge en flocons (facultatif)**
- **95 g de sucre de canne complet**
- **120 ml de vinaigre de cidre**
- **1 c. à c. de garam masala**
- **1 c. à c. de gingembre en poudre**
- **1 c. à c. de graines de cumin**
- **2 c. à c. de pâte de tamarin**

DANS UNE CASSEROLE DE TAILLE MOYENNE, faire cuire l'oignon dans l'huile sur feu moyen à vif pendant 2 minutes, jusqu'à ce qu'il soit translucide.

Ajouter le reste des ingrédients et faire cuire à température moyenne pendant 10 minutes, jusqu'à épaississement.

Répartir le chutney encore brûlant dans des bocaux et fermer aussitôt. Il se conserve au moins 1 semaine au réfrigérateur.

Chapitre 9

Pour une nourriture plus saine : COMMENT REMPLACER LES GRAISSES ?

SOYONS HONNÊTES, le gras apporte de la saveur. Mais réduire sa consommation de lipides en choisissant d'autres solutions plus saines n'implique pas pour autant de renoncer aux repas savoureux.

Les faits

Bonnes graisses, mauvaises graisses, graisses saturées, insaturées, mono-insaturées, hydrogénées… la liste est sans fin. En vérité, tous les corps gras ne sont pas mauvais pour nous. En effet, les acides gras essentiels ADH et EAP sont nécessaires pour le fonctionnement neuronal et nerveux.

Mais toutes les graisses ne sont pas aussi bénéfiques. Celles que l'on trouve naturellement dans les oléagineux, les avocats, les graines, les céréales et autres plantes permettent de préserver sa santé grâce à une alimentation équilibrée.

C'est lorsque nous commençons à ajouter du gras à notre nourriture qu'il faut être très prudent, surtout en ce qui concerne les plats préparés.

Par exemple, les graisses hydrogénées se retrouvent souvent comme ingrédient dans la nourriture transformée. La fabrication des graisses hydrogénées consiste à ajouter de l'hydrogène dans de l'huile, ce qui permet au mélange de rester solide à température ambiante, augmente sa durée de conservation et son point de fumée. Ce processus n'a rien de naturel ni de nutritionnel. Les études scientifiques mettent en évidence un lien entre ces graisses qui encrassent les artères et des risques élevés de cancer, de maladies cardiaques, d'obésité, et un affaiblissement du système immunitaire.

La modération est donc de mise. Par ailleurs, il existe tant de corps gras plus sains ou d'alternatives savoureuses et pauvres en graisses qu'il serait dommage de croire que pour garder un corps sain, il faut tourner le dos au goût.

Familiarisez-vous avec quelques ingrédients de substitution dans ce tableau ci-contre :

SI LA RECETTE ORIGINALE INDIQUE…	REMPLACER PAR…
120 ml de beurre fondu (laitier ou non)	• 120 ml d'huile de pépins de raisin, d'olive, d'arachide ou de noix de coco fondue (suivant l'utilisation, choisir des huiles au goût neutre)
110 g de beurre laitier	• 110 g de beurre végétal non hydrogéné
110 g de beurre laitier (dans une recette de gâteau, de muffins, de gaufres ou de biscuits) et que l'on veut utiliser moins de gras	• 55 g de beurre végétal + 60 g de compote non sucrée ou d'une autre purée au goût peu marqué (pruneau, avocat, haricot) Il est possible de réduire la quantité de gras à 30 g de beurre végétal, en augmentant la quantité de compote. Mais il ne faut pas la diminuer davantage, sinon le résultat risque d'être collant. Pour les biscuits, utiliser de la compote de fruits pour leur donner une consistance de gâteau.
110 g de beurre laitier (dans une recette de gâteau, de muffins, de gaufres) et que l'on veut une graisse moins transformée que le beurre végétal	• 100 ml d'huile au goût neutre
110 g de beurre laitier (dans une recette de biscuits) et que l'on veut une graisse moins transformée que le beurre végétal	• 60 ml d'huile au goût neutre (peut modifier la texture des biscuits)
110 g de margarine	• 110 g de margarine végétale non hydrogénée
120 ml d'huile végétale (dans une recette de gâteau, de muffins, de gaufres ou de biscuits) et que l'on veut utiliser moins de gras	• 60 ml d'huile + 60 g de compote non sucrée ou d'une autre purée au goût peu marqué (pruneau, avocat, haricot) Il est possible de réduire la quantité de gras à 30 ml d'huile, en augmentant la quantité de compote. Mais il ne faut pas la diminuer davantage, sinon le résultat risque d'être collant. Pour les biscuits, utiliser de la compote de fruits pour leur donner une consistance de gâteau.

(suite page suivante)

(suite page précédente)

SI LA RECETTE ORIGINALE INDIQUE…	REMPLACER PAR…
De l'huile pour faire revenir les légumes, et que l'on veut réduire ou supprimer le gras	• Ajouter une pincée de sel pour faire dégorger un peu les légumes • Hors du feu, tapisser soigneusement la poêle avec un peu d'huile en spray pour n'utiliser que le minimum nécessaire • Incorporer des herbes aromatiques et de l'assaisonnement pour exhausser les saveurs

EXEMPLE DE RECETTE VÉGÉTALISÉE

La recette ci-dessous vous montre comment remplacer le gras et les ingrédients qui ne conviennent pas aux végétaliens.

WACKY CAKE

Ce gâteau américain, sans œufs et sans lait, a été inventé pendant la Grande Dépression des années 1930. Il fait l'unanimité depuis des décennies, et a été adapté ici pour une recette encore plus saine.

POUR 10 PERSONNES

Huile en spray

- **185 g de ~~farine ordinaire~~** → Remplacer par 120 g de farine T55 + 60 g de farine T65.
- **190 g de ~~sucre blanc~~** → Remplacer par 120 g de sucre de canne complet.
- **20 g de ~~cacao en poudre non sucré~~** → Ajouter 60 g de pépites de chocolat noir sans lait pour un goût encore plus chocolaté (facultatif).
- **1 c. à c. de bicarbonate de soude**
- **½ c. à c. de sel**
- **1 c. à c. d'extrait de vanille pur**
- **1 c. à s. de vinaigre de cidre**
- **75 ml ~~d'huile~~** → Remplacer par 75 g de compote de pomme sans sucre, achetée ou faite maison (voir recette page 231).
- **235 ml ~~d'eau~~** → Remplacer par 235 ml de lait végétal pour compenser l'absence d'huile.

PRÉCHAUFFER LE FOUR À 180 °C. Graisser légèrement un plat carré (20 cm) avec un peu d'huile en spray.

Dans un grand saladier, tamiser les farines, le sucre de canne, le cacao, le bicarbonate et le sel. Réserver.

Dans un bol, battre ensemble la vanille, le vinaigre, la compote et le lait.

Incorporer les ingrédients liquides aux ingrédients secs sans trop mélanger. Ajouter les pépites de chocolat (facultatif).

Verser la pâte dans le moule et faire cuire 30 à 40 minutes, jusqu'à ce qu'un cure-dent inséré au cœur du gâteau en ressorte propre.

Réserver sur une grille et laisser refroidir complètement.

Trouver des substituts plus sains dans le commerce

La plupart des supermarchés et magasins diététiques proposent un vaste choix d'huiles, de margarines végétales, de bouillons et de jus. Vous y trouverez notamment :

Le beurre végétal : Préférez la version non hydrogénée et ne vous en servez qu'avec modération, car il s'agit d'un produit très transformé.

Le bouillon de légumes, le vin, la bière, les jus de fruits ou de légumes : Ces liquides sont parfaits pour cuisiner avec peu ou pas de gras : ils contribuent au goût tout en préservant la texture du plat, qu'ils empêchent de se dessécher. Vous pouvez trouver du bouillon et des jus de légumes allégés en sodium, ou bien les préparer vous-même.

Les herbes aromatiques, fraîches ou séchées : Elles représentent un bon moyen de rehausser le goût sans utiliser beaucoup de gras et limitent également le recours au sel.

L'huile d'arachide : Idéale pour les sauces, les cuissons à feu doux et la pâtisserie.

L'huile de bourrache : Idéale pour les salades ou les plats qui n'ont pas besoin d'être chauffés.

L'huile de carthame : À réserver à la salade et aux préparations sans cuisson.

L'huile de chanvre : Riche en acides gras essentiels, cette huile est adaptée aux sauces et aux plats cuits à feu doux.

L'huile de colza : Il vaut mieux s'assurer qu'elle est sans OGM et issue de l'agriculture biologique. D'un goût neutre, il convient de ne pas la chauffer.

L'huile de lin : Cette huile riche en oméga-3 est idéale pour les salades et les préparations sans cuisson. À prendre en bouteille en verre teinté et à conserver au réfrigérateur.

L'huile de maïs : Adaptée aux sauces, aux plats à cuisson douce, à la friture et à toutes les utilisations culinaires.

L'huile de noix : Elle est riche en oméga, et s'utilise en salade ou dans les plats sans cuisson.

L'huile de noix de coco : Donne une saveur incomparable. À utiliser pour les cuissons au four, les sauces, les poêlées et les plats cuits à feu doux.

L'huile d'olive : Utilisez-la en version vierge extra en filet dans votre assiette, pour les sauces ou pour les plats cuits à basse température. L'huile d'olive de qualité ordinaire se prête à toutes les utilisations : pâtisserie, poêlées, fritures, etc.

L'huile de pépins de raisin : Une bonne huile pour la salade, la pâtisserie et les poêlées.

L'huile de sésame : L'huile de sésame grillé apporte un arôme étonnant et se prête bien aux sauces et aux plats cuits à basse température. La version ordinaire a un goût moins marqué et convient aux autres usages culinaires.

Comment cuisiner moins gras chez soi ?

Découvrez combien il est facile de préparer soi-même des substituts à l'huile et au beurre.

BEURRE D'HUILE D'OLIVE

Vous trouverez la recette au chapitre 1 (page 19).

BEURRES VÉGÉTAUX

En général, environ 130 g d'oléagineux (selon les noix) donnent 130 g de beurre. Plus les noix utilisées sont grasses, plus le mélange sera onctueux. Si vous voulez un beurre croquant, ajoutez une poignée de noix dans le robot de cuisine juste avant la fin de la préparation.

Pour que vos beurres végétaux soient plus faciles à étaler et moins gras, émulsifiez-les avec un soupçon d'eau, de jus de fruits, d'édulcorant liquide ou de boisson végétale.

Avez-vous déjà essayé le beurre d'oléagineux parfumé ? Imaginez les possibilités : cannelle, raisins secs, sirop d'érable, ou même chocolat !

Nous avons constaté que faire griller les noix facilite leur mixage : étalez-les sur une plaque de four tapissée de papier sulfurisé et faites chauffer 5 à 10 minutes à 200 °C. Un arôme enchanteur embaumera votre cuisine.

Préparez vos beurres végétaux en petites quantités car ils ne se conservent pas aussi longtemps que ceux du commerce, et gardez-les au réfrigérateur jusqu'à 1 mois. Pour éviter que vos oléagineux ne rancissent, vous pouvez les conserver au réfrigérateur ou au congélateur.

Les robots ménagers sophistiqués rendent la préparation des beurres végétaux très facile, mais c'est un investissement que tout le monde n'est pas prêt à faire. Avec un bon robot de cuisine, on peut très bien y arriver aussi, à condition de faire des pauses pour laisser le moteur refroidir. Comme l'huile sera extraite plus lentement, il vous faudra peut-être jusqu'à 15 minutes pour atteindre la consistance désirée, suivant les oléagineux et la machine utilisés.

HERBES AROMATIQUES, ÉPICES, BOUILLONS DE LÉGUMES, JUS DE FRUITS ET DE LÉGUMES, VIN ROUGE OU BLANC, VINAIGRES, BIÈRE

N'hésitez pas à assaisonner vos préparations avec des herbes, du bouillon, du vin, etc. Il est certes bien connu que le gras ajoute de la saveur à la nourriture, mais il existe bien d'autres façons d'améliorer le goût sans faire exploser les taux de calories et de lipides. Utilisez un minimum de gras de bonne qualité pour que votre préparation n'accroche pas, puis ajoutez des aromates pour la fraîcheur et les vitamines, mais aussi pour l'aspect visuel : n'importe quel plat banal prend une toute autre dimension avec un peu de couleur et d'arômes. Selon la saison, il peut être difficile de se procurer des herbes fraîches, tournez-vous alors vers les herbes séchées ou surgelées. Une cuillerée à café d'herbes séchées suffit généralement à donner autant de saveur qu'une cuillerée à soupe d'herbes fraîches.

Le bouillon, le vin, les différents vinaigres et la bière (sans alcool si vous le désirez) sont une autre façon de donner du goût à la nourriture, même si cela implique un peu plus de calories que les aromates. Vérifiez toutefois que les procédés de fabrication du vin et de la bière que vous choisissez sont compatibles avec le régime végétalien.

Ces liquides peuvent servir à déglacer une poêle ou à cuire les légumes à la vapeur, sans recours à la matière grasse. Préférez les bouillons pauvres en sodium afin de limiter votre consommation de sel.

PURÉES DE FRUITS OU DE LÉGUMES

Dans les préparations cuites au four, remplacez la matière grasse par des purées de fruits. C'est bon à la fois pour la santé et pour les papilles ! Suivant le goût de la purée, vous pourrez même réduire la quantité de sucre (voir compote de pomme page 231). Dans les gâteaux, les purées servent aussi à remplacer les blancs d'œuf.

Attention au fruit que vous choisissez : certains, comme les bananes, peuvent communiquer leur saveur à tout le plat. Usez de votre imagination et essayez l'avocat écrasé, la purée de potiron, de patate douce ou encore les haricots !

Vous pouvez même réduire la quantité de gras à 2 cuillerées à soupe d'huile ou 30 g de beurre végétal, en augmentant la quantité de compote ou de purée. Mais il ne faut pas la diminuer davantage, sinon le résultat risque d'être collant. Enfin gardez à l'esprit que, si vous utilisez de la compote de fruits pour faire des biscuits, ils auront une consistance de gâteau.

HUILE EN SPRAY

Voici un bon moyen de limiter la quantité de graisses et de calories tout en vous assurant que vos préparations ne resteront pas accrochées au fond du moule. Vous pouvez simplement remplir d'huile une petite bouteille munie d'un spray pour n'utiliser que le strict nécessaire.

Des recettes allégées en matière grasse, avec des lipides plus sains ou pas de gras du tout !

Si vous cherchez à réduire votre consommation de gras, ou si vous vous souciez simplement de votre bien-être et que vous souhaitez opter pour des matières grasses moins nocives pour votre cœur, découvrez ici des recettes qui prennent soin de vos artères.

MUFFINS ORANGE-CHOCOLAT BLANC

% **Substitut de matière grasse** : purée de fruits (pomme)

% **Allégé en matière grasse**

La compote de pomme procure tout le moelleux nécessaire à ces muffins savoureux et sains. Pas besoin d'ajouter de matière grasse ! Une recette parfaite pour bien commencer la journée.

POUR 12 MUFFINS

- **170 g de sirop d'agave**
- **120 ml de lait végétal**
- **½ c. à c. de zeste d'orange**
- **120 ml de jus d'orange, fraîchement pressé**
- **2 c. à c. de vinaigre de cidre**
- **60 g de compote de pomme sans sucre, achetée ou faite maison (voir recette page 231)** %
- **100 g de pépites de chocolat blanc adapté aux végétaliens (ou recette page 23)**
- **½ c. à c. de sel de mer fin**
- **150 g de farine T55**
- **175 g de polenta**
- **1 c. à c. de bicarbonate de soude**

PRÉCHAUFFER LE FOUR À 180 °C. Garnir un moule à muffins de caissettes en papier.

Dans un saladier, mélanger le sirop d'agave, le lait, le zeste et le jus d'orange, le vinaigre, la compote de pomme, les pépites de chocolat et le sel.

Ajouter la farine, la polenta et le bicarbonate. Bien mélanger pour incorporer le tout.

Répartir la pâte dans les caissettes en les remplissant presque jusqu'au bord.

Faire cuire 18 minutes, jusqu'à ce qu'ils soient colorés et fermes au toucher.

Laisser refroidir sur une grille.

MUFFINS AU CHOCOLAT ET NAPPAGE FRUITÉ

% **Substituts de matière grasse** : purée de fruits secs (pruneaux) et jus de fruit (pomme)

Sans maïs **Sans soja** % **Allégé en matière grasse**

Vous en avez assez des desserts allégés en matière grasse tout secs et sans goût ? Essayez ces muffins bien tendres ! Les pruneaux ne dominent pas au niveau du goût mais ils procurent des fibres et des vitamines.

POUR 16 MUFFINS

POUR LE NAPPAGE :

- **160 g de purée de fruits à tartiner**
- **40 g de cacao en poudre non sucré**

POUR LES MUFFINS :

- **470 ml de cidre (épicé si possible) ou de jus de pomme** %
- **120 g de pruneaux** %
- **¼ de c. à c. de sel de mer fin**
- **1 c. à s. d'extrait de vanille pur**
- **190 g de sucre intégral**
- **80 g de cacao en poudre non sucré**
- **2 c. à c. de vinaigre de cidre**
- **100 g de chocolat noir, haché**
- **300 g de farine T55**
- **2 c. à c. de bicarbonate de soude**

PRÉPARATION DU NAPPAGE : Dans un bol, combiner la purée de fruits et le cacao. Le mélange doit être facile à étaler. Réserver.

PRÉPARATION DES MUFFINS : Porter le cidre à ébullition. Ajouter les pruneaux et laisser mijoter 8 minutes.

Transférer dans un blender et mixer avec le sel, la vanille, le sucre, le cacao et le vinaigre. Réserver et laisser refroidir complètement.

Préchauffer le four à 180 °C. Garnir de caissettes 2 moules à 8 muffins.

Verser le mélange mixé dans un grand saladier. Ajouter le chocolat. Tamiser la farine et le bicarbonate par-dessus.

Mélanger délicatement la pâte. Si elle est trop sèche, ajouter un peu plus de cidre, cuillerée par cuillerée en l'incorporant légèrement.

Répartir la préparation dans les caissettes, jusqu'au bord.

Faire cuire 18 minutes, jusqu'à ce qu'un cure-dent inséré au cœur du muffin en ressorte propre. Laisser refroidir complètement avant d'appliquer le nappage.

HOUMOUS TOMATES-AMANDES

Substituts de matière grasse : huile d'olive et beurre d'oléagineux (amande)

Sans blé — Sans maïs

Rapide et facile

Consommez cet en-cas comme n'importe quel houmous : sur du pain ou des chips, avec des pommes de terre ou des légumes… En le diluant un peu avec l'eau des tomates séchées, vous obtenez une merveilleuse sauce pour les pâtes.

POUR 650 G

- **3 tomates Roma de taille moyenne, coupées en deux**
- **1 grosse gousse d'ail**
- **3 c. à s. d'huile d'olive** %
- **3 c. à s. de vinaigre de vin rouge**
- **2 c. à c. de pimenton (ou de paprika)**
- **½ c. à c. de poivre noir**
- **65 g de purée d'amandes grillées** %
- **½ c. à c. de sel de mer fin, ou selon convenance**
- **6 tomates séchées, trempées dans 60 ml d'eau bouillante pendant 10 minutes (bien égoutter avant d'utiliser)**
- **425 g de pois chiches en conserve, rincés et égouttés**

MIXER TOUS LES INGRÉDIENTS DANS UN BLENDER ou un robot de cuisine, jusqu'à obtenir une purée lisse.

Servir à température ambiante ou bien frais. Se conserve au réfrigérateur dans un récipient hermétique.

TREMPETTE À LA PRUNE SANS MATIÈRE GRASSE

Substitut de matière grasse : naturellement sans gras, mais délicieux !

Sans fruits à coque

Sans maïs — Sans soja

Allégé en matière grasse

Rapide et facile

Une bonne sauce pour accompagner les rouleaux de printemps croquants au tofu (page 124) ou tout autre plat que l'on veut relever sans introduire de matière grasse. Ajoutez quelques cacahuètes salées pour un rendu croustillant.

POUR 235 ML

- **2 petits pots biologiques (70 g) pour bébé à la prune**
- **45 à 60 ml de condiment au vinaigre de riz (condiment au vinaigre de riz)**
- **1 pincée de sel de mer fin**
- **1 c. à c. de gingembre en poudre**
- **2 c. à c. à 1 c. à s. de sambal oelek (condiment indonésien à base de piment, en rayon exotique)**
- **3 c. à s. de sirop de riz complet ou de sirop d'agave**
- **1 gousse d'ail, épluchée et émincée**
- **1 échalote, émincée**

MÉLANGER TOUS LES INGRÉDIENTS dans un saladier. Cette sauce se conserve au réfrigérateur dans une boîte hermétique pendant environ 1 semaine.

PÂTÉ VÉGÉTAL COURGE ET LENTILLES

% **Substituts de matière grasse** : huile d'olive et purée de sésame

Sans blé   Sans gluten   Sans soja

Cette pâte à tartiner salée se prête bien aux sandwichs, à la garniture de pommes de terre au four, aux légumes vapeur… Vous pouvez aussi, en la diluant un peu, en assaisonner vos plats de pâtes. Ou enfin, oublier les convenances et la manger directement à la petite cuillère !

POUR 1 KG

- **565 g de courge butternut, coupée en cubes**
- **2 c. à s. d'huile d'olive vierge extra** %
- **190 g de lentilles corail, cuites dans 940 ml d'eau pendant 20 minutes, puis égouttées**
- **1 c. à s. de garam masala**
- **65 g de tahin (purée de sésame) ou d'un autre beurre d'oléagineux** %
- **1 gousse d'ail, épluchée et émincée**
- **1 c. à s. d'oignon en flocons**
- **1 c. à c. de coriandre en poudre**
- **½ c. à c. de piment de Cayenne, ou selon convenance**
- **1 c. à c. de paprika**
- **1 c. à c. de sel de mer fin**
- **180 ml de lait d'amande non sucré ou de bouillon de légumes**

POUR FAIRE GRILLER LA COURGE, préchauffer le four à 200 °C, badigeonner les cubes d'huile d'olive et les étaler sur une plaque de cuisson. Faire cuire 45 minutes, jusqu'à ce qu'ils soient tendres.

Dans un blender, mixer finement les autres ingrédients (sauf le lait ou le bouillon). Puis ajouter la quantité nécessaire de liquide pour atteindre la consistance désirée.

Déguster chaud, à température ambiante ou bien froid.

TREMPETTE AMANDE-TAMARIN

Substitut de matière grasse : purée d'amande

Sans maïs — Sans soja

Rapide et facile

Une sauce savoureuse pour tremper vos rouleaux de printemps au tofu (page 124).

POUR 235 G

- **60 ml d'eau filtrée**
- **65 g de purée d'amande avec morceaux %**
- **3 c. à s. d'awasezu (condiment au vinaigre de riz)**
- **2 c. à s. de pâte de tamarin**
- **Quelques gouttes de sriracha, selon convenance**
- **2 c. à s. de sirop d'agave**
- **1 c. à c. de gingembre en poudre**
- **1 gousse d'ail, épluchée et émincée**

MIXER TOUS LES INGRÉDIENTS dans un blender ou un robot de cuisine. Conserver au réfrigérateur dans un récipient hermétique. Conserver 1 semaine environ.

SAUCE MOUTARDE AU VINAIGRE BALSAMIQUE

Substitut de matière grasse : naturellement sans huile

Sans fruits à coque

Sans maïs

Allégé en matière grasse

Rapide et facile

Attendez ! Pas d'huile ? Oui, c'est bien ça ; voilà une sauce pleine de peps sans un gramme de graisse ! À déguster sur des légumes verts ou bien chaude, sur du chou.

POUR 270 ML

- **120 g de moutarde de Dijon douce**
- **120 ml de vinaigre balsamique**
- **30 ml de sirop d'agave**
- **1 c. à s. d'ail en poudre**
- **1 c. à s. d'oignon en poudre**
- **¼ de c. à c. de sel**
- **Poivre noir selon convenance**

PLACER TOUS LES INGRÉDIENTS dans une boîte hermétique, refermer et secouer pour bien mélanger. Conserver au réfrigérateur jusqu'au moment de servir.

SALADE ÉPICÉE À LA MANGUE ET AU CONCOMBRE

Substituts de matière grasse : beurre d'oléagineux (cacahuète) et huile de sésame

Sans maïs — Sans blé

Une salade rafraîchissante, idéale en repas d'été, accompagnée de frites de manioc (page 178) ou de tranches de baguette passés au grille-pain. Pour de meilleurs résultats, faire dégorger les tranches de concombre pendant 1 heure avec 1 cuillère à café de sel de mer fin, sans oublier de le rincer avant de mettre le concombre dans la salade.

POUR 2 PERSONNES

- **30 g de mangue sèche, coupée et couverte de poudre à chili (ou de ½ c. à c. de pimenton + ⅛ de c. à c. de piment de Cayenne)**
- **2 c. à s. de beurre de cacahuète avec morceaux %**
- **1 gousse d'ail, épluchée et émincée**
- **2 échalotes, émincées**
- **Quelques gouttes de sriracha, selon convenance**
- **2 c. à c. de sirop de riz complet**
- **60 ml de vinaigre de riz**
- **1 pincée de sel de mer fin**
- **2 c. à c. d'huile de sésame grillé %**
- **1 concombre long, finement coupé en rondelles**
- **4 branches de céleri, finement émincé**
- **Coriandre fraîche, ciselée, pour la décoration**

MÉLANGER LES 9 PREMIERS INGRÉDIENTS DANS UN SALADIER. Ajouter le concombre et le céleri, bien tourner, puis parsemer de coriandre.

KABOULÉ !

Substitut de matière grasse : naturellement pauvre en gras !

Sans maïs — Sans soja

Rapide et facile

Cette variante du taboulé classique, à base de kasha (sarrasin grillé), se déguste chaude ou froide. Ce plat ne contient qu'une petite dose d'huile d'olive pour exhausser les saveurs. Si vous ne trouvez pas de kasha, vous pouvez faire griller du sarrasin vous-même dans une poêle, à sec.

POUR 2 PLATS PRINCIPAUX

ou 4 entrées

- **470 ml de bouillon de légumes**
- **170 g de kasha ou de sarrasin grillé**
- **60 g de persil frais, haché**
- **8 tomates séchées, conservées dans l'huile, coupées**
- **1 c. à s. d'ail émincé**
- **2 c. à s. d'huile d'olive**
- **60 ml de jus de citron, fraîchement pressé**
- **Sel et poivre selon convenance**

PORTER LE BOUILLON À ÉBULLITION.

Ajouter le kasha ou le sarrasin, et faire frémir jusqu'à ce que tout le liquide soit absorbé (compter 5 à 15 minutes, selon la marque). Mélanger de temps en temps pour que la céréale n'attache pas. Ajouter un peu de liquide si besoin.

Retirer du feu.

Incorporer les autres ingrédients.

Servir tiède ou froid.

COUSCOUS ÉPICÉ À L'AIRELLE ET À LA PAPAYE

Substitut de matière grasse : sans huile ajoutée

Sans maïs

Allégé en matière grasse

Épicé, doux-amer et sans gras, ce couscous se mange chaud ou froid, sur un lit de pousses d'épinards ou de chou vapeur. Faites l'impasse sur le tofu ou le tempeh pour une version sans soja.

POUR 8 ACCOMPAGNEMENTS

- **2 piments jalapeños, épépinés et évidés**
- **470 ml d'eau**
- **175 g de fregula (perles de couscous), non cuite**
- **170 g de tofu ferme ou de tempeh, finement coupé (facultatif)**
- **½ papaye, coupée en petits cubes**
- **30 g d'airelles séchées**
- **65 g de graines de tournesol**
- **2 c. à s. de jus de citron (ou citron vert), fraîchement pressé**
- **2 c. à c. de vinaigre de riz**
- **1 c. à c. de sirop d'agave**
- **½ c. à c. de cumin en poudre**
- **½ c. à c. de poudre à chili**
- **Sel et poivre selon convenance**

PRÉCHAUFFER LE FOUR À 180 °C. Faire griller les jalapeños pendant 30 minutes.

Pendant ce temps, préparer la semoule de couscous en portant l'eau à ébullition. Verser la fregula en pluie, mélanger, retirer du feu, couvrir et laisser gonfler 20 minutes environ. Aérer à la fourchette.

Une fois que les piments grillés ont suffisamment refroidi pour être manipulés, les détailler finement.

Dans un grand saladier, combiner les ingrédients restants avec les jalapeños et la semoule.

PURÉE DE PETITS POIS POIVRÉS

Substitut de matière grasse : naturellement pauvre en graisses !

Sans blé — Sans fruits à coque

Sans gluten — Sans maïs

Sans soja

Allégé en matière grasse

Rapide et facile

Les petits pois, c'est bon. Mais préparés ainsi, c'est carrément divin ! Servez-les pour changer de la purée de pommes de terre.

POUR 4 À 6 PERSONNES

- **180 ml de bouillon de légumes**
- **1 oignon jaune de taille moyenne, coupé en dés**
- **2 gousses d'ail, épluchées et émincées**
- **2 c. à s. de crème de raifort**
- **2 c. à s. de moutarde de Dijon douce**
- **1 à 2 c. à c. de poivre noir moulu, selon convenance**
- **455 g de petits pois, frais ou surgelés (dans ce cas, les faire décongeler)**
- **Sel selon convenance**

PORTER LE BOUILLON À ÉBULLITION. Réduire le feu pour entretenir un frémissement.

Ajouter l'oignon et l'ail, couvrir et faire cuire 20 minutes sur feu moyen à doux, jusqu'à ce qu'ils soient tendres et que la plus grande partie du liquide soit absorbée.

Incorporer le raifort, la moutarde, le poivre et les petits pois. Bien chauffer.

Réduire en purée au mixeur, en laissant un peu de matière. Rectifier l'assaisonnement si besoin.

SALADE FROIDE MULTICÉRÉALES

Substitut de matière grasse : sans huile ajoutée

Sans fruits à coque

Sans maïs Allégé en matière grasse

Cette grande salade généreuse est tout indiquée comme plat à apporter à une réception entre amis.

POUR 24 ACCOMPAGNEMENTS

POUR LA SALADE :

- **200 g d'orge perlé, non cuit**
- **170 g de quinoa (rouge ou blanc), non cuit**
- **180 g de riz sauvage en mélange, non cuit**
- **30 g de cébettes, finement émincées**
- **1 échalote, émincée**
- **1 poivron rouge ou vert, épépiné et découpé en cubes**
- **30 g d'ail, émincé**
- **60 g de persil frais, finement ciselé**

POUR LA SAUCE :

- **60 ml de vinaigre de cidre**
- **60 ml de sauce de soja**
- **85 g de sirop d'agave**
- **1 c. à s. de piment rouge en flocons, ou selon convenance**
- **Sel et poivre selon convenance**

PRÉPARATION DE LA SALADE : Pour faire cuire l'orge, compter 3 volumes d'eau pour 1 volume de céréales. Pour le riz et le quinoa, la proportion est de 2 pour 1, mais il est déconseillé de cuire les différentes céréales dans une même casserole. Cependant, on peut les faire cuire en même temps au four, chacune dans son plat à couvert, à 180 °C, jusqu'à ce que l'eau soit absorbée et que les grains soient tendres (45 minutes à 1 heure environ). Ensuite, aérer à la fourchette.

Réserver les céréales au réfrigérateur jusqu'au moment de faire la salade.

Une fois les céréales refroidies, les mettre dans un grand saladier et bien mélanger. Ajouter la cébette, l'échalote, le poivron, l'ail et le persil.

PRÉPARATION DE LA SAUCE : Fouetter le vinaigre, la sauce de soja, le sirop d'agave, le piment en flocons, le sel et le poivre dans un bol.

Ajouter la sauce à la salade et bien tourner. Garder au réfrigérateur jusqu'au moment de servir.

KEBAB DE TEMPEH ET SES FEUILLES DE MOUTARDE

% **Substituts de matière grasse** : huile de noix de coco pour les feuilles de moutarde, pas d'huile ajoutée avec le tempeh

Sans blé **Sans maïs**

Sucré-salé, fumé et épicé : toutes les saveurs se combinent harmonieusement dans ce plat incontournable. N'oubliez pas de faire tremper les brochettes en bois pendant 30 minutes avant de les utiliser.

POUR 4 PERSONNES

POUR LE KEBAB DE TEMPEH :

- **355 ml de jus d'orange**
- **60 ml de vinaigre de cidre**
- **2 c. à s. de mélasse**
- **1 c. à s. de moutarde à l'ancienne**
- **455 g de tempeh, coupé en gros cubes**

POUR LES FEUILLES DE MOUTARDE :

- **30 g d'huile de noix de coco solide** %
- **455 g de feuilles de moutarde brune, nettoyées et coupées**
- **1 c. à c. de piments chipotle et sa sauce adobo**
- **2 gousses d'ail, épluchées et émincées**
- **55 g d'oignon, émincé**
- **1 c. à c. de fumée liquide (voir page 10)**

PRÉPARATION DU TEMPEH : Dans une petite casserole, verser le jus d'orange, le vinaigre et la mélasse, et porter à ébullition. Réduire le feu et laisser cuire 20 minutes, jusqu'à ce qu'il ne reste que 120 ml environ.

Retirer du feu et introduire la moutarde en fouettant.

Enfiler les cubes de tempeh sur des brochettes en bois (6 à 8 cubes par brochette). Les couvrir de sauce. Les cuire au barbecue ou dans une poêle-gril, à feu vif, 5 minutes de chaque côté, jusqu'à ce qu'elles soient bien chaudes avec les marques du grill.

PRÉPARATION DES FEUILLES DE MOUTARDE : Combiner tous les ingrédients dans une sauteuse. Cuire sur feu moyen à vif jusqu'à ce que les feuilles suent (environ 6 minutes), en remuant de temps en temps.

Réduire le feu et laisser mijoter à couvert pendant 8 minutes supplémentaires, jusqu'à ce que les parties les plus charnues soient tendres.

Servir avec les brochettes de tempeh grillé.

PAIN EXPRESS FAÇON GRAHAM CRACKERS

% **Substitut de matière grasse** : huile d'arachide

Lorsque le mari de Celine a goûté ce pain pour la première fois, son goût lui a fait penser aux fameux Graham crackers. C'est donc ainsi que nous l'avons baptisé.

À déguster avec une noisette de beurre végétal.

POUR UNE MICHE DE 23 CM

- **Huile en spray**
- **355 ml de lait de soja**
- **2 c. à c. de vinaigre de cidre**
- **60 g de raisins secs (facultatif)**
- **90 g de mélasse**
- **120 ml de sirop d'érable pur**
- **½ c. à c. de sel de mer fin**
- **2 c. à s. d'huile d'arachide** %
- **1 c. à c. d'extrait de vanille pur**
- **360 g de farine T65**
- **1 c. à c. de cannelle en poudre**
- **2 c. à c. de levure chimique**
- **½ c. à c. de bicarbonate de soude**

PRÉCHAUFFER LE FOUR À 180 °C. Graisser légèrement un moule à pain (23 x 13 cm) avec un peu d'huile en spray.

Mélanger le lait de soja et le vinaigre dans un saladier pour le faire cailler.

Ajouter les raisins secs (facultatif), la mélasse, le sirop, le sel, l'huile et la vanille.

Incorporer la farine en 3 fois, en donnant un coup de fouet après chaque ajout, mais sans trop mélanger. Avec la dernière portion de farine, introduire la cannelle, la levure chimique et le bicarbonate.

Verser la pâte dans le moule.

Faire cuire 45 à 50 minutes, jusqu'à ce qu'un cure-dent inséré au centre en ressorte propre.

Mettre le pain à tiédir sur une grille et attendre qu'il soit complètement refroidi pour le trancher ou le ranger.

ENTREMETS À LA CAROUBE

Substitut de matière grasse : noix

Sans maïs — Rapide et facile

Voici une douceur dont on peut se délecter au petit déjeuner ou au goûter. Véritable bombe nutritionnelle, elle contient des oméga-3 (merci aux noix !) et sa texture est tout simplement irrésistible.

POUR 2 PERSONNES

- **½ c. à c. de beurre végétal**
- **75 g de noix %**
- **50 g de sucre de canne intégral**
- **20 g de flocons d'avoine, précuits ou non**
- **1 banane mûre de taille moyenne**
- **1 ½ c. à c. d'extrait de vanille pur**
- **1 pincée de sel de mer fin**
- **25 g de caroube en poudre**
- **¼ de c. à c. de levure chimique**

PRÉCHAUFFER LE FOUR À 180 °C. Graisser légèrement 2 ramequins allant au four avec le beurre végétal.

Mettre les noix, le sucre et l'avoine dans un robot de cuisine. Mixer pour obtenir une fine poudre. Ajouter le reste des ingrédients et réduire en une préparation homogène.

Répartir dans les 2 ramequins et faire cuire 10 minutes.

Déguster chaud ou froid.

ENTREMETS SURPRENANT

Substituts de matière grasse : sans huile ajoutée, avocat

Sans blé — Sans fruits à coque — Sans gluten — Sans maïs — Sans soja — Rapide et facile

Ce dessert anti-culpabilité amènera vos invités à se demander pourquoi on ne fait pas tous les entremets avec des avocats. Sans ajout de matière grasse et sans sucre raffiné, on aurait tort de se priver !

POUR 4 PERSONNES

- **340 g de chair d'avocat (environ 4 avocats) %**
- **20 g de cacao en poudre non sucré**
- **85 g de sirop de riz complet**
- **85 g de sirop d'agave, ou selon convenance**
- **2 c. à c. de jus de citron, fraîchement pressé**
- **½ c. à c. d'extrait de vanille pur**
- **1 pincée de sel**
- **¼ de c. à c. de piment chipotle en poudre (facultatif)**

MIXER FINEMENT TOUS LES INGRÉDIENTS dans un blender.

Répartir dans 4 coupes à dessert et réfrigérer avant de servir.

NOS BONNES ADRESSES

Pour vous accompagner dans votre nouvelle vie végétalienne, voici une sélection de bonnes adresses : de la petite boutique hyperspécialisée aux grandes chaînes bio, des sites pointus et malins aux coopératives engagées, des adresses 100 % végétaliennes aux magasins de cuisine exotique, vous trouverez ici tous les ingrédients et les informations nécessaires pour vous approprier les recettes de ce livre.

LES SITES INTERNET DÉDIÉS AU VÉGÉTALISME

De la vente en ligne aux contenus informatifs, l'éthique et le régime végétaliens ont désormais leurs sites dédiés. Preuve que le mouvement est en marche !

- **Unmondevegan.com**
- **Veganlife.be**
- **Vegeclic.fr**
- **Vivagranolaveganstore.com**
- **Manger.vegan.fr**
- **Vg-zone.net**

LES ÉPICERIES FINES ET EXOTIQUES EN LIGNE

Ces adresses vous seront bien utiles pour vous procurer certains ingrédients difficiles à trouver dans les supermarchés ou épiceries ordinaires. Attention, ces boutiques en ligne ne sont pas spécifiquement dédiées au régime végétalien : veillez donc à contrôler systématiquement la liste des ingrédients.

- **Bienmanger.com**
- **Meilleurduchef.com**
- **Les-introuvables-cuisine.com**
- **Kioko.fr**
- **Cook-shop.fr**
- **Thomasgreen.eu**
- **Aroma-zone.com**

LES DISTRIBUTEURS SPÉCIALISÉS POUR LES PERSONNES ALLERGIQUES

Ce guide ne s'adresse pas seulement à ceux qui font librement le choix de manger autrement. Il est aussi pensé pour les personnes, de plus en plus nombreuses, qui sont soumises à des restrictions alimentaires pour raisons de santé : intolérance au gluten, au lactose, allergie aux œufs, au soja, etc. Trouver les bons ingrédients peut être un vrai casse-tête ; heureusement il existe aujourd'hui des marques dédiées et des sites d'information spécialisés.

- **Valpiform.com**
- **Mangersans.fr**

LES MAGASINS D'ALIMENTATION BIOLOGIQUE

- **Naturalia**
- **Biocoop**
- **La vie claire**
- **Bio génération**
- **Bio-moi**
- **Holy Planet**

PARTIE VI

À VOUS LA GLOIRE CULINAIRE !

CHAPITRE	SI LA RECETTE ORIGINALE INDIQUE…	REMPLACER PAR…
1 PRODUITS LAITIERS	200 ml de lait ribot (ou babeurre)	200 ml de lait de soja non sucré + 1 cuillerée à soupe de jus de citron frais ou de vinaigre (de cidre ou balsamique blanc)
	200 ml de lait de vache ou de chèvre	200 ml de lait de soja 200 ml de lait d'amande 200 ml de lait de chanvre 200 ml de lait de riz 200 ml de lait de coco à boire
	200 g de beurre	200 g de beurre végétal non hydrogéné 200 g d'huile de coco 150 g de margarine végétale
	200 g de crème fraîche	200 g de succédané de crème de soja 200 g de lait de coco non dégraissé non sucré, ou de crème de coco
	2 boules de glace	2 boules de glace au soja 2 boules de glace au riz 2 boules de glace à la noix de coco 2 boules de glace café-vanille (recette page 38) 2 boules de sorbet crémeux érable-orange (recette page 38) 2 boules de glace au potiron (recette page 40)
	200 g de crème épaisse	200 g de crème épaisse sans lait, par exemple Tofutti® 200 g de base de crème épaisse au tofu (recette page 21)
	1 yaourt	1 yaourt à base de noix de coco 1 yaourt à base de riz 1 yaourt à base de soja 1 base de yaourt maison (recette page 20)
2 FROMAGE	100 g de fromage râpé	100 g de fromage végétal râpé
	1 tranche de fromage	1 tranche de fromage végétal du commerce (divers goûts sont proposés) 1 tranche de tomme piment-cajou (page 48)

CHAPITRE	SI LA RECETTE ORIGINALE INDIQUE...	REMPLACER PAR...
2 FROMAGE	250 g de fromage frais	250 g de fromage frais sans lait
	230 g de sauce pour nachos au fromage	230 g de Nacho Queso (page 52)
	150 g de miettes de feta	150 g de feta de tofu (page 46)
	245 g de ricotta	245 g de ricotta de tofu (page 47)
3 ŒUFS	1 œuf dans une préparation à cuire, comme liant (biscuits, cakes)	1 ½ cuillerée à café de substitut d'œuf en poudre (Valpiform'® par exemple) diluée dans 2 cuillerées à soupe d'eau tiède 2 cuillerées à soupe de fécule de maïs ou d'arrow-root, ou d'une autre fécule, diluées dans 2 cuillerées à soupe d'eau 2 ½ cuillerées à soupe de graines de lin moulues, mélangées à 3 cuillerées à soupe d'eau tiède 60 g de compote de pomme sans sucre, achetée ou faite maison (voir recette page 231), de purée de potiron, ou de tout autre fruit ou légume 60 g de tofu soyeux passé au mixeur
	1 œuf dans une préparation à cuire, pour faire lever (gâteaux moelleux, pains)	1 ½ cuillerée à café de substitut d'œuf en poudre, diluée dans 2 cuillerées à soupe d'eau tiède 1 cuillerée à soupe de vinaigre doux mélangé à 235 ml de lait végétal (le soja donne les meilleurs résultats) pour le faire cailler. Cette solution est particulièrement adaptée aux recettes utilisant du bicarbonate de soude ou de la levure chimique 60 g de yaourt végétal
	1 œuf dans une préparation à cuire, pour humidifier (gâteaux, biscuits)	60 ml de lait de coco 1 cuillerée à café d'huile ou de beurre d'oléagineux, diluée dans environ 60 ml de lait végétal 60 g de compote de fruits ou de purée de légumes
	1 blanc d'œuf	1 ½ cuillerée à café de substitut d'œuf en poudre, diluée dans 2 cuillerées à soupe d'eau tiède 1 cuillerée à soupe d'agar-agar en poudre, dissoute dans 1 cuillerée à soupe d'eau (fouetter, réfrigérer, puis fouetter de nouveau). Nous ne recommandons pas cette solution pour les recettes qui nécessitent plus de 2 blancs d'œuf, car elle ne convient pas aux grandes quantités
	1 œuf dans une préparation salée, comme liant (ragoût, cakes, pâte à friture)	1 ½ cuillerée à café de substitut d'œuf en poudre, diluée dans 2 cuillerées à soupe d'eau tiède 60 g de tofu soyeux passé au mixeur 2 ½ cuillerées à soupe de graines de lin moulues, mélangées à 3 cuillerées à soupe d'eau tiède 2 cuillerées à soupe de concentré de tomate ou d'une autre purée végétale, ou d'un beurre végétal non sucré (comme dans les boulettes sans viande page 114) 2 cuillerées à soupe de farine, de fécule ou de miettes de pain, comme liant. Commencer par ajouter les ingrédients liquides à la quiche ou au cake, puis ajouter le liant jusqu'à la consistance désirée (comme dans la page 70)
	1 œuf comme agent levant (soufflés)	60 g de tofu soyeux passé au mixeur
	Œufs brouillés	Tofu poêlé (comme dans la poêlée page 72)
	Œufs durs	Tofu très ferme (comme dans la salade aux « œufs » page 68)
4 VIANDE	250 g de lardons	250 g d'imitation de lardons, par exemple le Veggie Gyros de Viana® 250 g de simili-lardons (page 143)

CHAPITRE	SI LA RECETTE ORIGINALE INDIQUE...	REMPLACER PAR...
4 VIANDE	250 g de tranches de bacon	250 g de bacon végétal du commerce, comme celui de Redwood® 250 g de bacon végétal glacé au sirop d'érable (page 142)
	235 ml de bouillon de bœuf	235 ml de bouillon végétal, nature ou saveur bœuf (page 181) 1 cuillerée à soupe de sauce teriyaki + 1 cuillerée à soupe de sauce de soja, mélangées à 200 ml de bouillon de légumes
	230 g de bœuf haché	230 g de substitut de bœuf haché, par exemple à base de seitan 230 g de protéines végétales texturées imbibées de bouillon végétal saveur bœuf (page 181)
	230 g de steaks hachés	230 g de burgers végétariens du commerce 230 g de champignons de Paris 230 g de côtelettes de seitan (page 130) 230 g de seitan traditionnel bouilli (page 110)
	230 g d'émincés de bœuf	230 g de seitan traditionnel bouilli (page 110), coupé en morceaux 230 g de champignons de Paris, coupés en lamelles
	230 g de poulet (blanc)	230 g de substitut de poulet, comme celui de Vantastic Foods 230 g de côtelettes de seitan (page 130)
	235 ml de bouillon de poulet	235 ml de bouillon végétal
	230 g de poulet (morceaux ou nuggets)	230 g de morceaux de substitut de poulet ou de nuggets, tels que les produits Viana®, Vantastic Foods® ou Redwood®
	230 g de viande hachée de poulet	230 g de protéines végétales texturées, imbibées de bouillon
	230 g de chorizo	230 g de chorizo de soja, comme Gran chorizo de Wheaty® par exemple 230 g de chorizo de seitan fait maison (recette dans *500 Vegan Recipes*, des mêmes auteurs)
	230 g de tranches de charcuterie	230 g de tranches de charcuterie végétale du commerce 230 g de seitan traditionnel bouilli (page 110), finement tranché
	230 g de poisson	230 g de bâtonnets de la mer (page 145) 230 g de côtelettes de haricots blancs (page 220)
	230 g de saucisses à hot dogs	230 g de saucisses végétales du commerce 230 g de saucisses à hot dogs (page 136)
	230 g de pepperoni	230 g de pepperoni du commerce, comme celui de Redwood® 230 g de protéines végétales texturées ou de seitan
	230 g de thon en boîte	230 g de substitut de thon, comme celui de Vantastic Foods 230 g de salade marine au tempeh (page 146)
5 SUBSTANCES D'ORIGINE ANIMALE	225 g de beurre ou de saindoux	225 g de beurre sans lait, d'huile de coco solide ou de margarine végétale
	Colorant alimentaire	Jus ou poudre de betterave, de tomate, d'épinard, de carotte, de myrtille Colorant alimentaire naturel du commerce
	Gélatine	Agar-agar, pectine de fruit, carraghénane, gomme de caroube
	235 ml de miel	235 ml de sirop d'agave, de malt d'orge, d'érable pur ou de mélasse
	125 g de farine ordinaire	120 g de mélange maison de farines à pâtisserie sans gluten (page 173)

CHAPITRE	SI LA RECETTE ORIGINALE INDIQUE…	REMPLACER PAR…
6 GLUTEN	200 g d'orge perlé, non cuit	185 g de riz (blanc, complet ou sauvage), non cuit 170 g de quinoa, non cuit 200 g de millet, non cuit 190 g d'amarante, non cuite
	20 g de blé soufflé	16 g de riz, de quinoa, de sarrasin ou d'amarante soufflé
	230 g de seitan	230 g de tofu, de tempeh ou de protéines végétales texturées
7 SOJA	155 g d'edamame écossé	240 g de haricots (de Lima, coco), de pois chiches ou de fèves
	235 ml de lait de soja	235 ml d'un autre lait végétal (amande, coco, riz, avoine, chanvre) Attention, les boissons du commerce contiennent parfois du lait de soja
	230 g de tofu, de tempeh ou de protéines végétales texturées	230 g de seitan, de haricots ou d'autres légumes
	Fromage à base de soja	Fromage à base de riz, plats à base de levure de bière maltée ou fromages végétaux aux noix, par exemple la tomme piment-cajou (page 48)
8 SUCRE RAFFINÉ	190 g de sucre blanc	190 g de sucre de canne complet ou intégral 235 ml d'édulcorant liquide (sirop d'agave, de malt d'orge, d'érable, de mélasse, de riz complet, de fruit) : dans ce cas, adapter la recette et réduire la quantité de liquide de 80 ml, ou ajouter 30 g de farine pour préserver la consistance prévue
	235 ml d'édulcorant liquide (sirop de maïs enrichi en fructose)	235 ml de sirop d'agave, de malt d'orge, d'érable, de mélasse, de riz complet, de fruit De la compote de fruits ou du jus de fruits concentré pour sucrer les yaourts et smoothies végétaux, à doser selon les goûts 190 g d'édulcorant sec : dans ce cas, adapter la recette et augmenter le liquide de 80 ml, ou retirer 30 g de farine
	225 g de sucre roux	190 g de sucre muscovado 235 ml d'édulcorant liquide (sirop d'agave, de malt d'orge, d'érable, de mélasse, de riz complet, de fruit) : dans ce cas, adapter la recette et réduire la quantité de liquide de 80 ml, ou ajouter 30 g de farine
	120 g de sucre glace	120 g de sucre rapadura mixé au blender ou au robot de cuisine, jusqu'à obtenir une fine poudre 120 g de sucre glace biologique du commerce
9 MATIÈRE GRASSE	120 ml de beurre fondu (laitier ou non)	120 ml d'huile de pépins de raisin, d'olive, d'arachide ou de noix de coco fondue (suivant l'utilisation, choisir des huiles au goût neutre)
	110 g de beurre laitier	110 g de beurre végétal non hydrogéné
	110 g de beurre laitier (dans une recette)	5 g de beurre végétal + 60 g de compote non sucrée
	110 g de beurre laitier (gâteau)	100 ml d'huile au goût neutre
	110 g de beurre laitier (biscuits)	60 ml d'huile au goût neutre (peut modifier la texture des biscuits)
	110 g de margarine	110 g de margarine végétale non hydrogénée
	120 ml d'huile végétale (gâteau)	60 ml d'huile + 60 g de compote non sucrée
	De l'huile pour faire revenir les légumes	Ajouter une pincée de sel pour faire dégorger un peu les légumes Ajouter du bouillon, de l'eau, du vin ou de la bière, selon la recette Hors du feu, tapisser soigneusement avec un peu d'huile en spray pour n'utiliser que le minimum nécessaire Des herbes aromatiques et de l'assaisonnement pour exhausser les saveurs

INDEX DES RECETTES

REMERCIEMENTS

Merci à nos éditeurs, Amanda Waddell et Will Kiester, d'avoir accepté cette nouvelle collaboration, à Nancy King, la meilleure traqueuse de coquilles, à Rosalind Wanke pour ses inestimables conseils de photographe, et à Carol Holtz pour cette belle maquette.

Merci aux « cobayes »

Courtney Blair, Monika Soria Caruso, Michelle Cavigliano, Becca Cleaver, Lisa Coulson, Amy Gedgaudas, Heather Graves, Ricki Heller, Kat Hindmarsh, Jenny Howard, Kathleen Mather, Monique et Michel Narbel-Gimzia, Tami Noyes, JoLynn Ochoa, Kat Raese, Constanze Reichardt, Luciana Rushing, Ashley Stephen, Karen Stewart, Nina Stoma, Liz Wyman et Andrea Zeichner.

Merci aux personnes et aux commerces qui nous ont soutenues à la parution de notre précédent livre de recettes :

Josh and Michelle - www.herbivoreclothing.com
Julie and Jay Hasson - www.everydaydish.tv
Lindsey and Melanie - www.shophumanitaire.com
Leigh - www.cosmosveganshoppe.com
Whole Foods Market
Russo's Bookstore

Joni remercie Rich, Bryan, Jesus, Matt et le reste de l'équipe LAG WFM de l'avoir aidée à respecter son emploi du temps de dingue et de l'avoir soutenue depuis le début. Elle remercie aussi son mari, Dan : « Je t'aime, chéri ! ». Et Celine : « Il n'y a pas de mots pour exprimer ma reconnaissance… »

Celine remercie son mari Chaz d'avoir sacrifié sa ligne de jeune fille pour ce nouveau livre de cuisine, ses chats de l'avoir empêchée de sombrer dans la folie, ses parents pour leur soutien – ce sont les gens les plus généreux qu'elle connaisse –, Afsoon Azizi pour sa gentillesse sans limites, et enfin, Joni : « On a réussi, encore une fois ! »

À PROPOS DES AUTEURS

JONI MARIE NEWMAN est née en Californie du Sud et vit dans le comté d'Orange avec son mari, ses trois chiens et son chat.

Elle a créé un site, www.justthefood.com, elle est l'auteur de *Cozy Inside* et la coauteur de *500 Vegan Recipes*. Vous pouvez la contacter à cette adresse : joni@justthefood.com

CELINE STEEN est née en Suisse et vit actuellement en Californie avec son mari et ses deux chats.

Elle a créé un site, http://havecakewilltravel.com et est la coauteur de *500 Vegan Recipes*. Vous pouvez la contacter à cette adresse : celine@havecakewilltravel.com